教 育 原 点 丛 书

U0659616

*Ertong zhexue Jiaoyulun*

# 儿童哲学教育论

王 澍 / 著

北京师范大学出版集团
BEIJING NORMAL UNIVERSITY PUBLISHING GROUP
北京师范大学出版社

**图书在版编目(CIP)数据**

儿童哲学教育论 / 王澍著. -- 北京：北京师范大
学出版社，2025.1. -- ISBN 978-7-303-30390-8

Ⅰ. G61-02

中国国家版本馆 CIP 数据核字第 2025ET7884 号

---

出版发行：北京师范大学出版社 https://www.bnupg.com
　　　　　北京市西城区新街口外大街 12-3 号
　　　　　邮政编码：100088
印　　刷：北京虎彩文化传播有限公司
经　　销：全国新华书店
开　　本：710 mm×1000 mm　1/16
印　　张：15
字　　数：261 千字
版　　次：2025 年 1 月第 1 版
印　　次：2025 年 1 月第 1 次印刷
定　　价：68.00 元

---

策划编辑：郭　翔　陈红艳　　　责任编辑：刘　溪
美术编辑：焦　丽　　　　　　　装帧设计：焦　丽
责任校对：梁　爽　　　　　　　责任印制：马　洁

# 目 录

# 绪　论 ————————————————————————————

　　这是一个教育研究非常繁荣的时代，也是教育学与其他各个学科展开充分对话的时代，是在教育中寻求意义的时代。正如李泽厚指出的："我说二十一世纪应当是教育学世纪，也是说应当重新确立'意义'，不能像二十世纪一味地否定意义、解构意义。通过教育，重新培养健康的人性，便是重新确立意义。"①李泽厚的判断是准确的，因为没有哪一个领域能像教育学一样海纳百川，聚集众多学科一起来思考意义问题。当前，教育学领域的研究异彩纷呈，其中儿童、教育、哲学这三个概念被学术界和实践界的人紧密联系在一起，围绕儿童哲学的教育实践正在开启和展开。儿童哲学的理论研究与实践探索正在积极推进，一方面哲学和教育学理论界的研究者在积极地研究；另一方面，中小学和幼儿园也在广泛开展各种各样的实践，其中既有丰富的、观点不同的理论派别，也有着多样的、纷繁复杂的教育实践。本书把这样的理论与实践探索称为儿童哲学教育，采用的英文是 Philosophy for Children as Education，笔者认为，这能够表达对这一领域的基本概括与把握。

　　儿童哲学教育研究为教育学带来了不一样的思维视点，打破了从儿童到教育或者从教育到儿童这样的简单路线，增加了哲学这一领域与视角，突破了原有的教育学或者哲学单一视角的限制，促进了哲学、教育学、儿童学的对话，带来了大量的关于儿童观、儿童生活、儿童教育实践、儿童哲学教育理论与实践等方面的研究，这些研究为中国的教育变革提供了巨大的推动力量。假如作一个足够大胆的判断，儿童哲学教育可以被认为是新的儿童教育，可以说，它正在诞生和蓬勃发展。本书将走进儿童哲学教育这一领域的核心内容，追溯这一领域的发展源头，呈现这一领域的发展历程，走进这个领域的发展前沿。

　　儿童哲学教育把哲学作为内容和资源引入了教育的世界。李普曼（M. Lipman，1923—2010）是公认的儿童哲学教育（Philosophy for Children）奠基者，与另一位哲学家马修斯（G. B. Matthews，1929—2011）是同一时代的

————————————————
① 李泽厚，刘再复. 关于教育的两次对话[J]. 东吴学术，2010(3)：17-22.

人，经常被研究者放在一起讨论。马修斯与儿童一起探究哲学的问题，记录儿童的哲学思考，但在推广方面并没有像李普曼那样身体力行地着力宣传、积极推动基础教育的儿童哲学实践，他的儿童哲学被认为是 Philosophy of Children，意味着儿童的哲学。而李普曼批判当时学校教育实践的诸多问题，倡导教授儿童以哲学，主张在学校设置儿童哲学这一科目，希望基础教育阶段的儿童能通过学习哲学实现理智性思考能力的提升。在李普曼的影响下，许多儿童哲学的课程得以开发，师资培训材料得以出版，许多研究者在学校开展儿童哲学的研究与实践，"其原始或衍生的课程在美国四千多所学校和六十多个国家传播，其材料被翻译成四十种语言"[①]。还有许多理论研究者致力于深化理论研究，从不同哲学领域中深挖儿童哲学的理论基础与理论内涵。我国的儿童哲学研究在其中也扮演了重要的角色，发挥了重要的作用。

在这一进程中，人们使用的概念并不相同。从汉语视角看，所有儿童、哲学、教育相互勾连的话语均可以被称为儿童哲学，英语里的 Philosophy for Children、Philosophy with Children、Philosophy of Children、Philosophy about Childhood 等都可以被认为是儿童哲学，但仔细区分，其实是有着差别的。Philosophy for Children 是李普曼正式提出的，更多的是作为教育项目广泛使用的，因此在思考李普曼的主张及其相关实践时使用 Philosophy for Children 较多，李普曼本人也认同 Philosophy for Children 是一个教育项目，因此翻译为儿童哲学教育比较恰当。[②] 这一看法也被许多研究者认同，例如，"儿童哲学"(philosophy for children)是国内习惯译法，实际是"儿童哲学教育"。[③]马修斯的儿童哲学经常被认为是 Philosophy of Children 和 Philosophy of Childhood，他的著作《哲学与幼童》的英文名称是 *Philosophy and the Young Child*，《童年哲学》的英文名称是 *The Philosophy of Childhood*，主要关注的是儿童对哲学问题的看法以及从哲学角度如何认识童年的问题。虽然概念使用

---

① Vansieleghem N, Kennedy D. Philosophy for Children in Transition：Problems and Prospects[M]. Chicester：John Wiley and Sons Ltd, 2012：IX.

② 罗兴刚, 刘鹤丹. 李普曼儿童哲学教育的奠基性反思[J]. 外国教育研究, 2012, 39(10)：26-34.

③ 汤广全. 孔子对话教学与儿童哲学教育会通的辩证：与高振宇先生商榷[J]. 乐山师范学院学报, 2022, 37(5)：85-90.

多种多样，但这些概念不是没有联系的，而是有着丰富的、内在的、密切的联系。对儿童的哲学教育不可能与儿童观无关，从哲学角度思考童年形成的童年观对儿童哲学教育有着直接的影响。因此，在本书中，笔者尊重教育学一级学科理念，把儿童哲学教育作为上位概念，思考话语缘起、理论内涵、范式变迁、哲学基础、儿童观、教育观，最后基于教育学立场进行省思，提出对儿童哲学教育理论与实践的未来展望。

## 一、儿童哲学教育的诞生

我国的儿童哲学教育经历了"引进—沉寂—新热度"的发展历程，既与诞生之地美国的儿童哲学教育有渊源，也有自己的本土特点，以"儿童""哲学""教育"为核心的话语推进了我国教育理论的创新发展，增加了新的教育实践形式，催生了儿童哲学教育的诞生。

### (一)从美国到中国的发展路径

儿童哲学在 20 世纪 80 年代作为专有名词和正式概念被引入我国。在世界范围内，儿童哲学作为一项教育实践活动已经有了半个世纪的发展历程。从我国实践来说，儿童哲学并不能算是在中国本土诞生的活动。20 世纪 70 年代左右，美国兴起一股批判性思维教育运动的思潮，当时的教育现状引起了社会大部分人士的不满，许多关心社会和教育发展的人都倾向于认为教育没有承担起为民主社会培养公民的重任，教育民主实现得不够充分。他们认为美国的公民不能有效识别、分析和评估生活中的各种观点和事实，不能认识和克服个人的成见和偏见，直接影响美国民主社会的发展。民主社会的合格公民依赖于批判性思维，很多研究人员对"非正式逻辑"和"批判性思维"产生了浓厚的兴趣，他们认为这些能力对学生的发展有极大的帮助，对于维护美国民主有重要的意义和价值。在这次教育运动的影响下，产生了许多如何培养批判性思维能力的研究成果，其中在理论和实践上均有显著表现的就是儿童哲学。李普曼在哥伦比亚大学哲学系担任教授，他对学生思考过程中表现出来的能力和对学生发展过程中的认知和情感问题感到沮丧，他认为美国儿童的教育要对美国儿童推理能力、问题解决能力弱化的问题负责。李普曼发现，孩子们在学校待的时间越长，他们越不喜欢学校，如何能让孩子们喜欢上学校呢？于是，李普曼产生了一个给孩子写故事的想法。他让每一个孩子都有机会在图书馆或者书店形成一个探究共同体，邀请这些孩子进入一个想象的世界，让他们在这个地方练习思考的艺术和方法。1969 年，李普曼创作了哲学小说《聪聪的发现》①，1974年再版，同年儿童哲学促进会(Institute for the Advancement of Philosophy for Children，IAPC)成立，宣告了儿童哲学教育的诞生。与教育史上裴斯泰洛齐(Johan Heinrich Pestalozzi，1746—1827)撰写《林哈德和葛笃德》《葛笃德如何教育她的子女》的方式一样，李普曼通过为儿童撰写小说表达教育的主张。《聪聪的发现》中有许多学生思考思想问题的场景，这些场景促使读者也跟着一起思考。20 世纪 70 年代，李普曼系统地建立了儿童哲学教育的理论框架，这一框架则被明确地界定为对儿童逻辑推理能力的培养②。与李普曼同时代还有另一位儿童哲学的研究者马修斯，他通过与儿童讨论哲学问题发现了儿童的哲学思考，他花了很多精力收集了许多幼童的哲学思考，开启了哲学研究的儿童之路。李普曼和马修斯等哲学家开创的这一条道路迅速地在 60 多个国家传播，其撰写的儿童哲学教育材料被翻译成 40 种语言。在世界各地都有儿童哲学教育运动，英国、法国、澳大利亚、巴西等国家都有诸多的追随李普曼的研究者和践行者。概括来说，儿童哲学的历史探索可以分为三大阶段。第一，早期的探索与争鸣阶段。在此期间，儿童哲学曾一度受到质疑与否定，后经李普曼与夏普等人十余年的不断努力，它终于获得了学术界的认可。第二，儿童哲学的扩宽与深化阶段。从 20 世纪 80 年代初期开始，美国儿童哲学教育开始扩大到中小学实践中，并培养了大批儿童哲学教师。与此同时，儿童哲学教育走出美国，向世界范围内扩展。第三，儿童哲学的反思与总结阶段。21 世纪开始，随着儿童哲学的不断扩宽，进入各国之后，本

---

① 《聪聪的发现》，英文名为 *Harry Stottlemeier's Discovery*，根据安·夏普（Ann M. Sharp）、罗纳德·里德（Ronald F. Reed）、马修·李普曼（Matthew Lipman）三人撰写的《儿童哲学的研究：聪聪的发现》(*Studies in Philosophy for Children：Harry Stottlemeier's Discovery*，2010)一书的信息，1969 年，李普曼创作了这本儿童哲学小说。这本小说在 1971 年初版，1974 年再版。

② 高伟. 浪漫主义儿童哲学批判：儿童哲学的法权分析[J]. 全球教育展望，2017，46(12)：12-23.

土化与民族化问题尤为突出，各国开始反思儿童哲学的相关理论与实践，探寻适合本国的儿童哲学发展之路。①

　　随着美国儿童哲学教育的发展，我国在 20 世纪 80 年代也关注到这一话题，并且采取了吸收的态度，逐渐把李普曼和马修斯的思想引介过来，并翻译了许多著作，使得儿童哲学实践的语言障碍得以扫除。马修斯的《哲学与幼童》《童年哲学》《与儿童对话》和李普曼所在的 IAPC 儿童哲学教材都被翻译为中文，并在国内广泛传播。杨秀茂老师是最早把儿童哲学思想引入我国的人，他翻译了很多李普曼关于儿童哲学的文章和书籍，在实践上引介儿童哲学的实施方法和步骤，并对儿童哲学引入的必要性和可能性进行阐述。杨秀茂老师于1990 年在台湾创办了毛毛虫儿童哲学基金会，通过"妈妈故事会"的方式宣传儿童哲学，践行儿童哲学。在 20 世纪 90 年代，李普曼来到台湾参加儿童哲学会议，并在会议上发表演说，他指出批判性思维与创造性思维之间具有紧密联系，对儿童的发展和社会的发展具有重要意义。杨秀茂老师还撰写了《我们教室有鬼》②，分析了教室成为"学生最后愿意进去，最先想要跑出来"的教育现象，他期望能教会孩子"哲学的思考方式"。此外，詹栋梁在《儿童哲学》③中对李普曼儿童哲学思想教育课程进行了系统的分析和阐述，在理论上深入分析了儿童哲学的发展脉络，为儿童哲学的实践推广提供了理论支持。詹栋梁老师特别指出，在儿童哲学与儿童心理研究失衡的今天，儿童哲学研究的加强，有其必要性与重要性。④ 可以说，台湾地区是我国儿童哲学实践的先锋地。杨秀茂老师已经离开了我们，但还有其他研究者继续研究儿童哲学，其中有研究者分析儿童哲学与道德教育的关系，着重探讨儿童哲学探究团体活动中的"人—我关系"和互动模式，分析其隐含的德育意蕴，希望通过哲学的启发重新认识儿童，重新建构教育，透过理论结合实务的论述方式，试图勾勒儿童哲学探究团体中的德育意蕴。⑤ 倪鸣香老师曾经详细地介绍了儿童哲学在台湾的发展，认

　　① 方红. 儿童哲学研究的回顾与前瞻[J]. 湖南师范大学教育科学学报，2011，10(1)：102-105.

　　② 杨秀茂. 我们教室有鬼[M]. 北京：首都师范大学出版社，2011.

　　③ 詹栋梁. 儿童哲学[M]. 广州：广东教育出版社，2005.

　　④ 詹栋梁. 儿童哲学[M]. 广州：广东教育出版社，2005：自序 2.

　　⑤ 王清思. 儿童哲学探究团体中的德育意蕴[J]. 教育发展研究，2018，38(Z2)：74-81.

为儿童哲学在台湾依旧站在"十字路口",需要本着以儿童为教育主体的教育观点,在实践中不断探索、不断反思,才可能走出不同的路来。① 这些探索对我们思考儿童哲学提供了有益的探索。

1987年,乔寿宁发表《美国儿童哲学教育评介》②一文,系我国较早研究儿童哲学研究的成果,文章系统介绍了儿童哲学产生的缘由、发展历程及其创始人李普曼的教育理念。1989年,张诗亚在《教育评论》上发表了《李普曼的儿童哲学观概说》一文,他阐述了当时教育理论界的热点问题,分析了发展思维能力和智力的关系,然后引出李普曼的儿童哲学思想,认为李普曼的主张是恰当的,并带领团队展开儿童哲学的理论研究和实践探索。③ 上海市六一小学、上海市实验学校、昆明市官渡区南站小学等都进行了儿童哲学的实践,这些学校是儿童哲学教育实践较早的试验田。至1997年,IAPC的全套教材,包括学生用书和教师手册,以及李普曼的《教室里的哲学》总计13本著作由山西教育出版社翻译并出版。20世纪90年代中期,在宋庆龄基金会的支持和美国克雷顿大学哲学教授袁劲梅博士的协调下,美国夏威夷大学的汤姆斯·杰克逊(Thomas Jackson)教授及其同事到北京、焦作、广州、南京、上海、武汉、淄博等地开设数场实践工作坊。1999—2000年,在上海和昆明,又有一批儿童哲学的国际专家如劳伦斯·斯宾列特、沃特·可汗、大卫·肯尼迪等前来交流,通过国际会议、教学示范与指导、现场讨论等方式,直接推动了昆明市官渡区南站小学和上海市六一小学的校本化实践。④

经过国内外的深入交流和许多学者的共同努力,儿童哲学教育越来越被广泛认可,引起了越来越多学者的思考,也产生了各种形式的实践。

## (二)儿童哲学新热度催生儿童哲学教育的深入发展

进入21世纪,已经走进国内教育理论视线和实践领域的儿童哲学并没有一直保持活跃的风格或者维持足够的热度,从文献发表来看,进入一段相

---

① 张斌贤,于伟. 新儿童研究:第一辑[M]. 桂林:广西师范大学出版社,2020:105-114.
② 乔寿宁. 美国儿童哲学教育评介[J]. 山西大学学报(哲学社会科学版),1987(3):74-76.
③ 张诗亚. 李普曼的儿童哲学观概说[J]. 教育评论,1989(5):65-66.
④ 高振宇. 为什么说儿童是天生的哲学家?[EB/OL]. (2021-06-01)[2024-01-01]. https://m.thepaper.cn/baijiahao_12900703.

对沉寂、学者各自独立摸索的状态。从发表的研究文献数量来看，2016 年以来有显著变化，儿童哲学的理论与实践出现了发展的新热度，"儿童""哲学"成为教育学上高热度、高频次的概念。以前教育学经常讲的是，人是教育的对象，因此对人的思考成为教育学的起点。现在，教育学更细致地提出，儿童是教育的对象，因此对儿童的思考影响教育学的理论建构。我国著名教育哲学家陆有铨先生认为，对象决定方法，儿童教育的对象是儿童，因此儿童的特点决定了儿童教育的样态，在这个意义上，儿童哲学以其儿童观的革命真正催生了一种新式的儿童教育，即儿童哲学教育，其中有几个标志性事件与活动。

2014 年，东北师范大学教育学部于伟教授担任东北师范大学附属小学的校长，这可以被认为是重要的标志性事件。作为一个教育哲学研究者，他试图找到教育哲学与小学教育的结合点，因此东北师范大学教育学部和东北师范大学附属小学团队提出了率性教育的办学理念，提出保护天性、尊重个性、培养社会性的思想，并提出了"儿童是艺术家、儿童是梦想家、儿童是哲学家"的儿童观，儿童成为于伟教授思考基础教育的关键与核心概念。于伟教授提出，东北师范大学附属小学自 2014 年开始的儿童哲学的研究和探索，有别于马修斯、李普曼的做法；上述所列举的问题，是东北师范大学附属小学各个学科教师在课堂上收集到的"儿童之问、之思、之学"的一个缩影；虽然东北师范大学附属小学的儿童哲学还没有像欧美（如法国）或者中国台湾等地的学校一样，作为一门正式、成熟的课程开设，但在寻常课堂上的场景，却如同一面镜子，折射出儿童哲学正在逐步以普遍、多元的形式走近东师附小、走近各个学科、走近教师以及孩子们的世界；东北师范大学附属小学的儿童哲学研究，也正在以"各学科普遍渗透"、重点研究"儿童之问、之思、之学"、"培养儿童基本思维能力"的方向迈进，以期形成自己较为独特的儿童哲学实践风格，我们暂且称之为"第三条道路"。[①] 不仅如此，于伟教授团队在 2015 年召开了第一次儿童哲学高峰论坛，至今已经持续九届，详见表 0-1。

---

① 于伟. 儿童哲学走"第三条道路"的可能与尝试：东北师范大学附小探索的历程与研究[J]. 湖南师范大学教育科学学报，2017，16（1）：27-33.

表 0-1　历届儿童哲学高峰论坛的主题、时间、地点

| 会　议 | 会议主题 | 会议时间与地点 |
|---|---|---|
| 第一届 | 儿童哲学与儿童教育 | 2015 年，长春 |
| 第二届 | 儿童之问、之思、之学 | 2016 年，长春 |
| 第三届 | 儿童经验、思维与有过程的教学 | 2017 年，长春 |
| 第四届 | 基于儿童经验、思维的单元开发与有过程的归纳教学 | 2019 年，长春 |
| 第五届 | 少数民族儿童的教育与成长 | 2020 年，延吉 |
| 第六届 | 关心认识自己与儿童的美好生活 | 2021 年，长春 |
| 第七届 | "双减"背景下的课堂教学改革 | 2022 年，长春 |
| 第八届 | 教育现代化与儿童成长 | 2023 年，长春 |
| 第九届 | 儿童哲学的古今中西对话 | 2024 年，长春 |

在这九年的进程中，与会的专家学者在研究李普曼和马修斯儿童哲学的基础上，不断深化儿童哲学的理论与实践探索。在理论上，研究者们对蒙台梭利、卢梭、杜威等经典教育学家的儿童观进行探索，分析儿童与成人、自由与权威、自然与人为等话语，挖掘其现代价值；与国际儿童哲学发展前沿对话，分析儿童哲学发展的范式变化，预测儿童哲学的未来走向；探析儿童的自我意识，号召全社会关心儿童的美好生活；寻找儿童成长的历史，关注现代化进程中的儿童发展，从伦理视角审视儿童的教育与生活。在实践方面，关心儿童的哲学之思与哲学之问，出版各类型的儿童哲学读物，拓展儿童哲学实践的方式，在家庭教育、学校教育和社会教育等不同场域中践行儿童哲学。可以说，这些学术会议的召开促使与会人员通过儿童哲学再一次回到童年视野，透过儿童的视角思考人类的现实与未来。

另外，全国亦有其他各种组织和团队在开展儿童哲学的探索。高振宇的团队长期从事儿童哲学研究，与诸多研究者一起成立了儿童哲学研究中心，组织各种儿童哲学的学术交流活动，并组织一批志同道合的学术同人开展了丰富多彩的儿童哲学实践，包括在幼儿园、中小学，在课堂内外与儿童探讨哲学问题。同时也致力于儿童哲学的境内外交流，推动了大陆与台湾、中国与英国、美国等儿童哲学学者的深入合作。他研究了儿童哲学的概念、理论基础、中国化历程等一系列重要问题，提升了中国儿童哲学研究的理论高度和深度。2018

年 12 月，首届儿童哲学与学校变革论坛暨儿童哲学项目学校联盟成立大会在茅以升实验学校举行，儿童哲学项目学校联盟正式成立。儿童哲学项目学校联盟首批 32 所加盟学校中，除了杭州的学校，还有来自合肥、上海、宜昌、重庆等地的学校。联盟成立后，项目学校之间将会推动儿童哲学的课程规划、资源研发、联合教研等活动的开展。截至 2023 年年底，已经召开了六届儿童哲学与学校变革论坛。论坛主张必须面向儿童生活、关注儿童思维、促进儿童成长。其中第四届论坛于 2021 年 11 月 12 日至 13 日在江苏太仓举行，论坛由教育部人文社会科学重点研究基地——华东师范大学基础教育改革与发展研究所、儿童哲学项目学校联盟主办，与会学者围绕"作为方法的儿童哲学"这一主题，进行了深入的研讨和交流。① 论坛再一次实现了大学与中小学的共同研究，推动了儿童哲学在更广阔的范围内的发展。2021 年 5 月，浙江省哲学学会儿童哲学专业委员会成立，它是全国首个儿童哲学专业委员会，旨在进一步深化"儿童哲学"的理论与实践研究，推动"中国儿童哲学"的本土化话语建设，促进"儿童哲学浙江模式"的形成与推广，成立大会同时召开了"儿童哲学：方法与视野"的学术研讨会。② 在北京，也有一批志同道合的人开展儿童哲学教育研究，2019 年 11 月，首届儿童哲学教育研讨会在北京芳草地国际学校万和城校区成功举办，研讨主题为"汲取哲学智慧，滋养立德树人——走进儿童的理想国"，与会学者就如何开展儿童哲学教育进行了深入探讨。③ 在这些丰富的探索中，哲学界也在贡献着自己的力量，2020 年 12 月，华东师范大学哲学系举办"哲学＋教育"项目实践导师聘任暨少儿哲学研修营活动，他们提出，华东师范大学哲学系将继续践行冯契先生"化理论为方法，化理论为德性"的教育理念，把"卓越育人"的理论与实践从哲学专业教育拓展到少儿教育阶段，服务社会和人类文明的发展。④

---

① 魏宇晨，程亮. 作为方法的儿童哲学：第四届儿童哲学与学校变革论坛综述[J]. 上海教育科研，2022(6)：89-92.

② 孩子能听明白哲学吗？浙江省儿童哲学专业委员会成立[EB/OL]. (2021-05-16)[2024-01-01]. https：//baijiahao. baidu. com/s? id＝16998921629268852160&wfr＝spider&for＝pc.

③ 2019 年首届儿童哲学教育研讨会在芳草地国际学校举办[EB/OL]. (2019-11-22)[2024-01-01]. http：//zxx. edu. china. com. cn/2019-11/22/content_40971061. htm.

④ 哲学系举办"哲学＋教育"项目实践导师聘任暨少儿哲学研修营活动[EB/OL]. (2020-12-08)[2024-01-01]. http：//www. philo. ecnu. edu. cn/32/d0/c26023a340688/page. htm.

面对儿童哲学教育的诸多力量，笔者深深地感受到，笔的书写速度追不上研究的脚步。儿童、哲学、教育这三个概念紧密地联系在一起，儿童哲学教育的实践正在深入开展，儿童哲学教育的理论研究日益深入。

## 二、国外的儿童哲学教育(Philosophy for Children)研究的变化与发展

1999 年，美国研究者里德(R. Reed)和约翰(T. John)将儿童哲学运动的历史划分为第一代和第二代。他们认为："第一代研究者的特点是强调策略统一的方法，因为它在公立教育中占有一席之地，而第二代打破了这种思维模式，并且将差异作为增长原则。"[①]李普曼和马修斯被看作第一代人，追随他们研究与实践的人被称为第二代人，包括李普曼的助手夏普(A. M. Sharp)，以及大卫·肯尼迪(David Kennedy)，还有在世界各地推动儿童哲学的代表者，如巴西的柯翰(W. O. Kohan)、澳大利亚的卡姆(P. Cam)、加拿大的萨瑟韦尔(M. Sasseville)、英国的苏特克利夫(R. Sutcliffe)、南非的穆里斯(K. Murris)、日本的四叶野等。[②] 这些第二代人年龄也不小了，夏普也已经离开了我们，当前一些活跃的儿童哲学研究者与践行者则自称为是第三代人或者第四代人，可以说是后辈力量。不同国家的代表性人物有：法国的奥斯卡·柏尼菲(Oscar Brenifier)、米歇尔·托齐(Michel Tozzi)，德国的汉斯-路德维希·弗雷斯(Hans-Ludwig Frese)、埃克哈德·马滕斯(Ekkehard Martens)，澳大利亚的劳伦斯·斯普利特(Laurence Splitter)、理查德·莫浩思(Richard Morehouse)、凯瑟琳·麦考尔(Catherine McCall)，加拿大的米歇尔·赛德维尔(Michel Seville)，西班牙的费利斯·加西亚·莫里翁(Félis García Moriyón)，荷兰的卡尔·万·德·列文(Karel van der Leeuw)等。可以说，在全世界都能找到儿童哲学的志同道合者，一些践行者致力于通过独立的儿童哲学校本课程开发与实施促进儿童的哲学思考，一些践行者利用哲学绘本等资源在家庭教育和社会教育中推广儿童哲学，实践方式日益多样化。不管如何划分，儿童哲学

---

① Vansieleghem N, Kennedy D. What is Philosophy for Children, What is Philosophy with Children：After Matthew Lipman？[J]. Journal of Philosophy of Education，2011，45（2）：171-182.

② Naji S, Hashim R. History, Theory and Practice of Philosophy for Children[M]. New York：Routledge，2017：XVI-XXI.

的理论已经日益丰富，在许多方面与李普曼、马修斯有着不同的观点和主张，可以说，儿童哲学理论在不断创新发展。

## (一)名称的变化

李普曼把自己的事业称为"Philosophy for Children"，即"为儿童设计的哲学教育计划，或针对儿童的哲学训练"，包括编撰一系列的思考故事、哲学小说与教师指导手册。由于 for 与英语的 4(four)发音相似，儿童哲学也被称为 P4C[①]，并且有四个 C 的培养目标，其中的三个 C 是李普曼在《教育中的思维》(*Thinking in Education*)中提出来的，分别是批判性思维(Critical Thinking)、创造性思维(Creative Thinking)和关怀性思维(Caring Thinking)，而英国的苏特克利夫(Roger Suclittle)则加上了协作性思维(Collaborative Thinking)。[②] 哲学学习的这四个目标与民主社会公民的思考能力相互贯通。因此，儿童哲学教育被认为有助于培养儿童成为民主社会的合格公民。

Philosophy for Children 名称被后来的研究者所继承，有时候被称为 P4C，有时候被简化为 PFC，其英文名称还是有些变化，出现了一些其他称呼，例如 Philosophy with Children，PwC，意味着与儿童一起做哲学，是成年人与儿童之间的共同参与、平等交流；也有研究者以"学校里的哲学(Philosophy in Schools)、为年轻人的哲学(Philosophy for Young People)指代他们的工作"[③]。美国的夏威夷州还创立了夏威夷儿童哲学(philosophy for children Hawaii，p4cHI)，用小写 p 区别大写的首字母 P。[④] 在我国，张诗亚教授把李普曼的思想与实践引入国内，把 Philosophy for Children 翻译为"儿童哲学"[⑤]；也有研究者认为，翻译为儿童哲学教育更恰当[⑥]。一些研究者的讨论还包括儿童的哲

---

① 对这一说法笔者目前并未寻求到明确的文献出处。

② Sutcliffe R. The Difference between P4C and PwC[M]//Naji S，Hashim R. History，Theory and Practice of Philosophy for Children. New York：Routledge，2017：56-63.

③ Gregory M. Precollege Philosophy Education [M]//Georing S，et al. Philosophy in Schools：An Introduction for Philosophy and Teachers. New York：Taylor & Francis Group，2013：70.

④ 冷璐. 夏威夷儿童哲学的实践模式[J]. 陕西学前师范学院学报，2018，34(10)：29-34.

⑤ 张诗亚. 李普曼的儿童哲学观概说[J]. 教育评论，1989(5)：65-66.

⑥ 罗兴刚，刘鹤丹. 李普曼儿童哲学教育的奠基性反思[J]. 外国教育研究，2012，39(10)：26-34.

学，对应的英文是 Children's Philosophy 或者 Philosophy by Children，指的是儿童关于世界的观念，儿童拥有什么样的世界观和方法论。[①] 还有研究者概括儿童哲学的外延和内涵，认为"儿童哲学作为一个学科，包括儿童的哲学（children's philosophies），童年哲学（philosophy of children）以及儿童哲学探究计划（philosophy for children）"。[②] 还有研究者认为，儿童哲学还应该包括成人世界探讨如何维护儿童自己的哲学的"儿童哲学研究"。[③] 因此，在汉语世界里，"儿童哲学"可涵盖各种含义，可以最大限度地融合当代各种不同类型以及不同偏好的研究。

## (二)相关实证研究与实践推广

为了证明儿童哲学教育活动的效果，必要的实证研究不可或缺。在李普曼的号召下，儿童哲学组织招募了许多哲学专业毕业的硕士和博士，经过相应培训到学校去践行儿童哲学，希望通过实证研究证明：每周 1~2 次、每次 1~2 小时的哲学探究有助于提高学生学业表现。许多践行者选择社会生活中弱势群体居多的贫民学校和少数民族学校进行实验研究，以期逐渐扩大儿童哲学的实践影响力。顺着李普曼的思路，大多数实证研究关注儿童理智性思考能力的提升给儿童学业成绩带来的改善，各种各样的推理能力测验，如新泽西推理能力测验（NJTRS）、托兰斯（E. P. Torrance）创造思考测验（TTCT）被应用在儿童哲学的实证研究中。[④] "实验显示，当鼓励七岁的孩子提出问题，判断他们自己的推理，评价其他人的推理时，他们的争论技巧获得改善。"[⑤]李普曼之后的研究者则突破了这种学业成绩提升的取向。他们认为，"关于困难问题的对话对年轻人很重要，因为这些对话培养理智的反思能力。学生们产生了与他们生

---

① 张荣伟. 美、英、中儿童哲学教育之比较研究：以 P4C 为考察重点[J]. 福建教育学院学报，2019，20(1)：21-28.

② 刘晓东. 儿童哲学：外延和内涵[J]. 浙江师范大学学报（社会科学版），2008，33(3)：48-51.

③ 华党生，金永生. 儿童哲学的内涵及其哲学预设[J]. 学前教育研究，2014(6)：45-49.

④ 古秀蓉，冷璐. 儿童哲学探究活动的教育评价研究[J]. 上海教育科研，2018(1)：28-32.

⑤ Walker C M，Warterberg T E，Winner E. Examining the Effects of Philosophy Classes on the Early Development of Argumentation Skills[M]//Goering S，et al. Philosophy in School：An Introduction for Philosophers and Teachers. New York：Taylor & Francis Group，2013：285.

活有关的属于自己的问题，学会为他们的信条提供更好的理由"①。1987 年，生命定向问卷（Orientation to Life Questionnaire）被开发出来，在此基础上编制出的测量心理一致感量表获得广泛使用。② 除了量化测试的量表外，还有质性评价用以描述学生在经历哲学探究后在能力、情感、态度、行为等方面的变化。有许多实践者在中小学进行儿童哲学的实验，一名在高中进行儿童哲学教育实验的教师写道："不是使用共享的策略和一致性评估，我们正在分享一个共同的基础，在这个基础上，教和学在探究共同体中更好地发生。"③教师们深刻地感受到，他们把哲学引入各个学科的教学中后，发生了与以往不同的变化。一些儿童哲学教育的效果是通过访谈学生实现验证的。例如，有研究者追问学生如下问题："你最喜欢哲学课的什么？""你不喜欢哲学课的什么，为什么？""在哲学课上你能注意到你和其他同学的变化吗？你注意到什么变化了？""你认为哲学课对你有帮助吗？如果有，对你的帮助是什么？""你能确认变化是在哲学课发生的，而非在其他课上吗？如果你注意到了变化，那么变化是什么呢？""你能意识到在哲学课上学到了什么吗？如果能，你学到了什么？""哲学课改变了你什么观点？""你能写下哲学课与其他课的不同吗？"透过学生们的回答发现，他们在交流技巧、自信心和注意力方面都获得了改善。④

## (三)儿童哲学组织的建立

1974 年，在李普曼的推动下，蒙特克莱尔州立学院成立了儿童哲学促进协会（The Institute for the Advancement of Philosophy for Children）。协会致力于三项事业。第一，出版"儿童哲学"系列课程教材，通过这些量化与质性的评价，积极地证明了儿童哲学的实践效果，获得了更大的合法性。教材和教师

① Philosophy Learning and Teaching Organization. Why Philosophy for Young People? [EB/OL]. (2018-03-08)[2024-01-01]. https：//www. plato-philosophy. org/why-philosophy.

② 古秀蓉，冷璐. 儿童哲学探究活动的教育评价研究[J]. 上海教育科研，2018(1)：28-32.

③ Lukey B. A p4c Experiment：The High School Philosophy in Residence[M]//Goering S，et al. Philosophy in School：An Introduction for Philosophers and Teachers. New York：Taylor & Francis Group，2013：50.

④ Trickey S，Topping K. Assessing the Outcomes of Philosophical Thinking with Children [M]//Goering S，et al. Philosophy in School：An Introduction for Philosophers and Teachers. New York：Taylor & Francis Group，2013：295-296.

参考材料，为学校开展儿童哲学课程提供咨询与帮助。第二，宣传儿童哲学事业，进行各种媒体推广，促进国际交流。第三，促进儿童哲学研究，鼓励理论的学习与实证的研究，使更多的研究者能够到 IAPC 进行学习和研究。李普曼编写了适合各个年级儿童阅读的哲学小说，帮助低年级儿童学习如何进行对比分析，帮助中年级儿童学习推理的技巧，帮助高年级儿童探讨伦理和美学，帮助高中的学生探讨政治和社会。根据时代变化，这些哲学小说也进行过修订，被翻译成多种语言和文字。1985 年，哲学家和教师们创立了儿童哲学探究国际委员会(The International Council of Philosophical Inquiry with Children)，目标是加强世界各地儿童哲学探究，培训师资，鼓励儿童哲学项目的管理人员进行交流。在李普曼时代，儿童哲学的理论研究和实践推广就已经实现了组织化。这一时期，各种各样的资源得以出版，各种各样的师资培训项目得以开展。2011 年，美国华盛顿大学成立了哲学学习与教学组织(Philosophy Learning and Teaching Organization)，在北美地区非常活跃，他们会定期开展哲学教学的研讨活动，开发了许多哲学绘本，为教师践行儿童哲学提供工具。

随着儿童哲学的深入开展，许多国家成立了各自的儿童哲学组织。在英国，儿童哲学爱好者成立了"教育中的哲学探究与反思促进协会"(The Society for the Advancement of Philosophical Enquiry and Reflection in Education, SAPERE)，该组织致力于把美国的儿童哲学基于英国本土立场进行改造，他们还在英国的学校里进行儿童哲学的资源发展，并开展儿童哲学教师的培训。1990 年，英国 BBC 拍摄的纪录片《苏格拉底与六岁孩童》被广泛传播，亦促进了儿童哲学发展。美国的哲学学习与教学组织(Philosophy Learning and Teaching Organization)宣称，其成员包括专业哲学家、K-12 教师、研究生和本科生、学校行政人员及其他各种类型的教育工作者。他们努力将哲学的益处和严谨性引入年轻人的丰富教育经历中。除了李普曼的哲学小说在实践中被广泛使用外，越来越多的资源被开发出来，践行者出版各种各样的图书资料，提供各种各样的儿童哲学实践案例，并对相关理论资源不断地深入挖掘。例如，夏皮罗(D. A. Shapiro)2012 年出版了一本书，名字是《柏拉图是错的：与年轻人做哲学的注脚》(*Plato is Wrong*：*Footnotes on Philosophy with Young People*)。夏皮罗在书里提供了儿童可以讨论的哲学问题，同时幽默地指出："如果阿尔弗雷德·诺思·怀特海所说的 20 世纪的哲学都是对柏拉图哲学的注脚是对的，那么现在你阅读的注脚是我努力指出柏拉图的错误。"①联合国教科文组织也曾经出版了一个报告《哲学：自由的学校》(*Philosophy*：*A School of Freedom*)，也推动了儿童哲学的广泛传播。此外，还有澳大利亚学校哲学协会联盟(FAPSA)、韩国儿童哲学教学研究所(KITPFC)、拉丁美洲儿童哲学中心(CELAFIN)、亚太儿童与青少年哲学协会(PCYNAP)，这些组织一直都在开展活动，包括开展儿童哲学的研究，通过各种出版推广实践开展相应的师资培训等。

## 三、儿童哲学教育成为哲学与教育学的另一条对话道路

一般来说，教育哲学有两种基本含义：第一，运用哲学思考教育问题；第二，把教育的问题上升到哲学的高度进行思考。无论是作为交叉学科，还是作为分支学科，教育哲学都是教育学与哲学的对话。而儿童哲学的出现，让教育学和哲学有了新的对话方式，即以开展对儿童的哲学教育或者与儿童的哲学对话的方式开拓出一个新的领域。

### (一)从哲学角度研究儿童哲学

在今天学科分化的世界里，哲学四海为家，具有复数属性，其中一个重要的组成部分就是儿童哲学，所以儿童哲学首先可以被认为是哲学的分支学科，属于哲学家族的一部分。作为哲学家族的分支，在李普曼和马修斯等人的努力下，儿童哲学已经成为哲学家族的重要组成部分，也吸引了许多哲学研究者研究儿童哲学。世界哲学大会专门开辟了一个儿童哲学的分会场，产生了教育学与哲学的对话，为教育学人和哲学人的对话提供了新平台。世界哲学大会每五年召开一次，由国际哲学团体联合会和其中一个成员单位共同举办。中国组委会承办的第二十四届世界哲学大会，于2018年8月13日至20日在北京召开，大会主题是"学以成人"，此次大会的儿童哲学分论坛上，国内外的儿童哲学研究者进行了广泛的交流。在今天的理论研究与实践探索中，有来自哲学学科的

① Shapiro D A. Plato was Wrong：Footnotes on Philosophy with Young People[M]. Maryland：Rowman & Littlefield，2012：1.

研究者做儿童哲学，例如潘小慧教授，系台湾辅仁大学哲学系教授，她受到杨秀茂教授的影响，在大学的哲学系开设"儿童哲学"课程①，高振宇、古秀荣、郑敏希、杨妍璐、张娅等研究者都是哲学背景出身，在大学里的教育系或者哲学系等系开设儿童哲学课程，通过聚焦儿童进行哲学与教育学的对话。在研究的思路上，除了采用、改造西方已有的儿童哲学理论外，还有一条根植于中国传统儒释道经典文本的思考道路。陈永宝著有《朱熹的儿童哲学研究：蒙学思想现代路径》，提出朱子的蒙学教育主要以三个概念为核心，即赤子、小儿子和童蒙；朱熹的儿童哲学在逻辑上有三个发展阶段，即《朱子家训》的初级道德劝导阶段、《童蒙须知》的工夫实践阶段和《近思录》的伦理理论建设阶段。②

## （二）从教育学角度研究儿童哲学

还有许多教育哲学研究者研究儿童哲学，把儿童哲学纳入教育哲学的领域，把儿童哲学作为教育学家族的研究领域。来自教育学学科的研究者，如刘晓东、于伟、康永久等都开展了各自的研究。刘晓东教授的《儿童精神哲学》是重要的、典型的奠基之作，该著作从个体发生维度系统探讨了儿童观、儿童的精神世界，从哲学、心理学、教育学等多学科视角研究儿童。该书不仅在宏观精神文化发生史的视野中去把握、分析、观照儿童的精神世界，而且在哲学、心理学、教育学等层面把握儿童精神世界的同时也试图把握人类整体的精神文化世界，从而提出了儿童是思想家，是历史之子，是"成人之父"等创新性观点，产生了深刻而广泛的社会影响。于伟教授在东北师范大学附属小学对儿童哲学实践进行了本土化的创生，并把儿童哲学的精神融入学校的办学理念和办学实践中。于伟教授提出全学科实践儿童哲学的理论观点，被称为儿童哲学实践的"第三条道路"。世界范围内的儿童哲学实践主要有两种方式：一是李普曼倡导的开设专门儿童哲学课程，二是马修斯使用的低结构对话式教学。东北师范大学附属小学团队创造性地提出了第三种方式，即在小学全学科渗透"儿童之问、之思、之学"，促进儿童发现问题、提出问题能力的发展，改善儿童的

---

① 潘小慧. 儿童哲学的理论与实践[M]. 桂林：广西师范大学出版社，2020：原作者序.

② 参见陈永宝. 朱熹的儿童哲学研究：蒙学思想的现代路径[M]. 桂林：广西师范大学出版社，2021.

归纳思维，激发儿童的想象力。在具体实践中，将儿童哲学精神与各个学科基本思维逻辑进行融合，探索课堂教学的实践范式，提出有过程的归纳教学，真正从教育的视角、在教育的世界里践行儿童哲学。

## (三)作为教育学与哲学中介的儿童哲学

教育学与哲学的交叉首先形成的是教育哲学，儿童哲学的出现，再一次架起了教育学和哲学的桥梁，增加了教育哲学家族成员。以往的教育哲学研究大都选择用哲学的观点、方法、立场等思考教育问题，儿童哲学则把哲学直接作为教育内容来开展探究活动。李普曼之所以能够创造性地提出 Philosophy for Children 这一项目，与杜威直接相关，杜威曾经讨论过哲学和教育的关系，他说：

> 哲学是思考的一种形式，它和所有思考一样，起源于经验内容中的不确定性，它的目的是要找出困惑的性质，提出消除困惑的假设，并在行动中加以检验。哲学思考的基本特征在于它所对付的种种不确定性出现在广泛的社会情况与目的之中，存在于那种有组织的兴趣和制度上的要求的冲突之中。因为，要使各种对立的趋势能和谐地重新调整，唯一的方法是改变理智和情感的倾向。因此，哲学同时就是明确地表述各种不同的人生兴趣，提出使多种兴趣实现更好的平衡的观点与方法。如果要使这些必要的变革不会流于空洞的建议，就需要作为实现这一变革过程的教育。因此，我们有理由提出，教育乃是在实践中审慎地落实哲学，哲学则是教育的理论。①

可以说，哲学与教育有着不解之缘。"我们这些自称为哲学家的人有一个重要任务：帮助人们清除挡在他们思想大道上的废物，努力让通向未来的道路保持畅通。"②杜威关于哲学与教育的关系的论述在儿童哲学领域体现得淋漓尽致。杜威所主张的哲学是教育的理论，被李普曼进一步发展成为哲学作为教育的专门内容。"儿童哲学是一种思考模式，它专注于调查真相的过程。我们可

---

① 杜威. 民主·经验·教育[M]. 彭正梅，译. 上海：上海人民出版社，2009：165.
② 约翰·杜威. 杜威全集·晚期著作(第 5 卷：1929—1930)[M]. 孙有中，战晓峰，查敏，译. 上海：华东师范大学出版社，2015：121.

以用实际的应用来挖掘孩子们智慧的根源。"①个体的生存和种族的繁衍离不开教育，教育正在以种族经验代际遗传的方式影响着人类的年轻一代，哲学这个人类智慧的结晶也必然通过教育被代际遗传。

## 四、小结

儿童哲学教育成为当前理论研究与实践研究的热点，有理论研究者和实践践行者在共同深化和推动这一活动，这一活动俨然有成为一种运动的趋势。我国的儿童哲学教育从美国引进，在经历短暂的沉寂后再一次兴起，出现了新的研究者，成立了新的儿童哲学组织，促进了以儿童为中介的哲学、教育学等学科的跨界对话，催生出儿童哲学教育（Philosophy for Children as Education）。虽然这是一个倡导学科对话与跨界的时代，但不同学科之间依然有着一定的边界和各自的学科属性。我相信，教育学是一个包容性强的学科，无论把儿童哲学放在哪里，都必然离不开教育之思。马克思说："环境的改变和人的活动或自我改变的一致，只能被看做是并合理地理解为革命的实践。"②儿童哲学教育的发展也可以被认为是一种革命的实践，这种实践正在以直接或间接、显性或隐性等不同的方式展开。

---

① Daniel M F，Auriac E. Philosophy，Critical Thinking and Philosophy for Children[J]. Educational Philosophy and Theory，2011，43(5)：415.

② 马克思恩格斯文集：第1卷[M]. 中共中央马克思恩格斯列宁斯大林著作编译局，编译. 北京：人民出版社，2009：500.

# 第一章 儿童、哲学、教育的话语联结 ———

　　学术话语的变迁是洞察学术发展的窗口，儿童、哲学、教育这三个话语既相互独立，又具有广泛的联系。不同的学术话语有着彼此相对独立的研究群体，这些不同的群体从各自不同的视角出发提出自己的学术话语表达，也从彼此的视角中汲取学术养分。在这个过程中，儿童、教育、哲学这三个话语以别样的方式被联系起来，成为理论研究和实践探索的热点话题，构成了儿童哲学教育研究的主体内容，众多研究者正在努力形成学术探究共同体，共同在这个领域贡献学术智慧。

## 一、儿童哲学与儿童教育

　　马修·李普曼（Matthew Lipman，1923—2010）是 Philosophy for Children 的公认奠基人。李普曼对儿童哲学教育产生兴趣的原因并不仅仅是哲学的魅力，更多是基于对教育实践弊端的思考，他认真地批判和反思了当时学校教育存在的各种问题。可以说，他提出的儿童哲学教育是建立在对当时学校教育实践批判和反思的基础之上的。儿童哲学诞生之初，就与儿童教育天然地建立起了联系，恰恰是因为学校教育存在弊端，儿童哲学的实践才有针对性，儿童哲学的理论才有了批判的靶子。

### (一)学校没有培养出具有理智能力的人

　　理智人的培养一直都是教育的理想，而学校教育由于其工业产品生产的流水线式模式而被质疑没有培养出具有理智思考能力的人，儿童哲学被大胆提出与学校教育培养理智人的缺点直接相关。

　　李普曼提出儿童哲学的时候，恰逢美国教育改革重视"批判性思考"（critical thinking）之时，出现了重视培养批判性思考能力的教育改革运动。这些反思者认为教育要培养学生学会积极地、灵活地怀疑，要能够运用原则、立场进行推理、评估等。对李普曼来说，学生应该学会概念化的、推理性的、普遍化的和研究性的思考，推理和判断有助于学生从错误中鉴别出真理，从不正确中鉴别出正确，提高学生知识迁移和解决问题的能力。批判性思维意味着能够清晰、精确、准确、切题、前后一致、逻辑正确地思考。李普曼说："并不是说理智性的人一定是受过教育的，但受过教育的人应该是理智的。"①而学校教育更多的是对学生记忆的训练，片面强调知识的学习，而记忆属于低水平的思考，忽视探索过程的教学导致学生理智性思考训练不足，学生在思考过程中不会使用逻辑、推理、论证、类比等技巧，导致学生在从事公民活动时相应能力的欠缺。在社会发展进程中，若是人们缺乏理性思考，会导致如下的糟糕后果："我们阅读那些异常任性的和夸张的不合逻辑的历史传奇人物时，在他们粗暴地对待受害人却没有危机意识的时候，我们仍然保持放纵的微笑。"②实际上这有点类似汉娜·阿伦特说过的不反思、无作为的"平庸之恶"。理智性能力的缺乏直接影响了儿童长大以后从事公民活动的质量，在面对危机的时候如果缺乏理智性的思考将陷入更为糟糕的境况，只有具备理智能力的人通过反思才能不断地警醒，拥有清晰的判断力和行动力。李普曼认为，不仅知识的学习需要理智性思考，价值判断同样需要。他把价值当成是动词，他说："真正的价值是探究的产物。"③他批判知行不一的现象说："我们大多数人会说人们倾向于根据他们的观点进行行动；如果他们没有，如果他们在公开宣称和践行过程之间出现冲突的话，我们就会怀疑他们是否真正相信他们公开宣称所信奉的。"④实际上，"关于价值的观念"是个体对价值的实证分析，而"价值践行"才是主体价值选择的体现。学校教育无论是在知识的学习过程中，还是在帮助学生形成价值观的过程中，都必须培养出具有理智性判断能力的人。

## (二)传统教育是"部落模式"

为什么既往学校没有培养出具有理智能力的人，李普曼认为主要原因在于学校教育的模式。李普曼认为当时的学校教育如同原始的部落时代，人只是作为文化的附属品而存在，儿童被文化同化，"教师很难不为考试而教"，"部落模式没有激发，而是扼杀了学生的思考"。⑤ 在学科教学的背景下，李普曼继承了杜威对教科书的批判，"部落模式"中教科书学科逻辑化的编排方式而非心

---

① Lipman M. Philosophy Goes to School[M]. Philadelphia：Temple University Press，1988：18.
② Lipman M. Philosophy Goes to School[M]. Philadelphia：Temple University Press，1988：18.
③ Lipman M. Philosophy Goes to School[M]. Philadelphia：Temple University Press，1988：56.
④ Lipman M. Philosophy Goes to School[M]. Philadelphia：Temple University Press，1988：55.
⑤ Lipman M. Philosophy Goes to School[M]. Philadelphia：Temple University Press，1988：19.

理化的编排方式意味着学生必须接受来自成年人的学科规训。可以说，"部落模式"里的儿童沦为了文化的附属物，这种模式的"教育的目标就是占有天真无邪的孩子，采取把成年人占有的知识传递给孩子方式，使孩子成为知识渊博的人"①。"学生们被用正确的方式教授正确的内容，但是他们却不是在学习"②，其背后隐藏的教育假设意味着把知识从知道的人向不知道的人传递。虽然通常人们认为在学校里，学生要学习人类文化遗产的精华，但实际上，"儿童没有能力评价'文化传递'对其社会的重要性，他们只能判断这种'文化传递'对自己具有多大的意义"③。因此，李普曼反对传递式的知识教学，他认为这种模式就"像鸟妈妈一样，为刚会飞的小鸟嚼碎虫子，这种方式是无法提供教育的"④。李普曼认为，"学校的定义必须根据教育的性质来作出，而不是相反，即以学校的性质来定义教育"⑤。由此，针对"部落模式"，他提出了"反思模式"，认为在反思模式里，是儿童占有文化，而不是文化占有儿童，换句话说，文化是为人的反思品质服务的。他认为，"任何东西，只要有助于我们发现生活的意义，就具有教育性"⑥。正是在这个意义上，他倡导把教室转变为探究的共同体(the community of inquiry)，"教育的目标必须把知识的获得转变为思考，这样的思考必须是批判的、逻辑的，又或是两者都是的"⑦。在李普曼的思维里，比儿童学习更重要的是思考，在教科书里，展示证据比提供结论更为重要，进行验证比宣布一个结论更为重要。这样，儿童才能发现意义。可以说，在注重批判性思考的问题上，李普曼回应了当时批判性思考教育改革运动的主张，继承了杜威关于反省思维的主张，他评论说："对反省思维的强调使杜威成为这个世纪(20世纪)的批判性思考运动的先驱。"⑧所以，李普曼的立场与杜威的立场具有一致性，教育不应该是生拉硬拽地把儿童带到文化知识的身边来，或者只是把学生当作被动吸收信息的容器；而应该通过有意义的思考帮

---

① Lipman M. Philosophy Goes to School[M]. Philadelphia：Temple University Press，1988：36.
② Lipman M. Thinking in Education[M]. Cambridge：Cambridge University Press，2003：29.
③ 李普曼. 教室里的哲学[M]. 张爱琳，张爱维，编译. 太原：山西教育出版社，1997：5.
④ Lipman M. Philosophy Goes to School[M]. Philadelphia：Temple University Press，1988：21.
⑤ 李普曼. 教室里的哲学[M]. 张爱琳，张爱维，编译. 太原：山西教育出版社，1997：5-6.
⑥ 李普曼. 教室里的哲学[M]. 张爱琳，张爱维，编译. 太原：山西教育出版社，1997：6.
⑦ Lipman M. Philosophy Goes to School[M]. Philadelphia：Temple University Press，1988：37.
⑧ Lipman M. Thinking in Education[M]. Cambridge：Cambridge University Press，2003：35.

助儿童触达人类文化精华，帮助儿童发现各种各样的丰富关系。

## (三)基础教育学科教学没有帮助学生实现更好的思考

在指出学校弊端方面，李普曼还直接批判基础教育的各个学科的教学。1994 年，李普曼发表了《基础教育需要哲学吗?》，这篇文章对学校学科教学存在的问题进行了细致的反思。李普曼认为每一个学科都提供了认识世界的重要视角，学习了某个学科，学生应当能够进行"学科的思考"，并能够"在学科中思考"。例如，"历史系的学生学会思考的不仅仅是关于历史的：他们应该学会历史地思考，学逻辑的学生应该学会逻辑地思考，学心理学的学生应该学会心理学地思考。受过教育的人需要流畅性和灵活性去发现每一个学科和其他学科之间的联系"[①]。他曾经分析了分析教育哲学家赫斯特的观点，认为语言的学习就是用那种语言的思维方式进行思考，以深入语言自身的文化结构，理解其内在的含义，因此他提出，"学习外语的学生必须被鼓励用那种语言去思考，而不是在他进行自己的思考时从一种语言机械地翻译为另一种语言"[②]。李普曼非常重视学生在学科知识学习背后的学科思维和学科哲学。针对当时美国学校教学的现实，他归纳出 10 条基础教育存在的问题，概括来说，主要包括三个方面的内容：第一，学校教育提供了学习的模式和技巧，但无法提供有效的思考模式和改善思考的策略，看似改善学生思维的技巧实际上是教学生怎么在考试中获得更好的分数；第二，学生被鼓励用纸和笔解决问题，不被鼓励发现问题，学生之间彼此孤立，缺乏合作；第三，忽视学生在概念探究和语言使用方面的基本训练，导致学生总是陷入语言陷阱，缺乏对概念的理解，缺少有质量的认知模式，学生难以处理许多事实与价值问题。这三个方面的问题意味着学生在学校没有学会怎么进行有意义的思考。分科教学导致了学生知识学习的分化，难以在日常生活中实现整合，进而无法发现学习的意义。

为了解决这些问题，李普曼大胆地提出了儿童哲学教育这一计划，并获得广泛认同，尤其是在一些公立中小学的实践，产生了非同凡响的效果。可以

---

① Reed R F, Johnson T W. Philosophical Documents in Education[M]. New York：Longman Publisher，1996：208-209.

② Lipman M. Thinking in Education[M]. Cambridge：Cambridge University Press，2003：24.

说，在儿童哲学教育这个家族内部，李普曼的理论阐释与实践努力，真正拉近了儿童与哲学教育的距离，实践推广也让更多的儿童受益。也正是在李普曼等人的推动下，哲学成为祛除教育弊端、改善学校教育的一剂药方。许多践行者促使哲学走进儿童的日常生活、课堂生活、社会生活，让哲学成为儿童思考的组成部分，以此让儿童发现不一样的世界，思考不一样的问题，来规避制度化的学校教育对儿童个性化思想的压制。

## 二、儿童哲学与儿童生活

加雷斯·马修斯（Gareth B. Matthews，1929—2011）是系统阐述并与儿童探讨哲学奥秘的奠基性哲学家，也是公认的儿童哲学（Philosophy of Children）的奠基者。与李普曼不同，李普曼基于对学校教育的批判提出开展对儿童的哲学教育，把大学里哲学的话语和观点转化成儿童能够理解的哲学小说供儿童讨论。而马修斯以吸引大学生对哲学的兴趣为思考起点。他在《哲学与幼童》的序言里说："我在想着怎样教好大学生的哲学导论课时，开始对幼童的哲学思想发生了兴趣，许多学生对人与生俱来就会运用哲学这一观点似乎有抵触。为了解除他们的怀疑，我无意中想出了一种方法，向他们证明其实他们中许多人在孩提时代就已经在运用哲学了。"[1]他开始从事一些非正规的研究和教学工作，开展了与儿童讨论哲学问题的活动，并影响了许许多多的后继者。马修斯的贡献在于他提供了重要的、直接的证据证明儿童思考的问题是真正的哲学问题，而非他们在经验世界里的困惑。

### (一)思考哲学是儿童与生俱来的能力

哲学是爱智慧的学问，哲学思考属于追求智慧的思考，儿童具有与生俱来的"爱智慧"的天性。[2] 现代的认识论越来越反对儿童心灵的白板说，认为儿童来到这个世界上就带着人类近百万年的遗传密码。因此，儿童有着对这个世界

---

[1] 加雷斯·B. 马修斯. 哲学与幼童：新版[M]. 陈国容，译. 北京：生活·读书·新知三联书店，2020：前言1.

[2] 庞学光. 善待儿童"爱智慧"的天性：儿童哲学教育的意义初探[J]. 教育研究，2013，34(10)：10-17.

的思考，他们的思考还充满了力量。根据柏拉图的看法，知识本来就存在于儿童的大脑中，学习是回忆的过程，那么儿童的哲学思考到底是儿童与生俱来的能力，还是哲学的思考本来就存在于儿童的大脑中呢？"认知革命实际上在20世纪50年代开始于诺姆·乔姆斯基。乔姆斯基提出人类语言具有普遍性，在整个世界范围内都是一致的。另外，从逻辑上看，孩子也不可能仅仅从自己获得的为数不多的例子中就能迅速习得语言规则。因而，这说明语言一定具有某种天生之处。后来，史蒂文·品克（Steven Pinker）解析了人类的'语言本能'，认为他带有一把瑞士军刀所能呈现出的全部特点，其结构的设计是为功能而服务的。他还补充说明，心智所具备的，不是天生的信息，而是天生的信息处理方式。"①随着思想的演进，许多的思想家开始承认儿童天生就有思考的能力，哲学思考不是与儿童无关的事情。由于柏拉图提出过哲学是理性的学问，哲学王的培养必须到成人阶段才能进行，因此否定了儿童思考哲学的权利，但是毫无疑问这一假设被儿童哲学研究者推翻了，儿童可以思考哲学问题。

马修斯作为杰出的儿童哲学家，提出哲学是儿童与生俱来的活动，不过这种活动后来为适应社会生活需要而放弃了。② 所以他与孩子一起讨论哲学问题，深化了儿童哲学的内涵，他指出对儿童开展哲学教育，目的在于欣赏儿童并启发儿童与生俱来的哲学禀赋。在《哲学与幼童》中，他贡献了许多儿童的精彩哲学思考，为后来许许多多的践行者感同身受。例如，"蒂姆（大约6岁）正在忙着舔锅子时，问道：'爸爸，我们怎么能知道一切不是一场梦呢？'"③马修斯认为蒂姆的困惑含有典型的哲理。蒂姆提出的问题给一个极其平常的概念（清醒状态）带来了疑问。许许多多的后继者尤其是做了母亲的人，他们发现孩子对事物背后到底是什么有着无穷无尽的追问，在孩子2～3岁的时候，他们会追问：然后呢？之后是什么呢？总是把大人问得无法言说。例如，有的孩子问："妈妈，我是怎么来的？"妈妈回答说："是妈妈生的。"而孩子追问："妈妈，你是怎么来的？"妈妈回答："是姥姥生的。"孩子接着追问："姥姥怎么来

① 马特·里德利. 先天后天：基因、经验及什么使我们成为人（原书第4版）[M]. 黄菁菁，译. 北京：机械工业出版社，2015：49.

② 马修斯. 哲学与幼童[M]. 陈国容，译. 北京：生活·读书·新知三联书店，1989：序言1.

③ 马修斯. 哲学与幼童[M]. 陈国容，译. 北京：生活·读书·新知三联书店，1989：1.

的?"妈妈回答说:"是姥姥的妈妈生的,每个人都有妈妈。"……一系列的追问下来,孩子问:"第一个妈妈是怎么来的呢?"在这个意义上,孩子对这个世界有了形而上学的思考。德国的里夏德·达维德·普雷希特出版了《哲学家与儿童对话》,这本著作不是简单地勾勒儿童如何思考哲学,而是通过儿童的视角思考哲学问题,通过儿童对这个世界的疑问,带着读者走进哲学的世界。作者与他的儿子奥斯卡在博物馆开启了哲学对话。奥斯卡去博物馆,游览到二楼,严肃地问作者:"爸爸,为啥什么都有呢?""你这是什么意思呀,奥斯卡?""我是说,为啥什么都有,而不是什么都没有呢?""你是说,为什么会有星星、地球、植物、动物和人类吧?""是的,为什么会有这一切呢?"[①]如果不能回答"为啥什么都有,而不是什么都没有",那么不可不回答:"为什么有人呢?"(人类是怎么来的?)对话就从儿童关于"有"的思考开启了。每一个儿童都会产生关于"有"的思考,为什么"会有"这个问题,可以从两个层面分析。第一个层面可以从神话故事的角度分析,人类的每一个民族都有关于人是怎么产生的解释,如盘古开天辟地的故事就告诉了我们天地是怎么来的。然而除了神话故事,哲学层面也有回答。因此,通过儿童的问题,许多回答不仅仅是经验层面的,还是哲学层面的,尽管哲学层面的思考只能有一个大概的答案,而非准确的答案,而且还会产生更多的新问题,这就是哲学思考的特点。一般来说,当我们说儿童是哲学家的时候,并不是说儿童是专业的哲学家,也不是说儿童天生就有丰硕的研究成果,而是说儿童具有似乎是与生俱来的"爱智慧"的天性。那种对智慧的追求和热爱与哲学家一样不夹杂物欲爱好、没有功利性追求。

**(二)哲学的惊讶与儿童的好奇同宗同源**

亚里士多德曾经说过,爱智慧的思考需要三个条件,即闲暇、惊讶和自由。

就从早期哲学家的历史来看,也可以明白,这类学术不是一门制造学术。古今来人们开始哲理探索,都应起于对自然万物的惊异;他们先是惊异于种种迷惑的现象,逐渐积累一点一滴的解释,对一些较重大的问题,

---

① 里夏德·达维德·普雷希特. 哲学家与儿童对话[M]. 王泰智,沈惠珠,译. 北京:生活·读书·新知三联书店,2013:4.

例如日月与星的运行以及宇宙之创生，作成说明，一个有所迷惑与惊异的人，每自愧愚蠢（因此神话所编录的全是怪异，凡爱好神话的人也是爱好智慧的人）；他们探索哲理只是为想脱出愚蠢，显然，他们为求知而从事学术，并无任何实用的目的。这个可由事实为之证明：这类学术研究的开始，都在人生的必需品以及使人快乐安适的种种事物几乎全都获得了以后。这样，显然，我们不为任何其它利益而找寻智慧；只因人本自由，为自己的生存而生存，不为别人的生存而生存，所以我们认取哲学为唯一的自由学术而深加探索，这正是为学术自身而成立的唯一学术。①

儿童思考爱智慧的学问与为学术而学术不同，但可以直接感受到，爱智慧的思考的三个条件，儿童全部都具备。

"闲暇"的状态是智力活动的条件，古希腊的哲学家是在闲暇中进行思辨的，实际上学校（school）这个词的词根就是希腊语中的"闲暇"，所以受教育的状态实际上就是闲暇的状态。当然也可以被称为自由的状态，即真正有闲暇的人才能真正拥有自由。柏拉图在《泰阿泰德》中提出："我们诚然有，且效哲学家的惯癖，离本题而旁涉。""哲学家能言所欲言，兴之所至，随意由一题目谈到另一题目；如我们，他谈话可以欲长便长、欲短便短。讼徒却总是仓皇急遽，滴漏限其时刻、陈辩书拘其题材、反对造在旁控制其发言权。"②闲暇让哲学家思考，但打官司的人是不会自由地思考的，因为他带有功利的目的。而儿童的生活是闲暇的，不会被世俗的功利所驱使，因此具备爱智慧所需要的闲暇条件。

惊讶被古希腊多数哲学家认为是哲学的开端。柏拉图说："惊讶，这尤其是哲学家的一种情绪。除此之外，哲学没有别的开端。"③对世界的原初好奇成为哲学的开端，这与"亚里士多德的说法是一样的：'无论当今或从前最初的时候，人总是因震惊开始哲学的。'海德格尔总结说：'震惊之情是哲学的 arche［开端，原则］。'如果我们以为震惊是哲学的原因，哲学开始以后震惊就消声匿迹，那我们就与希腊思想背道而驰了。Arch 是原则，哲学从这一原则开端且

---

① 亚里士多德. 形而上学[M]. 吴寿彭，译. 北京：商务印书馆，1959：5.
② 柏拉图. 泰阿泰德·智术之师[M]. 严群，译. 北京：商务印书馆，1963：13.
③ 柏拉图. 柏拉图全集：第 2 卷[M]. 王晓朝，译. 北京：人民出版社，2003：670.

在其全过程中始终受这一原则驾驶：'震惊驾驭着哲学的每一步。'"①古希腊的哲学家们开启了他们的震惊之旅，开启了哲学探究之路。

儿童哲学研究者在思考儿童特点的时候，认为儿童是这个世界上最好奇的人，他们跟哲学家一样拥有对这个世界最原初的好奇。由此儿童哲学带着儿童对这个世界的惊奇登上了实践舞台，在哲学这个大家族里发出了儿童的声音。然而也有人认为，儿童时常表现出来的"惊奇"与"疑惑"，以及他们表现出来的丰富想象力，都只是因为他们刚接触这个世界，对它还不了解，经验认识不足。因为不了解所以才会"疑惑""惊奇"，所以想象才很多。成人面对一个陌生的环境或陌生的事物，也会有同样的反应。这跟《红楼梦》"刘姥姥初进大观园"是一样的。这种观点也许有道理，但是马修斯的实践证明，有一些"疑惑""惊奇"是经验性的，但是也有真正的非经验世界的"疑惑""惊奇"，就算是经验世界里的"疑惑""惊奇"也可以通过互动走向不同的方向，因此这种"疑惑""惊奇"的契机无比重要。

儿童对这个世界的探究精神与哲学家的惊奇同宗同源。所谓的童言稚语并非幼稚的体现，而是儿童对这个世界的表达。如何看待这些表达？马修斯曾说："成人研究的所谓哲学，是坚持不懈地企图解决人类认知能力和道德能力所遇到的内在的或观念上的挑战（internal or conceptual threats），而这些挑战绝大部分出现在幼小儿童的思考里。"②儿童与哲学家本质上是同一类人。马修斯在《哲学与幼童》一书中收集了许多幼童的思考，分析了这些幼童的世界里的哲学问题，其中有一位叫乔丹的小朋友，"一天晚上八点上床睡觉时问道：'如果我八点钟睡觉，明天早上七点钟起身，我怎么断定时钟的短针只走了一圈呢？我是不是要整晚不睡，一直看着它呢？要是我望了望别处，哪怕是一会儿，短针也可能走了两圈。'"③马修斯分析了乔丹的困惑，乔丹不仅仅是在经验上缺少充分的证据，也不仅仅是找到扩大证据的实例就可以解惑的，这个问题涉及了归纳法，"实质上，这个问题说的是我们能否证明，可以将观察到的

①　陈嘉映. 海德格尔哲学概论[M]. 北京：生活·读书·新知三联书店，1995：30.
②　加雷斯·B. 马修斯. 童年哲学[M]. 刘晓东，译. 北京：生活·读书·新知三联书店，2015：192.
③　马修斯. 哲学与幼童[M]. 陈国容，译. 北京：生活·读书·新知三联书店，1989：3.

例证作为未观察到的例证的指南，如果能够，是在什么基础上"①。乔丹在幼童时期不可能思考到归纳法这个层次上，但他的困惑在于："要是我望了望别处，即使是一霎眼的时间，短针也可能走两圈。"②而这个困惑的的确确是哲学的困惑。随着乔丹的成长，他会忘记自己幼童时期的这个困惑，但有人跟他讨论这个问题，智慧便在这个时候开启了。

儿童对这个世界的好奇并不仅仅是经验性的好奇，不仅仅是提供科学解释就能满足的好奇，而是地道的哲学好奇。实际上儿童对这个世界的感觉与年龄的增长不存在正相关，事实是越年长对这个世界的敏感性越薄弱，最终这种对世界的好奇与敏感可能彻底不存在，所以与儿童讨论哲学问题是人生的乐趣。儿童的原初思维与哲学的源头思维具有相似性，儿童丰富的表达不见得没有哲学的意蕴。换言之，哲学的感叹并非某些长者的特权，儿童本能地存在此类特殊的感觉，其在天马行空的想象力中探索内在与周围环境，使得其产生了探究万物"为什么"的想法，思考"自己为何诞生""自己身处何方""什么是世界"等基础问题，这些问题都属于哲学问题。

## (三)儿童哲学助力人类对未来的反思

儿童的发现不仅使得儿童在历史的进程中发出声音，还意味着儿童影响着人类的未来，儿童的哲学思考上升到人类存在的高度，一样能够对人类的发展产生影响。

哲学与人类的其他学科有所不同，许多学科是回答问题的，是解决困惑的，而哲学在绝大多数时候并不能解答我们的问题，但是哲学有提出问题的能力，马修斯曾经引用罗素的观点：哲学"使我们增加对宇宙的兴趣，甚至在日常生活最平凡事物的表面现象下，看到事物的新奇与值得怀疑之处"③。而与绝大多数平凡的成年人相比，儿童拥有更强大的提问能力，而且儿童对现代科学世界的理解可能会比大多数成人都要强。④ 成年人并不喜欢提问，"常常回

① 马修斯. 哲学与幼童[M]. 陈国容，译. 北京：生活·读书·新知三联书店，1989：4.
② 马修斯. 哲学与幼童[M]. 陈国容，译. 北京：生活·读书·新知三联书店，1989：3.
③ 马修斯. 哲学与幼童[M]. 陈国容，译. 北京：生活·读书·新知三联书店，1989：2.
④ 加雷斯·B. 马修斯. 童年哲学[M]. 刘晓东，译. 北京：生活·读书·新知三联书店，2015：27.

避挑战，用发怒相对待"①。儿童与成年人的这种不同促使儿童敞开了对哲学的怀抱，他们的提问并不仅仅是对经验世界的质疑，而确实是在哲学认识论上的困惑。"儿童天真的问题会唤醒我们沉睡的想象和同情，甚至会鼓动我们采取道德行动。"②可以说，借助儿童"天真的眼睛"能够思考人类的未来。儿童哲学的首要目的在于揭示批判附加在儿童身上的种种成人化儿童观偏见，恢复儿童本来的面目，透过儿童的视角思考我们的未来。人类是面向未来的，而儿童则代表我们的未来，发现儿童就是为了拥有更好的未来。我们以儿童的发现彰显了我们对未来的重视，这也许是因为人类意识到了危机的存在，人类意识到了个体的生存和种族的繁衍这些生活的平凡现象都充满了无法预见的危机，所以才希望在儿童身上找到解决危机的切入点。在这个意义上，与儿童的哲学对话让我们借儿童的视角思考我们的未来。实际上，与儿童进行哲学对话并不是义务教育强迫意义上的对话，而是一种纯粹的思考性对话。马修斯采用了编写故事开头法引发儿童对哲学问题的思考。当对话开始后，儿童就占据了绝对的主导地位，他们决定着话题的走向和问题的结论。成人在这场对话中的作用仅仅是刺激儿童就某一哲学问题进行深入思考，理解儿童的思考方式以及他们语言的意义。通过对话，马修斯向儿童和成人传达出这样的信息：孩子们的观点对解决问题来说是有价值的。在与儿童相处时，成人要反思自己的优越感，站在自以为正确的立场"教育"儿童，不仅可能误导儿童的思维，还会限制成人自身的发展。

尽管儿童所具有的"惊奇""困惑"与成年人的"惊奇""困惑"不同，一个人有了知识和阅历之后的"惊奇"和"困惑"与一个初来者的"惊奇"和"困惑"不同，类似宋代青原行思禅师说的山水问题："老僧三十年前未参禅时，见山是山，见水是水。及至后来，亲见知识，有个人处，见山不是山，见水不是水。而今得个体歇处，依然见山只是山，见水只是水。"③第一境界和第三境界虽然都是"见山是山，见水是水"，但两者在内蕴和深度上是不同的。尽管如此，儿童的

———————

①　马修斯. 哲学与幼童[M]. 陈国容，译. 北京：生活·读书·新知三联书店，1989：25.

②　加雷斯·B. 马修斯. 童年哲学[M]. 刘晓东，译. 北京：生活·读书·新知三联书店，2015：81.

③　普济. 五灯会元[M]. 苏渊雷，点校. 北京：中华书局，1984：1135.

"惊奇""困惑"还是能够带给成人反思，促使成人返璞归真。在这个意义上，儿童哲学是促进成人反思的。"哲学思考并非童年显著特征……研讨幼童的哲学思考，有助于我们理解哲学……儿童给予我们最激动人心的事情之一便是崭新的哲学视野。"①儿童哲学以儿童的"清新"思考来扫除成人哲学中的"僵化呆滞"，这恰恰是通过儿童视角反思人类自身。

### 三、儿童哲学与儿童的发现

哲学是不是儿童生活的一部分？在没有儿童哲学的时代，似乎少有人将儿童和哲学建立起丰富的联系。在儿童和哲学联系起来的过程中，需要人类首先看到儿童。可以说，儿童的发现，使得儿童哲学成为可能。个体的生存和种族的繁衍是人类现实生活的第一要务，在卫生条件和医疗水平都不高的年代，儿童作为人类的后代，其地位是不高的，成年人才是这个社会的重心和中心，但随着人类社会的发展，儿童不仅仅在日常生活中变得重要，也在社会话语中逐渐变得有分量，这个过程可以被称为"儿童的发现"。

在人类历史发展的进程中，儿童并没有被看见，也不是生活的主角，到了工业社会，人类才开始重视儿童，才在物质条件上提出要保障儿童的生存权利，直到后工业社会，儿童的精神生活才真正被看见。美国著名学者丹尼尔·贝尔提出了后工业社会理论，其学术著作《后工业社会的来临》为我们描述了后工业社会的变化。后工业社会里，人类社会面临的基本矛盾发生了变化。在农业社会和工业社会，人类社会的主要矛盾是人与自然的矛盾，物质生产是人类主要的活动。但是社会生产力发展中对技术的应用和更新提高了生产能力，促进了经济增长，进而引起整个社会生活的变化。新技术的应用降低了商品的成本，使下层社会成员也能享受低价高质的生活用品，从而有可能从根本上解决生活资料匮乏的状态。社会生产力的发展不再是"人与自然"的斗争，而是"人与人工化的自然"的斗争。在这个过程中，儿童也成为社会关注的对象，他们越来越成为社会关注的重点领域，越来越多的研究不仅关注儿童在物质上的生

---

① 加雷斯·B.马修斯. 童年哲学[M]. 刘晓东，译. 北京：生活·读书·新知三联书店，2015：5-7.

存权利，也关注儿童的精神生活。在 20 世纪，儿童逐渐被"神圣化"，首先表现在对儿童生命的神圣化，"20 世纪对儿童的'神圣化'导致对于儿童死亡的日益增长的无法容忍——无论是因为疾病还是因为事故，并且激发了对保护儿童生命的巨大关注。所有社会阶层的儿童不仅接种疫苗以预防疾病，获得更好的营养照顾，而且他们的生活也越来越受到监管和驯化"①。再往后发展，神圣化加深，"新的神圣化的孩子占据了特殊而分离的世界，以情感和教育而不是以工作和利润为主导"②。在此过程中，人们为儿童提供了儿童文学、图画书等各种文化消费品，其中一部分研究者发现了儿童的哲学精神，提出哲学是儿童精神生活的重要组成部分。

## （一）"儿童缺陷论"与儿童的遮蔽

古代西方人是看不见完整儿童的。从现在的观点看，古代西方，至少在古希腊时代流传下来的雕像"没有一尊是儿童的"③。

人们首先看到了儿童在生理上的天然弱势，儿童是未成熟的人，这种观点被称为"童年缺陷论"。大卫·肯尼迪（David Kennedy）将童年缺陷论的形成追溯到柏拉图与亚里士多德。④ 在柏拉图的教育系统里，儿童要接受教育，实现理性能力的发展；在灵魂的特质中，儿童代表着欲望，是需要控制的对象。在亚里士多德的理论中，成人才被认为是人，有理性、自由等是其特征，而儿童则不具备成人的特质，因此被认为是危险的，童年是一种有待克服的状态。人类从成人与儿童的二元划分中分析儿童时，就不可避免地出现了童年缺陷论的观点，毕竟，童年总是要离开的，儿童总是要长大的，童年本身并非目的所在。因此许多研究者持有的是成人目的论，即认为成人才是人生中更为完全的阶段、主要的阶段、核心的阶段，成人才是人生所致力追求的方向，而童年只

① 维维安娜·泽利泽. 给无价的孩子定价：变迁中的儿童社会价值［M］. 王水雄，等，译. 上海：华东师范大学出版社，2018：56-57.

② 维维安娜·泽利泽. 给无价的孩子定价：变迁中的儿童社会价值［M］. 王水雄，等，译. 上海：华东师范大学出版社，2018：228.

③ 尼尔·波兹曼. 童年的消逝［M］. 吴燕莛，译. 北京：中信出版社，2015：11.

④ Kennedy D. Changing Conceptions of the Child from the Renaissance to Post-modernity：A Philosophy of Childhood［M］. Lewiston：Edwin Mellen Press，2006：19.

是一个过渡性的阶段。这种在思想根源上的童年缺陷论影响了后来许多理论观点和主张，尤其是各种各样的发展心理学。无论是皮亚杰的认知发展阶段论，还是科尔伯格的儿童道德认知发展阶段论都提出了一个从不完善的童年到完善的成人的发展过程。

从历史发展来看，似乎一直持续到中世纪，西方的儿童都是消失的状态，这种消失的状态一直持续到 18 世纪以前。"在 18 世纪以前的英格兰和欧洲，一个婴儿和一个年幼孩子的死亡都是一件小事，对此的态度通常混杂着不关心和对事实的无奈接受。"①菲利普·阿利埃斯写了一本书《儿童的世纪：旧制度下的儿童和家庭生活》，他开展了对中世纪肖像画的分析，提出中世纪没有儿童观念的看法，他认为中世纪的艺术里不承认儿童的存在，自然也没有尝试描绘儿童的动机。在 11—13 世纪的宗教画里，儿童只不过是缩小版的大人。那个时代，父母对儿童也是比较冷漠的，因为那个时代的婴幼儿死亡率非常高，儿童并不是父母不可替代的珍贵存在，而是会有替代品生出来的消耗品。到了 15 世纪，儿童的家庭生活场景开始出现在绘画中，于是，儿童终于在人类生活中被发现了。宗教改革前后，修道院和大众学院开始持续扩大招生规模。对多数儿童来说，终于有了一个地方，使他们与成人世界隔开，接受有规划的学习。在家庭里，家长对儿童的培养不再拘泥于家产和荣誉，而是开始关注儿童的"教育、职业和未来"。随着生产力水平的提升、家庭结构的缩小、医疗条件的改善，儿童渐渐成了家庭的中心，此即现代社会重视儿童和教育的雏形。

从我国历史发展来看，我国社会发展历程中是能够看见儿童的，有各种各样关于儿童的书写，当然这些关于儿童的书写并不是把儿童本身当作目的，而是社会文化内涵所指。例如，从教育的角度看，中国古代把儿童阶段称为蒙养阶段，意味着儿童处在需要启蒙和养育的阶段，因此蒙养教育就是专门针对儿童展开的教育，主要在私学内开展，主要是进行道德行为训练和基本文化知识学习。还有从中医学角度分析儿科的，从既有主张看，也基本强调儿童的不完整性，儿童存在缺陷，需要度过这一特殊时期才能真正成熟。在宏大历史书写

① 维维安娜·泽利泽. 给无价的孩子定价：变迁中的儿童社会价值[M]. 王水雄，等，译. 上海：华东师范大学出版社，2018：25.

中，我们看到了政治统治者、战争等重要的因素，其关于儿童的书写非常有限，但还是可以找到许多关于儿童的书写，这些书写记录了当时儿童的生活与姿态。例如，在《世说新语》中就有许多关于儿童的故事，作者在字里行间透露出对这些儿童的赞美之情。《世说新语》描述的是魏晋时期的人物生活，那时候的士人崇尚清谈，要求参与清谈的人有渊博的学识、一定思辨能力和较好的口才。因此，《世说新语》中记录了许多这样的儿童形象。例如，谢安和侄子们讨论诗文时，问侄子们："白雪纷纷何所似？"侄子回答："撒盐空中差可拟。"侄女回答："未若柳絮因风起。"①这就显示了孩子们较高的文学修养。还有一些自信乐观的儿童形象，这些儿童面对成人时，能够侃侃而谈；在遇到不利局面时，能够沉着应对。例如，谢仁祖八岁的时候，随父亲送别客人，客人们称赞他是颜回，他回答说："坐无尼父，焉别颜回。"②（在座的人又没有孔子，怎么能识别颜回呢？）由此可见八岁的谢仁祖的悟性与心性。《世说新语》中的儿童形象并不是与成年人不同的儿童形象，而是在与成年人交往过程中有智慧的形象，可以说他们具有鲜活的个性，让人刮目相看。

### （二）儿童的发现与儿童地位的提升

在有了社会支持的背景和文化中，儿童被发现了。在近代社会，人类的医疗条件极大地提升了儿童的生存率，成人与儿童的情感联系日渐紧密，这种超越社会阶级的情感推动了儿童的发现，人类越来越重视儿童的发展和教育，重视对童年的思考。中世纪的蒙田、伊拉斯莫等都开始有儿童教育的专著，对儿童教育进行深入研究，而近代的洛克、卢梭以及后来的杜威则直接思考作为独立存在的儿童，他们的儿童观直接对儿童哲学的发展产生了重要的影响。

#### 1. 洛克提出心灵白板

洛克认为儿童是具备与其年龄相应的理性能力的，儿童要规规矩矩地学习文法、历史和自然哲学，儿童白板的心灵必须接受学习。洛克在《教育漫话》中描写了很多儿童的自然生活状态，我们可以感觉出儿童的娇生惯养、撒谎、虚荣、颐指气使、矫揉造作，归纳起来并不是想说儿童天生像魔鬼一样，而是想

---

① 刘义庆，刘孝标. 世说新语校笺[M]. 北京：中华书局，2006：113.
② 刘义庆，刘孝标. 世说新语校笺[M]. 北京：中华书局，2006：91.

说儿童是缺乏理性的人。因此，儿童必须通过经验学习各种知识。洛克最有名的白板说，对关注儿童生活方式有重要的启示。洛克说：

> 我们可以假定人心如白纸似的，没有一切标记，没有一切观念，那么它如何会又有了那些观念呢？人的匆促而无限的想象既然能在人心上刻画出几乎无限的花样来，则人心究竟如何能得到那么多的材料呢，他在理性和知识方面所有的一切材料，都是从哪里来的呢？我可以一句话答复说，他们都是从"经验"来的，我们的一切知识都是建立在经验上的，而且最后是导源于经验的。①

在运用理解以考察他所获得的那些观念时，我们还知觉到自己有各种心理活动。"我们的心灵在反省这些心理作用，考究这些心理作用时，它们便供给理解以另一套观念，而且所供给的那些观念是不能由外面得到的。属于这一类的观念，有知觉、思想、怀疑、信仰、推论、认识、意欲，以及人心的一切作用。"②

这是洛克白板说的基本观点。白板说对儿童的发现有重要意义。儿童作为白板的存在，首先使得教育活动有的放矢，由于儿童的心灵是白板，所以教育才有意义和价值。洛克提出：

> 人如果一仔细考察儿童初入世时的状态，则他便不会有什么理由来想象，儿童原赋有许多的观念，以为他将来知识底材料。儿童底观念是渐渐学得的，各种常见的明显性质，虽然在他能记忆时间和秩序以前，早已把各种观念印在他底心中，可是不寻常的各种性质，往往是很迟才出现的。因此，人们大半能记得自己初次认识它们的时候。我们如果愿意试验一下，则我们很可以让一个儿童直至达到成年时候一直具有很少的寻常观念。不过一切人类在入世以后，周围既然有各种物体由各种途径来刺激他们，因此，各种观念不论儿童注意它们与否，都一定能印在儿童底心上。③

---

① 洛克. 人类理解论[M]. 关文运，译. 北京：商务印书馆，1959：68.
② 洛克. 人类理解论[M]. 关文运，译. 北京：商务印书馆，1959：69.
③ 洛克. 人类理解论[M]. 关文运，译. 北京：商务印书馆，1959：70-71.

虽然儿童由于是白板而需要教育，但不代表教育的简单性，而恰恰表明教育的复杂性。洛克认为，"在历史上，许多父母为了拯救自己的孩子于未来的痛苦，尤其是永恒诅咒的痛苦，就隔绝自己的孩子于诸多团体之外，并告诫他们说，所有其他的生活方式都是有罪的，以此暗中(如果不是明确的教导的话)促进了对具有其他差异的他者之不尊重"①。这一精神有悖于自由主义的品格，也就意味着白板的心灵需要儿童与团体进行互动，而不是由家长将其填满。白板说认为儿童与成人的关系并非平等关系，但这并不意味着儿童就可以不被尊重，恰恰因为儿童的心灵是白板，才更需要尊重。洛克说：

> 我承认孩童并非生来就处在这种完全的平等状态中，虽然他们生来就应该享受这种平等。他们的父母在他们出世时和出世后的一段时间，对他们有一种统治和管辖权，但这只是暂时的。他们所受的这种支配的限制，犹如在他们孱弱的婴儿期间用来缠裹和保护他们的襁褓衣被一样。随着他们的成长，年龄和理性将解脱这些限制，直到最后完全解脱而能使一个人自由地处理一切为止。②

尊重才能让儿童的理性能力生长出来。

### 2. 卢梭提出儿童感性发展

卢梭也是儿童史上重要的思想家，儿童观的变化进程，绕不过卢梭。他的《爱弥儿》开篇便提出："出自造物主之手的东西，都是好的，而一到了人的手里，就全变坏了。"③这一论断便是对原罪说的完全颠覆，也开启了浪漫主义儿童观时代，赋予教育以特别的重要地位。卢梭说："我们生来是软弱的，所以我们需要力量；我们生来是一无所有的，所以需要帮助；我们生来是愚昧的，所以需要判断的能力。我们在出生的时候所没有的东西，我们在长大的时候所需要的东西，全都要由教育赐与我们。"④怎样的教育才能使人成为人，这涉及对儿童的判断。他赞扬自然，儿童应该投入大自然的怀抱，靠丰富的体验调动起向学的兴趣即可。对于卢梭来说，人的本质是自然人，这种自然人具有的是

---

① 艾米·古特曼. 民主教育[M]. 杨伟清，译. 南京：译林出版社，2010：31.
② 洛克. 政府论：下篇[M]. 叶启芳、瞿菊农，译. 北京：商务印书馆，1964：35.
③ 卢梭. 爱弥儿：论教育[M]. 李平沤，译. 北京：商务印书馆，1978：1.
④ 卢梭. 爱弥儿：论教育[M]. 李平沤，译. 北京：商务印书馆，1978：3.

潜在性，而不是终结性。要想成为真正的人，必须经过两次诞生。第一次通过感觉、心理身体的发育实现自然的必然性的诞生。儿童生下来是依靠感觉来认识自我和世界的。感觉不是理性的，也没有道德上的善恶之分，因此他（她）是自然的。"人没有任何限定，他是自由的动物。但正是这种素质引导他脱离了他原始的满足而走向了文明生活的苦难之深渊，但它也给予了他掌握自己和自然的能力。"①第二次就是通过拖延儿童文明化过程保持人的纯真性。卢梭认为理性是非常难以发展的能力，在理性能力发展之前必须首先发展感性，感性是理性能力获得发展的门户。如果打乱了次序，就背离了儿童的自然本性。

> 大自然希望儿童在成人以前就要象儿童的样子。如果我们打乱了这个次序，我们就会造成一些早熟的果实，它们长得既不丰满也不甜美，而且很快就会腐烂；我们将造就一些年纪轻轻的博士和老态龙钟的儿童。儿童是有他特有的看法、想法和感情的；如果想用我们的看法、想法和感情去替代他们的看法、想法和感情，那简直是最愚蠢的事情。②

卢梭的这种儿童观对儿童哲学产生了重要的影响，卢梭批判了洛克的理性观点。卢梭曾说：

> 用理性去教育孩子，是洛克的一个重要原理；这个原理在今天是最时髦不过了；然而在我看来，它虽然是那样时髦，但远远不能说明它是可靠的；就我来说，我发现，再没有谁比那些受过许多理性教育的孩子更傻的了。在人的一切官能中，理智这个官能可以说是由其他各种官能综合而成，因此它最难于发展，而且也发展得迟；但是有些人还偏偏要用它去发展其他的官能哩！一种良好教育的优异成绩就是造就一个理性的人，正因为这个缘故，人们就企图用理性去教育孩子！这简直是本末倒置，把目的当作了手段。③

卢梭的观点被认为是一种身体学习和身体生活，儿童的生活首先是各种感

---

① 列奥·施特劳斯，约瑟夫·克罗波西. 政治哲学史[M]. 李洪润，等，译. 北京：法律出版社，2009：565.

② 卢梭. 爱弥儿：论教育[M]. 李平沤，译. 北京：商务印书馆，1978：84.

③ 卢梭. 爱弥儿：论教育（上卷）[M]. 李平沤，译. 北京：人民教育出版社，1985：83.

官相互作用所感到的生活，是通过身体的行动展开的生活，是立足于身体感受经验到的生活。这种生活与儿童的书本生活形成了对立，书本生活如果没有和儿童的身体建立起联系，就是无源之水、无本之木。"专心致志地使他按他自己的能力生活，使他注意同他有直接关系的事物，那么，你就可以发现他是能够进行观察、记忆和推理的；这是自然的次序。有感觉的生物一活跃起来的时候，他就可以获得同他体力相适应的辨别能力。"①

卢梭的这个观点被广泛接受，引起了人们对儿童学习方式的重视，尤其是对儿童直接经验的重视。

**3. 杜威提出了"儿童中心论"**

杜威综合了洛克与卢梭的观点。他相信儿童本身具有一定的推理、抽象和归纳的能力，只要教材选择和方法得当，儿童就能很好地发展他们的逻辑。同时，他又在某些方面回应卢梭，承认儿童的身体学习，认为儿童是在行动中通过解决问题获得知识的。杜威比洛克更切实际，又比卢梭更乐观。到了杜威这里，儿童不仅仅是被发现了，而且被高度重视。杜威提出了"儿童中心论"，但这一观点经常被误读。杜威提倡儿童的个性发展，但杜威倡导的原则是合作，认为儿童在与社会团体的各种成员合作的过程中才能发展出健康的个性品质；与此不同，蒙台梭利则要求儿童必须自己做自己的事情。杜威相信秩序的重要性，在其晚年，杜威批评了极端的儿童中心说，认为其具有反智主义倾向。对杜威而言，儿童在具体环境中的经验必须借助反思性思维和问题解决才能真正可迁移，学习经验必须在教育学生和教育社会的结果之间保持平衡，也就是必须在教育与人的发展、教育与社会的发展之间实现平衡。在教育实践中，极端的进步主义者把儿童玩得是否高兴和开心作为评价的标准，而杜威则认为，如果教育仅仅停留在这个层次上就是没有尽到自己的社会义务和社会职责。从一元论出发，杜威一向反对目的和手段的二元对立：儿童成为太阳并不是纯粹的目的，民主社会的实现必须尊重儿童的本能和兴趣；儿童成为太阳也不是纯粹的手段，只有尊重儿童，从儿童出发，让儿童在操作的过程中寻找到解决问题的方法，民主社会所需要的那些公民的品质才能在儿童身上和心里生长出来。

① 卢梭. 爱弥儿：论教育（上卷）[M]. 李平沤，译. 北京：人民教育出版社，1985：129.

杜威的儿童观对现代教育产生了重要影响，对儿童地位的提升作出了巨大的贡献。从杜威的思考来看，儿童的生活与成年人的生活并不是对立关系，儿童成长为社会合格成员不是一下子、忽然实现的，需要一个过程。杜威曾经分析过：

> 儿童不止是要成长为一个投票者和法律的调整对象；他同样要成长为家庭的一个成员。他本人多半转而要承担起养儿育女的责任，由此负起维持社会的连续性的责任。他将成为一名从事某种职业的工人，这项职业将有益于社会并使他得以保持独立和自尊。他将成为某一特定邻里和社区的一个成员。不管身在何处，必须为生活的价值做出贡献，为文明增光添彩。这些陈述空无内容、徒具形式，但假如让我们的想像把它们表达成具体详尽的细节，我们就会拥有一幅开阔而丰富的风景画。对儿童来说，要在这些不尽相同的相关职责中占有适当的一席之地，就意味着在科学、艺术和历史等方面的训练；就意味着掌握基本的探究方法和交流手段；意味着受过训练和健康的体魄、娴熟的手艺和敏锐的目力；就意味着养成勤勉和锲而不舍的习惯；一言以蔽之，是有用的习惯。①

可以说，经过近代社会对儿童的关注，人类切实地感受到了儿童的存在，开始从历史、文化、心理等多角度研究儿童，直到今天，许多的儿童哲学教育研究者也深受三位思想家的影响，当然产生重要影响的不只这三个人，但是他们的思想和主张真实推动了儿童哲学的发展。

## (三)儿童的崇高地位与儿童哲学的诞生

当代社会儿童的崇高地位不仅表现在社会保障系统中对儿童的重视、家庭生活和社会生活中对儿童的照管，更体现在关于儿童的话语越来越具有显性地位、对儿童的重视超过了对成人的重视。在洛克、卢梭和杜威的儿童观里，儿童至少都是学习的主体，是教育的对象，是人类社会的未成年人，因此需要教化。而到了当代社会，作为教育者的成年人和作为教育对象的儿童的地位出现了倒转，儿童成为成人学习的对象，儿童的地位越来越被歌颂，这也促进了儿

---

① 杜威. 道德教育原理[M]. 王承绪，等，译. 杭州：浙江教育出版社，2003：11.

童哲学教育的诞生。

美国著名人类学家玛格丽特·米德（Margaret Mead）将人类文化传递现象大致划分为三种类型：前喻文化、并喻文化和后喻文化。前喻文化是指老年文化，是原始社会的基本特征，晚辈主要向长辈学习；并喻文化是一种过渡性质的文化，前辈无法向后辈提供全新的生活方式，晚辈和长辈的学习都发生在同辈人之间；后喻文化则是青年文化，是年轻一代将知识和文化传递给前辈，指长辈反过来向晚辈学习。① 第二次世界大战后，科技革命的蓬勃发展使整个社会发生了巨大的变革，"过去存在若干长者，凭借着在特定的文化系统中日渐积累的经验而比青年们知道得多。但今天不再如此。不仅父辈不再是人生的向导，而且根本不再存在向导"②。相反，社会由此进入了长辈反过来向晚辈学习的"后喻文化"时期，原先处于被教化者地位的晚辈之所以能够反客为主充当教化者的角色，是因为古往今来没有任何一代能够像他们一样经历如此巨大而急速的变化，也没有任何一代能够像他们这样"了解、经历和吸收在他们眼前发生的如此迅猛的变革"③。"代表未来的是孩子，而不是父母或祖父母"④"年轻人按照自己的首创精神自由行动，他们能在未知的方向中为长者引路"⑤。而且，"在这个世界中，人们普遍乐意接受各种观点相互冲突的局面，而不是正统观念"⑥。"今天的年轻一代生长在一个他们的长辈完全未知的世界中，但成年人中却很少有人意识到这一现象是历史的必然。即使那些预感到后喻文化即将来临的人，对后喻文化的具体内容亦同样一无所知。"⑦因此，建立后喻文

---

① 关于米德对人类文化传递现象的划分，目前存在两种不同的翻译和解释。一种是周晓虹译本：前喻文化是指晚辈向长辈学习；并喻文化是指晚辈和长辈的学习都发生在同辈人之间；后喻文化则是指长辈反过来向晚辈学习。另一种是曾胡译本：前象征文化是指长辈向晚辈学习，后象征文化则是指晚辈向长辈学习。因周晓虹译本在国内日常生活领域形成了一定的影响，因此这里采用周译本中的用法。

② 玛格丽特·米德. 文化与承诺：一项有关代沟问题的研究[M]. 周晓虹，周怡，译. 石家庄：河北人民出版社，1987：85.

③ 玛格丽特·米德. 文化与承诺：一项有关代沟问题的研究[M]. 周晓虹，周怡，译. 石家庄：河北人民出版社，1987：86.

④ 玛格丽特·米德. 代沟[M]. 曾胡，译. 北京：光明日报出版社，1988：84.

⑤ 玛格丽特·米德. 代沟[M]. 曾胡，译. 北京：光明日报出版社，1988：89.

⑥ 玛格丽特·米德. 代沟[M]. 曾胡，译. 北京：光明日报出版社，1988：81.

⑦ 玛格丽特·米德. 文化与承诺：一项有关代沟问题的研究[M]. 周晓虹，周怡，译. 石家庄：河北人民出版社，1987：75.

化是应对挑战的重要方式。"如果我们能够建立起后喻文化,在那种文化之中过去就将是一种有效的工具而不是强制性的历史。而为了达到这点,我们必须改变未来的取向。这里,我们可以从挚着地追求乌托邦理想的年轻人身上再次获得启示。他们说:未来就是现在。"①

儿童哲学正好提供了一个向儿童学习的机会。或者说,恰恰是儿童哲学帮助我们开启了向孩子学习的路径。儿童哲学的诞生与发展,让儿童的话语权获得了尊重,儿童不仅可以发出声音,而且他们的声音被尊重和倾听,他们的声音表达了他们对哲学的看法。哲学曾被认为是人类历史上最高级的学问,古希腊哲学家柏拉图认为只有理性人才能思考哲学问题,儿童哲学的出现一下子颠覆了数千年以来的看法,给予了儿童思考和表达哲学问题的机会。

我国古代有许多关于儿童的看法和主张。明朝的王阳明说:"大抵童子之情,乐嬉游而惮拘检,如草木之始萌芽,舒畅之则条达,摧挠之则衰痿。今教童子,必使其趋向鼓舞,中心喜悦,则其进自不能已。"②这里就明确地提出了儿童的性情特点,并提出要遵循儿童的性情特点。李贽曾写过《童心说》,提出"童心"就是赤子之心的观点。上述这些都是中国古代重视儿童和儿童教育的表现。近代中国也出现了"儿童的发现",它在新文化运动中涌现出来,周作人、鲁迅、丰子恺等成为这场开创儿童新世界的典型代表人物。周作人全面系统地阐述了儿童文学的性质、特征、作用、创作方法,提出只有把儿童当作完全的个人,承认他们具有和成人同样的人格,才能真正理解"儿童的世界"。鲁迅曾经发出"救救孩子"呐喊,并且翻译了许多童话故事,他针对旧社会的弊端批判压迫儿童的文化,曾经以儿童的视角、口吻反驳《二十四孝图》,还在《朝花夕拾》中批判那些压迫儿童的人物和现象。丰子恺作为儿童漫画家,以漫画和散文的方式为我们勾勒儿童的世界,表达他对儿童的赞美之情,发现了一个和成人世界完全不同的儿童世界,并且以绘画的手法表现了这个世界。

杜威来华访问也推动了对儿童的思考和研究,作为"儿童中心主义"的倡导者,其历时两年的演讲与巡回报告在最广泛的意义上推动了中国的教育民主化

---

① 玛格丽特·米德. 文化与承诺:一项有关代沟问题的研究[M]. 周晓虹,周怡,译. 石家庄:河北人民出版社,1987:100.

② 王守仁. 传习录[M]. 际永胜,译注. 北京:中华书局,2021:390.

进程和儿童观的更新。新中国成立之后，杜威的"儿童中心论"、陶行知的"生活教育"理论、陈鹤琴的"活教育"理论等也遭遇过质疑，但是随着改革开放的深入，重视儿童的思想又渐渐发展起来了。1989年，联合国大会通过了《儿童权利公约》，这是一种儿童本位的权利宣言，同年中国签署了《儿童权利公约》，成为第105个签约方。当代，也有许多学者高举童心主义、儿童本位、儿童视角等观念，开启了歌颂儿童、赞美儿童的时代之音。研究者们把历史中的思想复活，复活我国古代哲学中存在的浪漫主义儿童观。例如，认为"天人合一"说就是主张彻底的自然主义与彻底的人本主义一体化的学说，孟子提出的"赤子之心"为童心主义埋下种子。[①] 同时，研究者们也对夸美纽斯、裴斯泰洛奇、福禄贝尔、蒙台梭利、卢梭、杜威等人的思想进行了再思考。

现在，人们对儿童概念进行了再一次慎思，可以说，"儿童"概念是社会结构性变革的产物，总是与另外一拨人的命运变化连在一起。[②] 儿童越来越成为和成年人不一样的存在，成为成人并不再是一件自然的事情，而是需要儿童付出努力、成人不断关照的事情，不仅如此，儿童成为成年人的希望所在，"儿童"或"童年"的概念越加重要。其中就出现了儿童、文学、哲学、教育学的对话，儿童哲学成为其中的焦点领域之一。

总的来说，儿童地位的变化对儿童哲学教育的诞生有着重要的促进作用，关于儿童地位的思考也扩展和深化着儿童哲学的研究领域。现代性的本质规定性之一就在于个人的主体性与自我意识的生成或自觉。在前现代模式下，个体按照经验、常识、习俗而自发生存，到了现代社会，个体逐渐超越纯粹的自发活动，将科学、技术、理性自觉的精神用于再生产，此时现代意义上的人才真正产生，主体性、个性、自我意识、创造性、批判精神成为现代人的本质性特征。因此，前现代难以诞生儿童哲学，恰恰是现代社会才有了儿童哲学诞生的土壤。我们需要以儿童视角和儿童本位精神去反思我们在这个技术时代的各种遭遇，我们希望能够通过对话去倾听儿童，通过倾听儿童的声音理解世界的丰富多彩。从"儿童的发现"历程来看，恰恰是因为儿童的发现，儿童哲学才可能诞生，只有当整个社会都重视儿童、关注代表人类希望的儿童时，儿童哲学的

---

① 刘晓东. 李贽童心哲学论略[J]. 西北师大学报(社会科学版)，2016，53(4)：80-87.
② 康永久. 作为知识与意向状态的童年[J]. 教育研究，2019，40(5)：18-30.

诞生才具备了条件。

### (四)童年的消逝与儿童哲学的回应

在儿童哲学诞生的同时,还有"童年的消逝"这样的话语与之并存。尼尔·波兹曼(Neil Postman,1931—2003)是世界著名的媒体文化研究者和批评家,其著作《童年的消逝》提出了这样的观点,即以电视为中心的媒介环境正在导致童年的消失。这真是很奇怪的现象,一方面,我们在历史演进中终于发现了儿童;另一方面,媒介技术的发展又带来了童年的消逝。尼尔·波兹曼认为,"事实上,如果我们把'儿童'这个词归结为意指一类特殊的人,他们的年龄在7岁——比如说——17岁之间,需要特殊形式的抚育和保护,并相信他们在本质上与成人不同,那么大量的事实可以证明儿童的存在还不到400年的历史"[①]。尼尔·波兹曼认为,儿童与成年人被区分开来是因为印刷文化的普遍推广。印刷术的发明创造使得书写成为社会文化的主要形态。从个体角度看,那些具备了书写能力的人才是真正的成年人,才能了解成年人的社会文化。印刷术与现代学校密切联系起来,教育的主要任务就是要培养儿童的书写能力,为他们进入成人社会做准备。由此,儿童与成人由于读写能力的差距被隔离,纸媒阅读削弱了口语文化的心理基础和社会基础,使得7岁的儿童如果不具备纸媒阅读能力就无法走进知识的世界,也无法与成人对话。童年和成年概念的诞生从生理学意义走向了文化学意义。

电视作为媒介的时代打破了书写能力作为进入成人世界的垄断条件,导致成人世界的文化与规则不再是秘密,通过电视的图片,儿童轻而易举就了解了成人世界。在这个过程中,"不得不眼睁睁地看着儿童的天真无邪、可塑性和好奇心逐渐退化,然后扭曲成为伪成人的劣等面目"[②]。印刷术被电子技术替代的同时,原来被读写能力所限制的成人世界的信息就以影音形式迅速入侵了儿童的世界。"看图片不需要任何启蒙教育。在学习解释图像的意思时,我们不需要上语法、拼写、逻辑或词汇之类的课程。"[③]如此一来,儿童世界与成

---

① 尼尔·波兹曼. 童年的消逝[M]. 吴燕莛,译. 北京:中信出版社,2015:1.
② 尼尔·波兹曼. 童年的消逝[M]. 吴燕莛,译. 北京:中信出版社,2015:4.
③ 尼尔·波兹曼. 童年的消逝[M]. 吴燕莛,译. 北京:中信出版社,2015:108.

人世界的界线就变得愈发模糊。波兹曼认为，在信息以这种形式流通的时代，童年最终会消失。"在这 100 年里，我们重新设计了我们的交际方式、交际内容以及我们怎样做才能分担所有的一切，如今我们已经达到了完全不需要儿童的地步，正如我们已经达到了不需要长辈的地步（尽管我们还不敢承认这个现实）。"①

媒介的变化固然让儿童有机会较早地进入成人社会，但人类并没有因为媒介变化就放弃童年观念，而是在各个方面与维度践行着记住童年的努力。面对这样的媒介社会，波兹曼提出："那些坚持记住童年的人将完成一个崇高的使命。"②儿童哲学是帮助人类记住童年的活动，是让人类不断地从童年阶段汲取营养的活动。但是，媒介的变化并没有使尼尔·波兹曼看到的那些事实继续发展，而是有更多的人参与到属于儿童的电视节目、图画书、文学作品、动画片等的生产与制作中，为儿童的发展提供了精神盛宴。儿童哲学则借助这些产品与儿童展开对话，促进儿童的深思。"对于听到幼童的哲学评论和提问的任何一个人来说，这些评论与提问的清新和创意，甚至最有想象力的成人也难与匹比。"③在儿童文学作品中，"顽童"再一次回到人们的视线，童真、童趣也在滋养成年人衰竭的心灵。人们越来越需要童心未泯，需要遇事寻根究底问个"为什么"，我们才能真正进行创新性实践。一方面，一些媒介在消解成人与儿童的边界；另一方面，儿童文学、儿童哲学等都在儿童本位、儿童立场上坚持不懈地思考。尤其是儿童本位的儿童文学体现了儿童的生命特点、儿童的心智世界，并且有哲学意蕴。儿童哲学的活动保护了儿童的童真童心，承认了童年的独特价值，并通过哲学探究使成年人发现儿童的力量，从儿童身上学习探究的品质。全球的童年形象并不是一致的，社会生活的各种异质性为童年生活带来了巨大影响，所有的童年观念都是社会建构的结果。到底什么是童年，童年到底什么样，随着社会的发展，童年形象的参照物在不断地发生变化，人们在想方设法记住童年。可以说，童年并没有消逝，人们一直在重构媒介，以各种各样的方式记住童年。

---

① 尼尔·波兹曼. 童年的消逝[M]. 吴燕莛，译. 北京：中信出版社，2015：186.

② 尼尔·波兹曼. 童年的消逝[M]. 吴燕莛，译. 北京：中信出版社，2015：199.

③ 加雷斯·B. 马修斯. 童年哲学[M]. 刘晓东，译. 北京：生活·读书·新知三联书店，2015：11.

## 四、儿童哲学教育的主要论题

儿童、哲学、教育这三个概念的联结促使新研究领域的诞生，即儿童哲学教育(Philosophy for Children as Education)，那么这个儿童哲学教育是研究什么的，具有什么样的研究内容体系呢？笔者认为儿童哲学教育研究至少包括三个方面的研究内容。

### (一)探究儿童哲学教育本体

实现本体论承诺是儿童哲学教育得以形成的重要任务。所谓本体论承诺就是要说清楚"是什么"，就儿童哲学教育本体来说，必须明确它到底是什么。哲学无论是作为教育内容还是作为教育方式都是需要研究的，现代社会，哲学早已经不是大学生学习的专利，在整个基础教育阶段里，哲学也是儿童需要学习的重要内容之一。只不过这一内容的存在形式是不同的。有的国家把哲学教育作为学校教育里的单独科目，以及学生的必修课。例如，在法国，中学生都要学习哲学，并且大学的入学考试要考哲学这一科目。在我国，哲学存在于"道德与法治"等科目当中，虽然没有作为独立的科目，但也有相对独立的单元内容。在学科教学中，我们所说的学科思维、思维方式等也都与哲学有着千丝万缕的联系。因此，儿童哲学教育研究必须思考哲学教育问题，从哲学教育的对象、内容、方式等方面建构其理论本体，形成系统的儿童哲学教育研究的理论体系。儿童哲学教育的本体不仅包括儿童哲学教育的目标、内容、实践和评价等实践要素，也包括儿童观、哲学基础、儿童哲学与学科教学关系的重要论述。

### (二)研究儿童哲学教育的实践

当前，世界各地都有各种形式的儿童哲学实践研究。各大出版商一直在出版各种各样的、丰富多彩的、直接或间接具有哲学意味的儿童文学读物、儿童哲学绘本等，还有各种各样的教育机构包括中小学和幼儿园、社区、图书馆、博物馆等都在开展各种各样的儿童哲学活动，这些丰富多彩的儿童哲学教育实践需要进行研究。面对这些丰富多彩的实践，我们需要更好地挖掘儿童哲学教育实践的意义和价值，分析其存在的问题，探寻更好的实践方式，归纳总结出世界各地儿童哲学实践的特点，从丰富的教育实践中总结凝练其实践模式，促使儿童哲学教育实践向高质量方向发展。例如，在教育实践中，东北师范大学附属小学提出儿童哲学的"林中路"，诠释了作为教育的儿童哲学本体。东北师范大学附属小学在全学科渗透儿童哲学实践。全学科渗透的儿童哲学实践具有如下几个鲜明特色：一是它不受时间、师资和教材的限制，不需要设置专门的儿童哲学课程，适合在中国绝大多数类型的学校进行更大范围的实践；二是它并非单一类型的课程，通过在全学科、全方位渗透儿童哲学的精神，实现了"李普曼式＋马修斯式"儿童哲学实践的创新；三是它十分注重培养儿童的怀疑精神、抽象思维、归纳推理等基本思维能力，创造性地凝练出"有过程的归纳教学"模式，架起了儿童哲学与学科教学之间的联结桥梁。同时，还需要以比较的视野了解世界其他国家的实践，以推动这一领域的深入发展。

## (三)分析儿童哲学教育前提

儿童哲学教育从来不仅仅是儿童哲学教育本身的问题，而是有着各种各样深刻复杂的思想与理论的前提。各种各样的思想与理论的前提为儿童哲学教育提供了丰富的、深厚的、积淀性的资源。任何理论与实践都不是空洞的，都不是没有根基的，那些没有根基的主张无法被践行，也不能被发展。研究思想和理论的前提可以推动其更进一步发展。从目前的发展来看，至少有两个方面的前提值得我们去探索和分析。第一是儿童哲学教育的哲学前提。作为教育学和哲学的交叉，哲学不仅仅是儿童哲学的内容，也是儿童哲学教育的重要前提，有许多哲学家的哲学主张是儿童哲学教育的基础，需要了解皮尔士、杜威、维特根斯坦、福柯、阿甘本等思想家的思想是如何影响儿童哲学教育的理论建构的，不断涌现的新思想对儿童哲学教育的理论建构会产生什么样的影响。第二是儿童哲学教育的儿童观研究。当前儿童研究(children studies)汇集了许多学科的研究成果，人们从哲学、社会学、经济学、人类学等不同的视角分析儿童的生活、成长等，这些研究成果都对儿童观产生了重要的影响，也成为儿童哲学教育的前提之一。如"何谓儿童""童年期的价值""对儿童与童年理论的省思"等，这些内容可以说是童年哲学的核心议题，在不同的时代必然有着不一样的思考、不一样的回答，这些必将推动儿童哲学教育的发展。

## 五、本章小结

本章分析了为什么儿童、哲学、教育这三个概念被联结起来，儿童哲学的诞生是因为学校教育没有培养出儿童的批判性思考能力，而哲学恰恰是锻炼人的思维能力的重要方式，随着现代化以来，儿童被发现和愈加被重视，儿童成为我们人类思考的重要内容和视角，儿童哲学也成为我们思考这个世界的重要方式，成为我们看待人类自己的重要视角。儿童哲学教育并非一直存在，而是人类现代化进程中的产物。马克思曾说："人们按照自己的物质生产率建立相应的社会关系，正是这些人又按照自己的社会关系创造了相应的原理、观念和范畴。所以，这些观念、范畴也同它们所表现的关系一样，不是永恒的。它们是历史的、暂时的产物。"①当前，作为历史产物的儿童哲学教育还在发展着、变化着，需要我们进一步了解、澄清、深化其理论与实践。我们并不知道这一"历史的、暂时的产物"能发展到什么程度，但我们在实践。

① 马克思恩格斯文集：第 1 卷［M］. 中共中央马克思恩格斯列宁斯大林著作编译局，编译. 北京：人民出版社，2009：603.

# 第二章　儿童哲学教育的目标、内容与方式 —

儿童哲学教育（Philosophy for Children）走过了半个多世纪的道路，其在世界各地都有着丰富的实践，但其理论内涵并没有止步不前，随着哲学理论和教育学理论的发展，儿童哲学教育（Philosophy for Children as Education）的理论内涵也越来越丰富。

## 一、儿童哲学教育的目的与目标

作为一个新生事物，总是首先要论证自己的合法性，论证其存在与发展的价值合理性，儿童哲学教育亦然。

### (一)培养会思考的理智人：儿童哲学教育的目标

在基础教育领域内，哲学教育的目的并不是培养哲学家，哲学并不像其他科目那样需要学习大量学科知识，儿童哲学教育的目标"不是要把儿童培养成为哲学家或决策者，而是要帮助他们成为更有思想、更有创见、考虑周到、通情达理的人"①。哲学这个理性的学问有助于学生理智能力的养成。创始人李普曼在哥伦比亚大学担任教授期间发现，很多美国人在面临冲突的时候难以表达他们的观点，学生更是无法合乎逻辑地表达他们的想法。由此，他认为，如果一个人不能在童年阶段建立起批判性的思考能力，那么长大之后也难以有后续的发展能力，因此应该在儿童阶段通过学习哲学发展儿童的批判性思维。通过儿童哲学教育，儿童的批判能力、反思能力、逻辑能力都能够获得改善。所以，儿童哲学教育的目的是培养更有思想、更能反思、更会理性思考的个体。李普曼认为，教育就是探究（Education as Inquiry）②，在探究的过程中，反省性的思考同时包括元认知和方法论方面的思考，通过学习哲学，儿童的理智性能力被真正培养出来。李普曼继承了杜威的认识论，他认为，"就像科学家在应用科学的方法在问题情境的探究上，所以学生应该做同样的事情"③，杜威的探究性思维提供了解决问题的工具。在没有儿童哲学教育的时候，学生解决

① 李普曼. 教室里的哲学[M]. 张爱琳，张爱维，编译. 太原：山西教育出版社，1997：16.
② Lipman M. Philosophy Goes to School[M]. Philadelphia：Temple University Press，1988：20.
③ Lipman M. Thinking in Education[M]. Cambridge：Cambridge University Press，2003：20.

的是经验世界里的问题，回答的是有答案的问题；当孩子们面临不确定的生活状态时，面对经验世界中的不确定性，儿童哲学教育帮助他们探究生活中那些非经验性的困惑。李普曼认为儿童哲学教育以语言为媒介，让学生们通过同伴互动实现思维的发展。为了践行自己的教育理想，李普曼加入了蒙特克莱尔州立学院，开始推广儿童哲学教育。李普曼肯定了儿童哲学教育在改善民主社会方面的作用，他认为，批判性思考能改善理性能力，民主需要理性的公民，理性的公民必然拥有批判性思考的能力。几乎所有的儿童哲学教育研究者都承认，儿童哲学教育以加强沟通与合作的方式消除了不平等的权力关系，对话促进了平等关系，儿童哲学教育能够促进民主社会的发展。对话是发展儿童思维能力最有效的工具。儿童进行的哲学对话是有逻辑的、有结构的，只有通过这样的双向、多维度的交流才能真正促进儿童理智能力的发展，借助探究共同体这一形式，把群体的对话进程充分展现出来，有助于培养学生推理、循证、反驳、假设、归纳等能力，而这些能力为民主社会的合格公民所必需。实际上，李普曼虽然不是一位严格意义上的专门教育研究者，但他关注到同时代的研究教育目标分类学的本杰明·布鲁姆（Benjamin Bloom，1913—1999）、存在主义教育哲学研究者马丁·布伯（Martin Buber，1878—1965）、分析教育哲学家保罗·赫斯特（Paul Hirst，1927—2020）等人的思想，与马修斯这位儿童哲学奠基者不同，李普曼一开始就是带着对教育改革的强烈诉求提出儿童哲学教育的，他目标明确地指向了儿童反思能力的发展。而这种反思能力则是服务于民主社会的。他说："在现实中，反思模式是彻底的社会性的和交流的。"①

儿童哲学在理性人的培养上实际上继承了柏拉图的教育思想，是对洞穴隐喻的再一次回答。柏拉图曾经提出一个洞穴的隐喻：

苏：假设人类生活在一个地下洞穴中，洞穴中有一条通向光明的道路。这些人从小就住在这里，他们的腿和脖子都被拴住了，因而动弹不得，只能看见前面的东西。他们远处的后上方有火焰在燃烧，在火焰和这些囚犯之间有一条凸起上升的路，仔细看你会看到，路边还建了一堵矮墙，就像木偶演员面前的屏障，这些演员便是在这道屏障上展示木偶的。

①　Lipman M. Thinking in Education[M]. Cambridge：Cambridge University Press，2003：25.

　　苏：人们拿着各种各样的器皿以及由木头、石头和各种材料制成的动物雕像从墙后走过。他们中的一些人在说话，另一些人则保持沉默。

　　苏：现在再看看，如果释放囚犯且纠正他们的错误，之后会发生什么。若他们当中的一个人摆脱束缚，突然被迫站起来，转过头，朝光明走去，他会感到剧痛。耀眼的光会使他感到痛苦，他将无法和之前一样把阴影看作真实。假设这时有人对他说，他以前所看到的是一种幻觉，但是现在，当他越走近真实，就越有更清晰的认识，他将如何回答呢？你可以进一步想象，他的指导者指着那些在墙上经过的物体，要求他说出它们的名字，难道他不会感到困惑吗？他是否觉得从前所见的那些影子比现在所见的那些东西更真实？①

　　柏拉图借用苏格拉底之口描述了洞穴的景象。苏格拉底与格劳孔的对话向我们展示了受过教育的人和没受过教育的人的不同。囚徒们每天看着眼前洞壁上变换着的各种影像，他们把那些影像看作真实的物体。他们天生如此活着，并不觉得悲哀。直到有一天，有一个人因为某种原因挣脱了绳索，他平生第一次扭转头，看到那些石质木质的玩偶，也看到了火堆，刺眼的火光让他很痛苦，但是在看到那些造成影响的玩偶时，他仍然会认为这之前做囚徒时看到的洞壁影像是真实物，是唯一现实之物。他挣脱了枷锁，并且摸索出了洞口，他穿过陡峭的斜坡走到阳光下，经过长时间的适应之后，他学会了先看阴影，再看水中的倒影，然后看事物本身，之后仰望天空，直接看到太阳本身，他看到了真相。这才认识到太阳是热和光的真正来源。他第一次看到了真实的事物。对这背后的哲理，不同的人有不同理解，其实我们的大自然比起鲜明的理性世界来说，是黑暗而单调的，而我们就在这自然洞穴之中傻坐。这些囚徒其实就是我们这些普通人，儿童哲学就是想唤醒普通人，促使普通人成为会反思的人，时刻能反思自己是不是坐井观天的青蛙，自己眼前这片天是不是真正的天。儿童哲学也是要解决柏拉图洞穴隐喻中被缚囚徒挣脱枷锁的问题。杜威曾说过：

　　对于当今的哲学探讨，没有什么比一个"回归柏拉图"的思潮更有益，

---

　　① 柏拉图. 理想国[M]. 张莎，刘雪斐，苏焕，译. 北京：中国纺织出版社，2020：212, 213.

但我们要回归的柏拉图必须是那个令人印象深刻、永不停止、以协作的态度不断探索的柏拉图，那个写作《对话集》（*Dialogues*）、不断尝试各种批评方式从而看它们可能得出什么结果的柏拉图，那个总是用对社会问题和实际问题的关注来结束他那最为抽象的空谈的柏拉图，而不是那个缺乏想象力、视柏拉图为最早的大学教授的评论家所建构的人造柏拉图。①

李普曼在哲学教育践行的道路上走的是实用主义路线，但在教育哲学上，他继承了西方理性主义哲学的传统，或许在一定意义上他是柏拉图的"洞穴隐喻"的继承者、康德启蒙思想的传人。"哲学与教育的这种契合可以说是从柏拉图的"洞穴隐喻"开始的：个体走出"洞穴"的过程既是从可变的现象世界走向永恒的理念世界、从意见走向知识的哲学过程，也是"灵魂转向"的教育过程；既是成为一个哲人的过程，也是造就一个受过教育的人的过程。李普曼认为教育者应充分关注儿童思维中的理性部分，不断引导他们运用自身的理性能力去思考问题，通过批判、审视帮助儿童走出蒙昧的状态，成为一个能够理性思考，勇于担当的自由人。

## (二)培养"教养院式"纯朴的人

马修斯与李普曼不同，李普曼更像是一个积极进取的乐观主义者，对他来说，儿童哲学承担着建设民主社会的重任，民主社会的合格公民需要通过哲学培养起民主的思维方式，而对马修斯来说，儿童哲学固然具有社会意义，但更多的是回到哲学本身，通过哲学的纯朴发现儿童的纯朴，培养有教养的天真的人。

虽然儿童哲学是哲学的分支，但儿童哲学与成人哲学毕竟不同，马修斯这样分析过：

> 青年人或成年人，他写诗或者从事哲学，为的是在培养天真无瑕的人，将我们看到的或者谈到的事物用最简单的方法，深入困惑或浸入沉思。受过教的天真无知的人，经过自然的对应得益不少，一个人靠着虚

--------

① 约翰·杜威. 杜威全集·晚期著作(第 5 卷：1929—1930)[M]. 孙有中，战晓峰，查敏，译. 上海：华东师范大学出版社，2015：117.

伪的学习是不容易摆脱平庸的。不过，受过教养的天真无瑕和原始人的天真无知不一样。至少由于这样的理由，儿童的诗歌与成人的诗歌是不同的，至少也由于这个理由，哲学之于儿童和哲学之于成人也不可能是完全相同的。①

儿童的哲学思考没有经历过正式的、有组织的人类文化浸染，有着原始的天真、天生的纯朴，没有"受教养式的鼓励"②。因此，儿童哲学是儿童对人类、对这个世界的朴素之思，他们提出了最简单的、没人愿意回答的问题，鼓励和回应这种思考有助于我们去反思，培养出来的人不是在世俗社会里随波逐流的人，不是在市场上奋力逐利之人，不是在激烈的竞争中碾压别人的人，而是一个纯朴的人。这种纯朴的人有着哲学家一样的勇敢品质。儿童是勇敢的，这种勇敢与哲学家的勇敢是一致的，柏拉图在《斐多》中说：

> 除了哲学家，一般人的勇敢都是出于可怕。可是，勇敢出于怕惧和懦怯是荒谬的。③

> 惟独爱好智慧的哲学家，死后灵魂纯洁，才可以和天神交往。亲爱的西米和齐贝呀，真心爱智慧的人，就为这个缘故，克制一切肉体的欲望；他坚决抵制，绝不投降。别的人也克制肉体的欲望。许多爱财的人是因为怕穷，怕败了家产。爱体面、爱权力的人是因为怕干了坏事没脸见人，声名扫地，可是爱智慧的哲学家和他们都不同。④

马修斯曾经引用罗伯脱·斯班门的提议："我们将哲学想象为'教养院式的纯朴'。所谓教养院式的纯朴，可以阐述为提供一种教学设施，人们在其中被鼓励提出基本的问题，并尽量为之解决。"⑤实际上在日常生活中，哲学的思考解决不了任何实际的问题，哲学的问题难以回答，成年人很少愿意为了哲学问题而花费自己宝贵的时间，甚至提出了哲学问题还会被人嘲笑。但是这不能说明哲学问题没有益处，恰恰是因为没有任何实际用处的哲学会带给生活诸多的

---

① 马修斯. 哲学与幼童[M]. 陈国容，译. 北京：生活·读书·新知三联书店，1989：112.
② 马修斯. 哲学与幼童[M]. 陈国容，译. 北京：生活·读书·新知三联书店，1989：113.
③ 柏拉图. 斐多：柏拉图对话录之一[M]. 杨绛，译. 沈阳：辽宁人民出版社，2000：20.
④ 柏拉图. 斐多：柏拉图对话录之一[M]. 杨绛，译. 沈阳：辽宁人民出版社，2000：46.
⑤ 马修斯. 哲学与幼童[M]. 陈国容，译. 北京：生活·读书·新知三联书店，1989：112.

智慧。只有认识到这一点的人才能真正看到哲学的价值。"每个社会需要一个赤脚的苏格拉底去提出幼稚简单的问题(也就是幼稚得难以回答的),去迫使他的成员重新考核,他们曾经为什么是理所当然地缺乏思想的。"①在电影《死亡诗社》里,基丁老师有一句名言:"没错,医学、法律、商业、工程,这些都是崇高的追求,足以支撑人的一生,但诗歌、美丽、浪漫、爱情,这些才是我们活着的意义。"儿童哲学就是唤醒我们的生存意义诉求,回归到我们最为纯朴的生活。

## (三)4C 目标

在教育实践中,儿童哲学的目标被概括为 4C。李普曼在《教育中的思维:培养有智慧的儿童》这本书里,提出了创造性思维(Creative Thinking)、批判性思维(Critical Thinking)、关怀性思维(Caring Thinking)的 3C 目标,后来经过其他儿童哲学研究者的补充与拓展,加上了合作性思维(Collaborative Thinking),这四个 C 的目标都与民主社会对公民的要求高度相关。实际上,李普曼认为,仅仅是成年人与儿童的对话不能发展儿童的思维,而恰恰是儿童之间的同伴对话才能激发儿童真正的思考。儿童在彼此对话的过程中,若想与同伴进行有效的对话交流,必须倾听彼此观点,对于困惑之处需要进一步追问,最后还需要寻找立场、表明观点、给出证据、作出评价,这都是对儿童理智能力的考验,这些思维方式都有助于儿童成为民主社会的合格公民。

### 1. 批判性思维

批判性思维对应着哲学中的"真",是从认识论角度提出的思维方式,具体指在思考的过程中能下定义、举正例、举反例、进行论证、说明理由、解释原因、提供证据等。可以说,这些思维方式与科学思维方式具有一致性,都指向了"真"。在李普曼的哲学小说中有许多逻辑推理故事。例如,《聪聪的发现》中有一个关于雷雨数学学习好应该当工程师的故事。雷雨的爸爸让他当工程师,因为雷雨数学学得好,雷雨的苦恼在于:为什么数学学得好就应该当工程师呢?聪聪将句子颠倒首尾,帮助雷雨解决了困惑。所有的工程师数学都很好,

---

① 马修斯. 哲学与幼童[M]. 陈国容,译. 北京:生活·读书·新知三联书店,1989:113.

这是对的，但是这个句子倒过来就不成立了，不能说所有数学好的人都是工程师，这个颠倒一下子解决了雷雨的困惑。这个故事不仅涉及了演绎推理，也涉及了事实判断和价值判断，都指向了批判性思维能力的培养。在 IAPC 所编的系列教材中，逻辑推理被视为批判思考的核心元素，或许这与李普曼本人的学术背景（逻辑学教授）以及重视逻辑推理技能训练直接相关。而现在的儿童哲学在培养批判性思维能力的同时，已经大大突破了李普曼哲学小说中逻辑推理的边界，已经拓展到了博弈分析、编程思维等。批判性思维意味着当人们接触到任何观点和信息的时候都需要进行自己的独立思考，发表自己的看法，给出相应的解决方案，而不是人云亦云。例如，教师在探究共同体内引导孩子思考："我们如何知道它是真的？原因和证据是什么？""我是怎么想的？怎么进行沟通？"这些都指向了批判性思维的培养。

单纯的批判性思维是存在不足的，试想，一个善于思考和判断的人可能是一个道德上自私的人，因此哲学家总是要考虑批判性思维的不足，并进行完善。我们不希望我们理智思维沦为以自我为中心的情感工具，更不希望一个探求真理的人有一个糟糕的灵魂，因此就出现了其他的思维类型。

**2. 关怀性思维**

关怀性思维对应着哲学中的"善"，是从伦理与道德的角度提出的思维方式，具体指在哲学讨论中能够感受其他人的情感，能倾听他人的观点和想法，能够真正尊重他人，能与他人进行平等对话和沟通。关怀本身有着照顾、爱护、帮助的含义，既作为精神上的责任感存在，也作为情感上的牵挂存在。关怀性思维从情感的角度促使儿童与周围的事物建立联系，实现情感上的沟通，培养儿童的同理心。李普曼认为，关怀性思维具体包括赏识思维（Appreciative Thinking）、感情思维（Affective Thinking）、行动思维（Active Thinking）、规范思维（Normative Thinking）和移情思维（Empathic Thinking）。[1] 因此在关怀性思维目标上，儿童表现出乐于接受变化、尊重彼此，以及对刺激物的反应、感知到他人的感受。在引导过程中，教师应让儿童有更多的时间思考，允许儿童沉默，对于各种形式的互动，教师思考几秒后再做出答复。可以提出这样的

---

[1]　Lipman M. Thinking in Education[M]. Cambridge：Cambridge University Press，2003：264-270.

问题："如果……你会有什么感觉？""你想成为那样的人吗？"关怀性思维最开始是李普曼提出来的，但系统阐述者是他的助手夏普，夏普把儿童的情感发展需求纳入儿童哲学中，并把情感与智力联系起来，儿童对这个世界的共情能力是儿童与世界能够交流的基本条件，通过和同龄人一起进行哲学思考，孩子能学会为自己思考(think for oneself)那些重要的事情。夏普希望，儿童能掌握他们所需要的智力、情感和社会交往方面的工具，从而改变他们的自我认识，因此儿童哲学需要思考儿童的情感，让儿童学会关心，如果没有关心，各种伦理思考和评估都是不可能的。关怀性思维与内尔·诺丁斯的想法大致相当，不能把关怀性思考窄化为一种技能，它应该具有生命的情怀和姿态，是一种信任和关心的关系。

### 3. 创造性思维

创造性思维对应着哲学中的"美"，是从审美角度提出的思维方式，具体指哲学讨论能让学生体验到思想的自由，能感受到过程中的美，能够运用想象力去生成假设和想法，能够自由地评估自己或者他人的新想法。创造性意味着能够快速地在现实与虚构中穿梭。有这样一则关于儿童画画的故事。一个小朋友拿了空白的纸交作业，老师问："为什么上面是空白的，这明明没有画。"可是小朋友说："我画了牛吃草。"老师问："那我怎么没看到草？"小朋友说："草被牛吃光了。"老师又问："牛去了哪里？"小朋友说："牛吃完草就走了。"这算是一个老故事，但是他并不是毫无根据的，这也是一种想象，大脑看见的事物和想象的事物是不一样的。因此，创造性思维的发展是一种审美思维的发展，不以常识和客观禁锢头脑中的想法。创造性不是少数人的天赋才能，而是每一个人都具备的，是作为过程性存在的，渴求、好奇和想象可以产生创造性。教师在引导创造性思维时可以问如下的问题："可能是什么？什么是可能的解决办法？""看到关联，如果……会怎样？""谁有新的想法？"这样就可以引导学生提出不一样的看法，突破原有的边界，促使想象能力、生成能力、综合能力等获得发展。创造性思维希望儿童能够对世界拥有美好的期望，能够发挥想象，期待世界的各种美好，解决了儿童可以希望什么的问题，只有充满希望，才有可能行动，有了行动才能创造美好的未来。

以上三种思维方式对应着不同的判断力类型，也与不同的认知目标相对应。具体见表 2-1①。

表 2-1　哲学探究的划分

|  | 真 | 善 | 美 |
|---|---|---|---|
| 思维模式 | 批判性思维 | 关怀性思维 | 创造性思维 |
| 判断方式 | 说好话 | 做善事 | 做美事 |
| 哲学探究的划分<br>（亚里士多德） | 理论科学 | 实用科学 | 生产科学 |
| 哲学分支 | 认识论 | 伦理学 | 美学 |
| 认知目标<br>（布鲁纳） | 分析能力 | 评价能力 | 综合能力 |

### 4. 合作性思维

合作性思维是针对探究共同体的形式和过程提出来的思维方式，具体指哲学讨论中儿童能够参与课堂、彼此鼓励、交流想法、求同存异、互相建构、建立自尊，即儿童能够采取合作、沟通、接受、宽容等心态来面对探究共同体中的各种思考。合作意味着倾听他人，在具体的言说情境中，倾听他人说话，留出思考的时间，这都能促使儿童意识到他者的存在，有利于建立自尊和同理心。合作性思维是实现其他思维的桥梁。合作的原因是人与人之间存在差异和不同，每个人都有自己擅长的领域，也存在各种短板，所谓"闻道有先后，术业有专攻"②，若缺失了合作，生活何以展开？在任何一个时代，任何一个活动都不是独立的，都是在千丝万缕的联系中展开的，对每一个人来说，合作是必需的。合作性思维也是全球教育改革所共同倡导和认同的思维方式，面对未来，年轻一代缺乏合作性思维将无法立足，因此，儿童哲学特别强调合作性思维，期待每一个儿童都能够通过合作，共同努力去应对挑战。在探究共同体内，一个人的思维是不可靠的，每一个人都需要通过团体的交流促使自己的观念被检验，因此合作性思维能够促进共同的参与和有效的沟通，能促使儿童学会与他人合作、协商决策。

---

① Robert Fisher. 教儿童学会思考[M]. 冷璐，译. 北京：中国轻工业出版社，2020：49.
② 刘真伦，岳珍. 韩愈全集汇校笺注[M]. 北京：中华书局，2010：140.

4C目标为儿童哲学教师进行儿童哲学课程设计提供了目标维度的支持，同时，4C目标也被许多儿童哲学践行者宣传，成为社会大众了解儿童哲学的一个重要窗口。总体来看，4C目标与民主社会高度一致，探讨哲学问题促使人更理智、更敏感、对未来更有预见、能对现在的状态作出更灵活的反应。4C的目标其实是对日常生活思维的一种超越。日常生活中，必须依据他人的表情和行为来推测他们的想法，我们只能间接地了解他们的感受和情绪，但是我们也经常说："我比你更知道我自己在想什么。""我清楚自己到底要干什么。"这就是第一人称权威（first-person authority）。显然，第一人称权威的个体并不一定知道自己想什么或者自己要干什么，而是要借助交流、分享、合作、对话来进一步澄清对自己和世界的认识。

总体上看，在历史的发展脉络中，儿童哲学教育走的是理性主义启蒙路线，诚如康德在《答复这个问题："什么是启蒙运动？"》一文中强调："启蒙运动就是人类脱离自己所加之于自己的不成熟状态……要有勇气运用你自己的理智！"[①]儿童哲学教育力图通过哲学讨论，促使儿童成人时候能够运用自己的理性能力。

## 二、儿童哲学教育的内容与资源

内容是重要的载体，没有内容，儿童哲学教育无法实践。总体看，儿童哲学教育把哲学的问题转化为儿童可以思考的问题，转化为儿童在生活中遇到的问题，转化为儿童阅读的文字和图画。

### （一）李普曼团队编写的教材

为了实现这一目标，李普曼编写适合儿童的哲学教材，他带给幼儿园和小学一二年级的教材是《爱菲》，该教材旨在帮助孩子对事物进行区别和联系，促进孩子学会比较；小学三四年级的教材是《思思》等，帮助学生学会推理技巧的实际应用；五六年级学生学习《冬冬和南南》，侧重发展理性；七八年级学生学习《李莎》，注重伦理探究；九年级学生学习《苏琪》，侧重美的探究；高中学生

---

① 康德. 历史理性批判文集[M]. 何兆武，译. 北京：商务印书馆，1990：22.

学习《马克》，该教材会帮助他们探究社会与政治。在每一个年龄阶段，李普曼都运用了与学生年龄相符的哲学小说，充分利用学生在阅读这些小说时对角色产生的代入感，组织学生对相关问题进行讨论。这些哲学小说中的主人公所表达的生活困惑与不解都与对应年龄的儿童的困惑极其相似，这些主人公就是真实生活世界中的儿童，这些主人公非常容易在情感上引起读者的共鸣，进而展开热烈的哲学讨论。李普曼的这些哲学小说的创作是本着儿童生活原则的，哲学话题引发的哲学讨论不是与儿童无关的、存在于儿童生活之外的哲学原理，而恰恰就在他们的日常生活之中。例如，在《聪聪的发现》中，李普曼描述了聪聪在科学课上发现的哲学问题。聪聪有些科学常识，知晓所有的行星都是绕着太阳转的，但是科学老师韦德提出了一个问题："每七十七年绕行太阳一周，运行时后面拖着长长的尾巴的星是什么星？"①这一问题引起了聪聪的思考，显然长长尾巴绕太阳转的是彗星，但彗星却不是行星，这一思考一直持续到了下课，他非常困惑。之后，聪聪有了一个想法："如果你把句子的尾部换成句子的首部时，这个句子不再真实，那么这个句子就不是可逆的。"②接着聪聪开始进行发散，举了一些例子，"所有的飞机模型都是玩具"，这是真的，但是"所有的玩具都是飞机模型"就是假的；可以说"所有的黄瓜都是蔬菜"，但不能说"所有的蔬菜都是黄瓜"。然后聪聪把他的发现告诉了李莎，这样，小伙伴之间的哲学思考就开始了，孩子们走上了推理的思考之路。从语言的运用上看，李普曼根本没有采用哲学术语，如演绎思维、上位概念、下位概念等，而是运用儿童能够理解的语言表达了推理问题。

总的来说，李普曼的哲学小说取材于儿童生活中常见的问题，由一个儿童以思考的方式分享给另一个儿童，从而形成群体探究的氛围，进行共同讨论。儿童在表达自己观点的同时吸收他人的观点，倾听不同的声音，颠覆日常生活中的非反思的、惯性的思维，从而促进儿童走进批判性思考的世界。在李普曼的小说中，并没有特别多的文学叙事，也就是没有将儿童的哲学思考进行许多文学化的处理，因此他的情节并不如一般的文学故事那样鲜明，也没有插图。

李普曼主编的这些教材也被翻译成多种语言，被世界许多国家使用。从发

---

① 李普曼. 聪聪的发现[M]. 廖伯琴，译. 太原：山西教育出版社，1997：1.
② 李普曼. 聪聪的发现[M]. 廖伯琴，译. 太原：山西教育出版社，1997：2.

展来看，这些教材的本土化使用效果并不特别理想，许多儿童哲学践行者觉得这些教材适合美国儿童，但不一定适合其他国家的儿童。就汉语来说，李普曼的哲学小说的表达有许多英语的语言特点在里面，因此，翻译过来的汉语表达对我国的儿童来说总存在一种"陌生感"，因此这套哲学小说的使用热度就渐渐地冷却下来了。

## (二)儿童绘本

儿童绘本，也就是儿童的图画书，是儿童哲学践行的重要载体。绘本是儿童文学的重要载体，因此绘本的使用把儿童文学和儿童哲学密切地结合了起来。绘本作为儿童哲学的资源主要可以分为三个部分：一是专门为儿童编写的哲学绘本，专门服务于儿童哲学的实践；二是哲学主题绘本，专门以哲学问题的思考为核心的绘本；三是各种其他绘本，有哲学主题可以被挖掘，也可以用来践行儿童哲学。

### 1. 儿童哲学专门的绘本

奥斯卡·柏尼菲是法国著名的儿童哲学研究者，他撰写了儿童哲学智慧系列丛书，收集了孩子们最困惑、最常问的一些问题，通过问答的形式，帮助孩子解决心中的困惑。例如，《自由，是什么？》这本书包括六个方面的问题：①意愿，你想干什么就干什么吗？②他人，别人能限制你的自由吗？③长大，只有长大以后你才能有自由吗？④囚禁，犯人有自由吗？⑤权利，每个人都能享有自由吗？⑥用处，自由有什么用处？柏尼菲把哲学问题转化为儿童在日常生活中遇到的现象，以提问—回答的方式促进儿童思考，以配图的方式拉近与儿童的距离。在"你想干什么就干什么吗？"这部分里，柏尼菲在一系列的讨论后带儿童思考：

> 也许你认为，可以做任何我们想做的事情，就是真正的自由。可是生活、他人和自己都可能会限制你的自由。而且，不管你是否愿意，人总是会生病的，这可由不得你。另外，你也不能确定自己究竟想要什么，因为想法总是会变的。有时候，理性会阻止你去做一些很危险的事情。即使是已经下定决心要做的事情，你还是会发现光靠自己的意愿是不够的，还需要以行动和勇气去实现它。如果你想要同时做很多事情，最后总会又不得

不放弃一些。要想获得自由，要学会如何去选择。①

柏尼菲最后给儿童的选择提出了建议，生活中总有一些想做但做不到的事情，要懂得放弃一些不切实际的想法，冲动的想法和深思熟虑的想法是不一样的，要学会同时倾听理性、感情和意愿的声音。②

这样的绘本属于直接的哲学讨论，直接利用儿童生活中的体验进行概念提炼，通过提出问题与回答问题的方式帮助儿童理解他们生活中的各种哲学大概念。

**2. 哲学主题绘本**

儿童绘本多种多样，有的关注儿童的品格，有的关注儿童的心理，有的关注儿童的游戏，还有一些是直接的哲学主题绘本。例如《失落的一角》(*The Missing Piece*)，是美国作家谢尔·希尔弗斯坦(Shel Silverstein)的作品，主要讲述了一个缺了一角的圆找寻自己的故事，"它"为了自身的圆满，不断地找寻它失落的一角，为此它经历各种旅途中的磨难，也感受到了旅途的快乐。这一路虽然遇到了各种各样的角，有的大，有的小，有的太方，有的太尖，好不容易找到合适的，却导致自身滚圆止不住地滚，"完整"并没有带来快乐，于是它放弃了缺失了的那个角，唱着歌又踏上了旅程。这个故事紧扣着哲学主题"认识你自己"，通过简单的文字和图片表达了人如何接纳自己，如何认识自己的优缺点。儿童在阅读的过程中，也许不能体会到深刻的哲学道理，但可以进行初步的感受。

**3. 有哲学资源的故事绘本**

许多一般意义上的绘本或者故事，可以挖掘出儿童哲学的资源，或者作儿童哲学的解读，这样儿童哲学也就有了资源。例如，"青蛙和蟾蜍"系列绘本，共有四册，分别是：《青蛙和蟾蜍：好朋友》《青蛙和蟾蜍：好伙伴》《青蛙和蟾蜍：快乐时光》《青蛙和蟾蜍：快乐年华》，故事主要是在述说主角青蛙与蟾蜍，述说这对好朋友生活当中的种种趣事，他们互帮互助，团结协作，展现出真挚的友情。在《等信》这个故事中，蟾蜍因为总是收不到信而感到伤心，青蛙作为

①　奥斯卡·柏尼菲，费德里克·让贝娜图. 自由，是什么？[M]. 谢逢蓓，译. 南宁：接力出版社，2011：16.
②　奥斯卡·柏尼菲，费德里克·让贝娜图. 自由，是什么？[M]. 谢逢蓓，译. 南宁：接力出版社，2011：17.

朋友不忍蟾蜍难过，于是急忙回家给蟾蜍写了封信，并且请蜗牛去送信。可是，蜗牛的速度太慢了，等了好久都没到。青蛙忍不住了，将自己给蟾蜍写信的事告诉了蟾蜍，于是，两个朋友高高兴兴地一起等信。这个故事充满童真，也非常幽默，孩子们可以感受到友谊，教师可以挖掘其中关于友谊、等待、速度等问题跟孩子们一起探讨哲学问题。还有《小甜饼》这个故事体现了欲望和意志力之间的关系问题。青蛙和蟾蜍开始吃小甜饼，他们吃呀吃，直到青蛙将小甜饼塞满了嘴，然后说："我想我该打住了，不然我们会得病的。"蟾蜍表示同意，不过希望再吃一块，于是他俩吃了最后的一块。这时候他们开展了意志力的讨论，青蛙说他们需要意志力，蟾蜍问："什么是意志力？"蟾蜍回答："意志力就是硬着头皮不去做你心里想做的事。"青蛙把剩下的小甜饼放进盒子里，宣布他们再也不吃了。蟾蜍说："不过我们可以打开盒子。"青蛙承认可以打开，他拿来梯子爬上去把盒子放到高处。这时候蟾蜍说："不过我们可以爬梯子。"最后青蛙把剩下的小甜饼全都拿去喂了鸟，蟾蜍伤心地说："我们现在不再有小甜饼吃了，连一个都没有了。"青蛙则说："不过我们得到了许许多多的意志力。"这个故事充满了哲学的意蕴，如马修斯在《哲学与幼童》中所评论的"意志和意志力的联合观念，二者都是哲学上让人争论不休的问题。有的争论是决定观念究竟和自由意志是否可以相容的问题，另外有讨论意志薄弱的观念或者是缺少意志力的问题"①。

## (三)其他资源

还有许多儿童哲学践行者不采用直接的儿童哲学主题的资源，而是将其结合在学科的具体科目中，把儿童哲学融入学科教学。例如在"道德与法治"课程中，有关自由、公正等问题的探讨就可以与儿童哲学整合起来进行实施。东北师范大学附属小学在践行儿童哲学的时候，采取的不是独立的儿童哲学课程，而是倡导以哲学的视角研究、观照儿童世界，以全学科探索儿童之问、之思、之学的方式推进研究，以发现问题、提出问题能力的发展，归纳思维、想象力的发展为目标追求，因此儿童哲学被融合在学校的科目教学和具体生活中。学校倡导师生之间、家校之间、生生之间有一个安全良好的环境，学校里所有的

---

① 马修斯. 哲学与幼童[M]. 陈国容，译. 北京：生活·读书·新知三联书店，1989：78.

学科都需要这种环境，这样孩子才能够自由、自在、自然地表达。学生有根据地表达、质疑，以及讨论、交流、倾听的技能技巧的培养都充满了儿童哲学精神，不再纠结于哲学资源到底是什么了。

　　例如，概念是数学的核心组成部分。但不同学科里概念的含义是不同的，每一个学科都是从自己学科的视角出发去定义概念的。例如，在数学和物理中测量一个物体的高与去辨别两首诗之间的区别是不同的。① 实际上，每一个概念都是多学科、多维度的综合，由于分科学习，每一个学科都只提供了自己所属维度的定义。在数学问题解决中，运算被认为是为了完成任务而进行的有效指导下的有限结果，我们可以检视一下在日常生活中和数学学科中概念使用的不同。当我们说运算是认知的、心理的和社会内容的时候，运算可能指的是对商品价格的估计和计算。是否有无意识的运算，这个运算与数学运算有什么区别？运算是否需要数学推理，如果需要，这个推理是指什么？② 例如，在小学五年级的数学课上，探究共同体可以讨论的问题主要分为两个：一是没有数字的世界，二是认识数字。在没有数字的世界里，孩子们思考的问题主要有：没有数字的世界看上去是什么样的？没有数字我们能生存吗？没有数字我们能追踪一些事物吗？没有数字我们能测量吗？没有数字会有计算器存在吗？没有数字，我们对时间会有什么不同的感觉吗？如果我们不认识数字，我们会计算年龄吗？没有数字，钱会存在吗？没有数字，数学可能存在吗？如果存在，数学是什么存在？没有数学，符号会存在吗？没有数学符号，数字运算是可能的吗？有没有没有数字的数学？在认识数字中，孩子们思考的问题主要包括：数字从哪里来？数字是真实的吗？数字是发明的还是发现的，为什么？动物和植物能理解数字吗？如果能，人类和动物对数字的理解会有什么不同？身体能数数吗？我们能认识没有符号的数字吗？特殊数字会和事物在一起吗？为什么会有加减乘除的运算规则？③ 这些就是来自数

--------

① Kennedy N，Kennedy D. Community of Philosophical Inquiry as a Discursive Structure，and Its Role in School Curriculum Design[J]. Journal of Philosophy of Education，2011，45(2)：277.

② Kennedy N，Kennedy D. Community of Philosophical Inquiry as a Discursive Structure，and Its Role in School Curriculum Design[J]. Journal of Philosophy of Education，2011，45(2)：278.

③ Kennedy N，Kennedy D. Community of Philosophical Inquiry as a Discursive Structure，and Its Role in School Curriculum Design[J]. Journal of Philosophy of Education，2011，45(2)：278-279.

学的哲学问题，因此在这个意义上，儿童哲学的内容可以贯穿所有课程。从这个角度看，并不是所有的话题都可以和哲学建立起紧密的联系，但从教育者的角度看，进行足够的、充分的思考，无论是内容还是方法，总会和儿童哲学相遇。

哲学作为内容并不是现实的，许多话题都是想象中的，尤其是儿童文学中的想象故事，有许多充满了哲学的意蕴。以前总有人认为儿童文学只要寓教于乐，丰富儿童的生活就可以了，如讲一讲白雪公主、大灰狼的故事就可以了。但是真正的儿童文学并不是这样的，而是以其充满文学想象的方式蕴含了许多思想。杜威曾经对想象中的事物作过评价，他说：

> 想像越自由越不为具体的实事所制裁，理想化的倾向，脱了这朴陋世界的羁勒，就越飞越高。想像改造经验时所最着重的东西就是在实际中没有的东西。生活平静舒服到什么程度，想像就弩缓、鲁钝到那程度，生活不安适多事到什么程度，幻想就受激引而结构相反的情形的图像。认清任何人的"空中楼阁"的特性，你可以对于他被阻压不遂的心愿作个巧中的猜测。在实际生活内是困难与失望，在遐想内就成了动人的成功与胜利；在事实上是消极性的，在幻想所构的意象中就成了积极的；在行为上是抱憾的，在理想化的想像中得到了卓著的补偿。①

杜威的这段话为文学内容提供了合理性辩论。那些著名的童话故事就是儿童哲学的资源。需要注意的是，其中存在不同看法，那些"情节＋教训"的童话故事不被看好，缺少了思想的深度和想象的空间。

## 三、儿童哲学教育的实践方式

儿童哲学教育怎么做？这涉及儿童哲学教育的实施方式问题，也是能够让儿童哲学教育的思想落地的过程，如果教育改革不能通过可操作的方式落地，那么理想就变成了乌托邦。一般来说，理论是灰色的，实践才是彩色的，理论是单调的，实践是丰富的，因此，无论儿童哲学教育具有什么样的理论诉求与

---

① 杜威. 哲学的改造[M]. 胡适，唐黄擘，译. 合肥：安徽教育出版社，2006：58-59.

想象，离开了实践无异于无源之水。可以说，儿童哲学教育的生命力在于实践。

## （一）团体形式："探究共同体"

为了能够激发儿童的学习热情，发展他们的判断力，李普曼提出把教室转变为探究共同体（a community of philosophy inquiry），与对话理论、交往理论、学习理论、团体心理学等直接相关。探究共同体不仅是儿童哲学领域的专有形式，它广泛地应用在教育实践中。"探究共同体"一开始主要和苏格拉底的产婆术直接相关，到了近代与皮尔士、杜威高度相关。在皮尔士的思想里，"探究共同体"被严格限定在科学探究领域中，是在认识论意义上提出来的，这意味着，知识体系中的每一个命题或信念都不是绝对真理，都需要、也可以批评和修改；知识的确证性不在于任何个人的主观确实性感觉，而在于研究者共同体的共识，检验知识要根据知识所承受的公共批判来判断，能够经受住公共批判的知识可以获得暂时的确证。皮尔士的这个观点被李普曼继承，并赋予其在教育情境中的道德意义。科学家研究或者哲学家探究中的共同体在儿童讨论哲学问题时转换为师生探究共同体，学生通过同伴对话实现了思维能力的提升。李普曼说："学校生活中最令人难忘、最能促进思维活动的是什么呢？应该说不是自修、听课，也不是演讲、测验，而是探讨与自己关系重大的问题的课堂讨论。"①在这一点上，李普曼明显继承了心理学家米德和维果茨基的思想，儿童单独一人解决问题的能力和与老师同学一起解决问题的能力是不一样的，缜密的思考必然经受得住逻辑与经验的检验，这种检验往往发生在孩子们之间的对话进程中，所以儿童哲学教育的最基本形式就是探究共同体的讨论与对话。儿童个性的成长并不是教育者通过知识的传递实现的，而是通过与他人的互动和交往实现的。因此，儿童哲学教育的探究共同体直指传统课堂教学中的教师权威与讲授方式的弊端，倡导聚焦具体哲学话题，倡导师生之间的平等交流，以及明晰观念、取得共识、求同存异的对话活动方式。从李普曼的思想来看，他跟另一位儿童哲学奠基人马修斯是不一样的，马修斯关注的是儿童对哲学问题产生了什么样的思考，同样也是通过与儿童进行哲学话题讨论、追问

---

① 李普曼. 教室里的哲学［M］. 张爱琳，张爱维，编译. 太原：山西教育出版社，1997：26.

等方式开展的，但李普曼则致力于通过哲学教育解决学校教育的弊端，而并非惊讶于儿童的哲学观点有多高明。人们在马修斯儿童哲学的著作与实践中能体会到儿童那些充满好奇与惊讶的哲学表达，而在李普曼这里，则是充满了他通过哲学教育重构传统学校教育的情怀与努力。

探究共同体具有三个典型的特征。第一，探究共同体是知识获得的途径，是探究驱动的，是交流和对话的促进者。我们无法确定是否拥有真理，虽然我们能够确认某些计算是错误的，但整体的知识总是未完成的，总是处在不断重构与再构之中的，可以说，知识是一种社会现象，是在讨论、争论和决策过程中出现的，我们是在与自己或者他人的交流、协商的过程中实现对知识的思考的。第二，探究共同体是主体间性的体现。探究共同体是在多样化的观点、多维度的思考、多角度的讨论和多途径的经验中推动表达和尝试合作的，因此思想和资源并不属于某一个具体的人，而是在每个成员身上。无论是在认知方面，还是在情绪方面，都体现为一种民主的合作样态，共同体成员彼此分享看法，开展对话交流，分享话语权力，自我调控与纠正。这个过程既不是个体的自言自语，也不是集体对个人的压制，而是个体与群体之间观念的不断重构。探究共同体强调的是水平关系，而非垂直关系，因此它反对等级思想，认为听和说都是平等的。探究共同体中，每个人的参与和表现决定了团体是否能成长，那些善于发言的孩子要学会适时将发言的机会让给他人，或主动邀请他人发言，对于少数霸占发言的人也要有人给出善意的提醒。因此，探究共同体的促进者也必须把自己变成团体的平等成员，而不能利用自己的身份压制其他成员。第三，探究共同体是一种有精神动力的心理活动。探究共同体是非线性的自组织群体，可能只有一小部分活动是可以预测的，大部分活动是无法预测的，因此每个个体都是在讨论的构成中由自我的视角驱动思考的。每一个个体都是在提出假设，在讨论的过程中验证、重构、放弃、纠正自己的假设。整个共同体的活动没有教师权威的声音，其争论、讨论、辩论的活动呈现出平衡被不断地打破和重构的样态，类似一个连续不断重构的生态系统。夏普特别借用哲学家汉娜·阿伦特的"去拜访"（going visiting）这一概念，将不同思想和观点的碰撞比喻成异国的参访经验，带着人进入不同他人的世界，倾听他人的故事，试着了解他们的世界观从何而来，去领会从他人的角度来看自己。如果大家能如此开放心胸接纳异己的观点，那么自身原初的观点就会被拓宽，有助于作出更好的判断，创造更人性化的世界。① 同时，探究共同体也承担着责任感培养的责任："哲学探究共同体也可以鼓励其成员责任感的发展——对他们自己、他人和社会的责任感……在探究的哲学共同体中寻找意义是一个涉及承担责任的过程。"②

探究共同体是儿童哲学教育的最大亮点，为儿童哲学教育实践增加了非常夺目的光彩。

## (二)基本实践形式：对话

对话是人的基本生存方式，对话即存在。儿童哲学教育以对话为基本形式培养理智性的人，培养批判性思考能力。在具体方式上，李普曼选择回到苏格拉底的"产婆术"。苏格拉底在和年轻人对话的时候从不模仿他人，而是通过独立思考进行判断。苏格拉底时代，人类的媒介非常简单，既不是工业时代的印刷技术，可以将文本大规模表达，也不是现在的互联网的自媒体，每个人都可以彰显个人魅力。表达只能依靠语言，能记录下来并且能够传播的语言都不是容易的形式。因此对话成为哲学言说最为典型的存在。对儿童来说，对话是一种日常生活中的基本形式，是把哲学的思辨和儿童的思考结合起来的最典型的体现。恰恰是通过对话，儿童的哲学思考得以表达，哲学的思辨也可以体现在儿童身上。

在柏拉图的著作中，有许多苏格拉底的对话，也有许多角色，苏格拉底的哲学表达不是文本表达，而是对话。在《泰阿泰德》中，苏格拉底的产婆术被以故事的方式表达出来。苏格拉底说：

> 我所伺应的产妇，其初鲁钝而无出息；随后倘邀神眷，开悟竟是一日千里。如此进境，我无以致之，乃彼辈所自致；我与神不过协助他们把自己的怀抱托出。彼辈中，不少人离我过早以致流产，或由我接生后，婴儿

① Sharp A. Let's Go Visiting：Learning Judgment Making in a Classroom Community of Inquiry[M]//Marsal E, Dobashi T, Weber B. Children Philosophize Worldwide：Theoretical and Practical Concepts. Frankfurt：Peter Lang, 2009：323-336.

② Kizel A. Philosophic Communities of Inquiry：The Search for and Finding of Meaning as the Basis for Developing a Sense of Responsibility[J]. Childhood & Philosophy, 2017, 13(26)：87-103.

因抚养不良而致天折；最后自知其愚，他人亦见其愚……我嗣守吾母之业为产婆，请就我，我将为你接生。倘把你的头胎爱子取而弃之，莫咬牙切齿相向，如妇人所为；我对你的举动出于好意，寓于我心的神虽不许我匿伪饰真，却亦与世人为友。泰阿泰德，我重提"知识为何"的旧问，你鼓起勇气，借神之灵，会得一答案。①

产婆术作为一种比喻，需要思考生出的孩子怎么养育的问题，这个关于产婆术的故事性叙述让我们知晓，即使通过"产婆"接生出来了思想，这些思想也可能不能"长大"，但是这个过程本身就是意义、价值，就是思考。儿童哲学提倡的苏格拉底式对话重视过程本身，实际上，对接生出来的"思想"是否能够生长的关注应该是困难的，似乎是一个难以预料的黑箱。

就现代形式的苏格拉底式对话来说，对话意味着思考。对话本身就意味着彼此之间的理解、同情或者赞赏，可以是探究的、协商的；既可以是戏剧性的，也可以是严肃的；既可以是逻辑的，也可以是想象的；既可以是指向目的的，也可以是指向过程的。总的来说，对话意味着对原初未确定的某种东西给予真实的追问。因此，对话即思考，思考主要依据对话状况继续展开。因此，对话形式的儿童哲学教育意味着思考与对话是一体的，思考引起对话，对话也引起思考，只有在对话中才能真正地推进思考，更好地达到"哲学教室"的目的。② 对话直接引起批判性思考，如分类、分析和假设、建议、下定义、认同与怀疑假设、提供反例、提出相反理论、探索和评估细节等。如何促进对话，对教师来说是个挑战。夏普曾经提出把文学作为促进思考的手段："如果哲学开始于惊奇，也就是说哲学从一种洞见的反思对话开始并逐渐渗入生活，使之丰富。但这样的转换需要中介，也许有时文学就是使儿童能够实现惊奇和反思之间、反思与对话之间、对话与经验之间的跨越。"③

对话是重视过程的体现。"作为一个信奉民主的人，我们必须把相互倾听和交谈放在首位。如果不反思如何改进我们自己及其后代的生活，不就此进行

---

① 柏拉图. 泰阿泰德·智术之师[M]. 严群，译. 北京：商务印书馆，1963：5-6.

② Lipman M. Promoting Better Classroom Thinking[J]. Educational Psychology, 1993, 13(3/4): 291-304.

③ Sharp A M, Reed R F, Lipman M. Studies in Philosophy for Children: Harry Stottlemeier's Discovery[M]. Philadelphia: Temple University Press, 1992: 5-7.

对话，我们许多人将继续过着人与人相互疏离的生活……如果我们今天不能满足孩子的需要，我们现在所产生的'教育赤字'将给后代带来更沉重的负担。"①教育的基本原则就是要重视过程与结果的统一，如果教师教儿童学习语言，只是要求儿童模仿成人、符合语法，这么做的结果只能是思想的禁锢。儿童哲学对话过程的重心不在于获得了什么结果，而是强调在过程中的体验和思考。做哲学是一种对话的形式，不同于大学里的学术性哲学，对话是一个充满积极质疑和思考，并面向所有人都开放的样态。如果学术性哲学是文本哲学的话，那么儿童哲学就是口头对话哲学。儿童哲学教育与基础教育的其他科目还是有所不同的，数学、语文等都需要考试，学习需要进阶，还具有结果取向的特点，即期待通过过程获得相应的结果。儿童哲学也有结果期待，期待儿童通过哲学探究提升批判性思维能力，但儿童哲学没有测验和考试，从根本上不受到学校教育科目制度的规训，更多的是从对话的过程中寻求质量标准。个人理智性能力的提升是由集体言语、思想内化的复杂过程而产生的，通过探究共同体的讨论，每个人的思维方式都得以调整，每个人进行自我纠正和改善，进而实现整个学生群体的发展。

## (三)基本模式

基本模式意味着操作方式，在探究共同体中，对话到底有哪些程序、步骤、做法？如果没有基本的程式，儿童哲学肯定是空中楼阁。许许多多的实践者经过培训之后带着饱满的热情冲到了教育实践中，但也遇到了许多困难，一些儿童哲学的教师无法维护课程秩序，无法开展设计好的活动，在这种情况下，就出现了一些模式，这些模式为儿童哲学教育的具体操作提供了基本参照。

### 1. 李普曼和夏普模式

在具体的实践形式上，李普曼和夏普在 2003 年总结了五个步骤的模式，为实践中的老师们提供了可操作的实施方式：第一是文本的提供，帮助学生进入哲学故事的讨论中；第二是日程表的构建，学生就讨论的问题和组织做一个日程表；第三是加强交流，学生们讨论哲学问题直到达成一致或者转移到另一

---

① 卡尔·罗杰斯，杰罗姆·弗赖伯格. 自由学习[M]. 王烨晖，译. 北京：人民邮电出版社，2015：360.

个话题；第四是使用练习和讨论计划，加深和拓展学生的探究；第五是鼓励进一步的回应，包括自我的评估、个人的哲学反思等。① 在这一模式中，总计有五个步骤，每一个步骤都非常清晰，教师可以按照这五个步骤进行儿童哲学课程的相关准备和设计，再加上李普曼配套的哲学小说故事和教师指导手册，就实现了内容与形式的统一。在这一过程中，学生实际上是在运用杜威提出的反省思维在思考，只不过思考的并不是经验世界里的问题，而是哲学世界里的问题，因此对教师来说，最大的难点就是如何确保学生思考的不是经验世界的科学问题、常识问题，而是地道的思考世界里的哲学问题。在具体的实施方面，也有诸多不同的表现。有研究者曾经提出过大量的教学案例来践行。例如，美国华盛顿大学的加纳·莫尔·洛内(Jana Mohr Lone)教授团队就提出了诸多案例，主要有话题、时间、目标、材料提供、说明、活动或结论构成。典型案例如下。

**话题**：推理技巧

**时间**：1～10 分钟

**目标**：深化和清理儿童对他们感兴趣话题的思考，为孩子们介绍有意思的思想

**材料提供**：一些记录孩子对话的方式，可以用记事本、电脑或者其他电子记录设备。

**说明**：与年龄小的孩子做哲学的最有效方式是尽可能采用非正式方式；当孩子们发现了自己的兴趣或者被参与指导者能很好地支持，和小朋友的讨论就会开展起来；当倾听小朋友讨论的时候，指导者要确信能够观察到哲学探究的开端；当指导者观察到孩子中令人感兴趣的对话时，期待的活动就能开展。

**活动**：

注意孩子们开始一个有潜在哲学兴趣的讨论的时刻。（例如，凯洛琳和布鲁特两个孩子在争论仙女是否真的存在。）

进入讨论中，采取正式的形式，促使清晰化或者激发孩子们进一步讨

---

① Gregory M. Precollege Philosophy Education, What Can It Be? The IAPC Model[M]// Goering S, Shudak N J, Wartenberg T E. Philosophy in School：An Introduction for Philosophers and Teachers. New York：Taylor &Francis Group, 2013：72.

论。(你有什么理由认为它不是真的，有没有一种东西是你没看见但是是真的呢？你看见过火星吗?)

记录对话(在一些学校需要获得父母的允许)。

促使参与的孩子允许把他们的讨论告诉其他人，如此，指导者就拥有一个能引起孩子兴趣的潜在哲学故事，可以告诉其他孩子，而且这个潜在的哲学故事是由讨论中的先锋者(最开始进行思考的孩子)提供的。

问探究共同体里的孩子：你想听一听凯洛琳和布鲁特关于仙女的看法吗？

为全体孩子做好记录，并促进一个关于话题的对话。

在这个非正式的环境中，指导者必须是警醒的，能够为推动哲学探究做好准备。每个人都想知道如何做到明晰思想和问题。不要担心太多，如果一个探究的特殊问题没有引起兴趣，那么也会滑向下一个。①

这些案例为实践者展开哲学探究活动提供了很好的参照，也有许多案例提供者增加了可以提出的问题，如在艺术哲学领域中，可以追问："我们能用我们的倾听吗？不使用耳朵能够倾听吗？倾听意味着什么？宁静能增强我们倾听的能力吗？音乐是宁静的吗?"②这些问题也为教师启动哲学探讨提供了工具。

### 2. 费希尔模式

罗伯特·费希尔(Robert Fisher)曾在英国、非洲国家及中国香港地区任教20余年，长期从事儿童哲学的研究与实践。他的儿童哲学教育深受哈贝马斯的交往理性的影响，认为通过对话人们可以在道德上达成共识。他也受到社会学家斐迪南·滕尼斯(Ferdinand Tönnies，1855—1936)的影响，主张探究团队要成为自然团队。费希尔说："一个探究团体若想成为一个自然团队，需要具备以下条件：分享经验、自愿沟通、对意义的共同理解。"③他希望哲学探究成为道德对话。从概念角度看，费希尔提出一个"共享探究"的概念，"使得由个人组成的学习团体与探究团队区别开来"④。共享探究的过程能够实现更好的

①　Lone J M, Burroughs M D. Philosophy in Education：Questioning and Dialogue in School［M］. Maryland：Rowman and Littlefield Publishing Group，2016：72-73.

②　Lone J M, Burroughs M D. Philosophy in Education：Questioning and Dialogue in School［M］. Maryland：Rowman and Littlefield Publishing Group，2016：98.

③　Robert Fisher. 教儿童学会思考［M］. 冷璐，译. 北京：中国轻工业出版社，2020：73.

④　Robert Fisher. 教儿童学会思考［M］. 冷璐，译. 北京：中国轻工业出版社，2020：73.

团体共识。

因此，费希尔提出一个具体的操作方式，总计有七个步骤。

团体建设——坐下来让每个人都能看到对方，并达成一致的讨论规则。

介绍课程——分享课程的目的，并达成一致的规则，使用放松练习或思维游戏来确保注意力集中。

分享一个刺激物——呈现一个故事、一首诗、一幅画或其他促进思考的刺激物。

留出思考空间——让孩子们思考这个刺激物的奇怪、有趣或不寻常之处，并与一个同伴分享他们的想法。

邀请提问——邀请孩子们问他们自己（或同伴）写在黑板上的问题，这些问题会被讨论，而其中一个问题会被选择用来探究。

引导讨论——让孩子在彼此想法的基础上回答所选的问题，教师带领孩子探究原因、例子和其他观点。

跟进与回顾——引入一个活动来拓展思考和回顾讨论。①

从基本流程来看，费希尔模式可以分为三个基本的阶段：第一个阶段是准备，进行研讨的"破冰"，明确研讨的规则；第二个阶段是共同体正式探讨的阶段，基本按照提出问题、分析问题的方式来展开；第三个阶段就是总结和回顾。

### 3. 夏威夷模式

哲学是 Philosophy，大写的哲学往往是哲学家的思考和书写，哲学成为"智慧大全"，成为由概念、范畴构成的逻辑体系。儿童的哲学思考能够成为大写的哲学吗？儿童哲学的哲学性意味着要回到哲学的爱智慧本源，回到生活，因此儿童的哲学思考不一定是大写的哲学。"儿童哲学活动中重视儿童的提问能力，提问的过程是让大写的哲学消亡的过程，也是让小写的哲学诞生的过程，我们在儿童哲学的活动中给予了孩子以发问的权利，也就给予了他们思的生机。"②因此儿童哲学把哲学从哲学家的逻辑体系和概念范畴中解放出来，回到了每一个人的日常生活。与成人凭借逻辑思维和工具语言来狭隘地理解世界

① Robert Fisher. 教儿童学会思考[M]. 冷璐，译. 北京：中国轻工业出版社，2020：75.
② 郑敏希. 儿童哲学的后哲学之思[J]. 上海教育科研，2018(1)：18.

不同，儿童本能地认识世界的方式虽然原始，但并不低级。儿童哲学把大写的哲学变成了小写的哲学，把精英书写的哲学变成了可以用口头语言讨论的哲学，社会生活中的每一个人都需要像儿童那样提出简单的问题，不断反思生活中的各种"理所当然"。对于生活中的每一个人来说，我们都可以拥有哲学的思考。因此，儿童的哲学思考与哲学家的思考虽然同宗同源，但并不是沿着同一条道路前进的。哲学家进行了概念化、体系化的思考，儿童进行的是生活化的、偶然性的思考。

最典型的表现就是夏威夷儿童哲学实践，夏威夷儿童哲学（philosophy for children Ha waii，p4cHI），由美国夏威夷大学哲学系教授兼夏威夷大学教育哲学与伦理学学会（The Uehiro Academy for Philosophy and Ethics in Education）主席的托马斯·杰克逊博士（Dr. Thomas Jackson）于 1984 年发起，经过近 40 年的发展，p4cHI 理念逐渐成熟并在美国、中国、日本、巴西、韩国、奥地利、瑞士等国家传播与发展。① 在名称上夏威夷儿童哲学没有把哲学和儿童这两个英文单词大写，而是小写，"小 p 已经从大 P 的哲学家和哲学领域中解放出来，哲学变成一种可以探究任何内容或主题的'活动'，这些主题可以是个人或大家一起思考的、学术性的或是实际生活中的问题。小 p 哲学没有让我们就问题立即给出答案，而是邀请我们放慢脚步，沉淀思绪，关注自我的惊奇，关照问题本身，然后再进行探究"②。

在具体的实践中，他们提出了"团体球"（Community Ball）的设计和使用，所谓的团体球是共同体成员自主邀请其他成员谈话的"发言球"，是对话秩序的象征。具体规则有两个。第一，拿到团体球的人才有权利讲话，其他人要认真倾听；发完言后，成员可以把团体球传给任何一位他想传的成员。第二，拿到团体球的人随时有权利把球传给别人，而不被强迫发言。③ 在具体的探究过程上，主要包括三个步骤。首先是建构一个探究共同体，所有的参与者（包括老师）围坐成一个圆圈，确保每个参与者可以看到彼此，保持眼神交流，并且了解到每个人的面部表情、行为和其他反应。④ 这样的空间排列，目的是促进可

①　冷璐. 夏威夷儿童哲学的实践模式[J]. 陕西学前师范学院学报，2018，34(10)：29-34.
②　冷璐. 夏威夷儿童哲学的实践模式[J]. 陕西学前师范学院学报，2018，34(10)：29-34.
③　冷璐. 美国：夏威夷儿童哲学的团体探究式教学[J]. 上海教育，2019(2)：40-43.
④　冷璐. 夏威夷儿童哲学的实践模式[J]. 陕西学前师范学院学报，2018，34(10)：29-34.

视性，使参与者更好地敞开心扉参与交流。然后，团体成员利用纸板、毛线、皮筋、剪刀等一起做一个团体球(Community Ball)，在做的过程中通过步骤分解、提问与回答简单问题的方式彼此认识、熟悉，实现真正探究前的"热身"，目的是创设一个安全的氛围，促使儿童能在安全的情况下进行思考。其次是进行团体探究。第一步是确定探究的主题，可以用一段话、一个故事、一首诗、一幅画等作为刺激物，所有团体成员提出问题后，通过投票的方式选择最感兴趣的话题进行探究。第二步是利用思考的工具(WRAITEC)展开探究的过程：

[W]＝你是什么意思呢？（what）

[R]＝你有什么理由来支持你的论证呢？（reason）

[A]＝我们是否意识到这个问题的假设？（assumption）

[I]＝我们能够推理出什么样的结论？这些推论又有什么影响/涵义呢？（inference/implication）

[T]＝他说的对吗？怎么判断是对的？（true）

[E]＝有什么例子/证据证明这个论断吗？（example）

[C]＝有什么反例反驳这个论断吗？（counter-example）①

这些问题就是团体探究中的工具，能够有效地推动探究的展开。第三步是反思团体探究，主要是对探究过程进行回顾和反思，反思的工具包括：

听——我认真听其他人讲话了吗？其他人有认真听我讲话了吗？

参与——是不是大多数人(而不是只有几个人)参加了探究？

安全感——我们的探究让我感到安全吗？我们探究得如何？

集中——我们围绕着探究主题讨论了吗？

深度——我们的探究有深度吗？我们的探究有广度吗？

理解——通过今天的活动，我是否增强了对这个问题的理解？

思考——我今天积极努力地思考了吗？

有趣——今天的探究有意思吗？②

通过回顾和反思进一步升华了探究的意义和价值。夏威夷模式的可操作性

---

① 冷璐. 夏威夷儿童哲学的实践模式[J]. 陕西学前师范学院学报，2018，34(10)：33.

② 冷璐. 夏威夷儿童哲学的实践模式[J]. 陕西学前师范学院学报，2018，34(10)：33.

非常清晰，从准备到结束的流程也非常清晰，既关注到了团体探究的准备过程中彼此不熟悉的样态，又关注到了对团体探究过程的回顾和反思，还提供了探究和反思的工具，可以说较好地实现了内容和形式的统一。

夏威夷模式非常强调儿童思考处在安全的氛围中，也许 ChatGPT 可以有更大的作用，为孩子们提供一个无压力、无风险的环境，让他们可以自由地尝试新的想法和方法，不用担心失败或被批评，这样的环境可以鼓励学生更加勇于尝试和探索。[①]

### 4. "儿童的一百种语言"模式

《儿童的一百种语言》是美国作者爱德华兹、甘第尼、福尔曼对意大利的瑞吉欧幼儿园教育模式进行述评的一部著作，瑞吉欧·爱蜜莉亚是意大利北部的一个小镇，因其卓越的幼儿教育而熠熠生辉，成为全世界教育家的灵感来源。瑞吉欧教育体系鼓励儿童通过各种可表达的、交流的和认知的语言，探索周围的环境并表达自我。因此，"孩子，是由一百种组成的。孩子有一百种语言，一百只手，一百个想法，一百种思考、游戏、说话的方式"[②]。这是瑞吉欧幼儿园的创始人马拉古奇的诗，表达了理解儿童、尊重儿童、关心儿童的观念。儿童可以用一百种语言表达他们对事物和世界的看法，儿童可以使用一百种不同的象征符号进行表达。因此，这首诗既呼吁解放儿童，也向我们展示了儿童的力量。儿童哲学倡导的儿童思考与表达的前提也在于相信"有一百种"，因此儿童哲学的实践有许多采纳了"一百种语言"模式，就一个话题，儿童进行个性化的口头语言、图画符号等方面的表征。一般来说，这个话题就来源于儿童的日常生活，一百种语言意味着一百种思考、一百种互动、一百种表达等，因此在幼儿园教育阶段，一百种语言模式被广泛使用。

　　孩子

　　是由一百种组成的。

　　孩子有

① 胡思源，郭梓楠，刘嘉. 从知识学习到思维培养：ChatGPT 时代的教育变革[J]. 苏州大学学报(教育科学版)，2023，11(3)：63-72.

② 卡洛琳·爱德华兹，莱拉·甘第尼，乔治·福尔曼. 儿童的一百种语言[M]. 罗雅芬，连英式，金乃琪，译. 南京：南京师范大学出版社，2006：文前页.

一百种语言，

一百只手，

一百个想法，

一百种思考、游戏、说话的方式。

一百种，总是一百种倾听、惊奇和爱的方式，

一百种歌唱与了解的喜悦。

一百种世界，

等着孩子们去发掘；

一百种世界，

等着孩子们去创造；

一百种世界，

等着孩子们去梦想。

孩子有

一百种语言，

（还多了一百种的百倍再百倍）

但是他们偷走了九十九种。

学校和文化，

把脑袋与身体分开。

他们告诉孩子：

不要用双手去想，

不要用脑袋去做，

只要倾听不要说话，

了解但毫无喜悦，

只有在复活节与圣诞节的时候，

才去爱和惊喜。

他们告诉孩子：

去发现早已存在的世界，

而一百种当中

他们偷走了九十九种。

他们告诉孩子；

工作与游戏，

真实与幻想，

科学与想像，

天空与大地，

理由与梦想，

不是同一国的。

因此他们告诉孩子，

一百种并不在那里。

孩子说：

不，一百种是在那里。

"儿童的一百种语言"模式特别适合幼儿园和小学一二年级学生，因为这种模式承认差异，并且让差异尽可能地表达。不少教育者不重视人的感受，总想以说教的方式对人的想法进行规劝，然而感受性的丧失替代了对差异性的无知，"儿童的一百种语言"模式可以克服这一现代弊病。

**5. 东北师范大学附属小学的全学科渗透模式**

东北师范大学附属小学走了儿童哲学的"第三条道路"。在于伟教授看来，李普曼的 Philosophy for Children 可以被认为是第一条道路，直接把专业哲学问题转化为儿童能思考和理解的问题，通过独立的儿童哲学课程来开展。马修斯的 Philosophy of Children 可以被认为是第二条道路，借助哲学故事与儿童一起讨论，通过低结构的对话挖掘出属于儿童的真正的哲学思考。这两种道路都对教师的哲学修养以及学校教育的时间与空间提出了要求。东北师范大学附属小学通过实践，创造性地提出了第三条道路，即在小学全学科渗透"儿童之问、之思、之学"，实现儿童发现问题、提出问题能力的发展，归纳思维、想象力的发展。东北师范大学附属小学的道路要解决的问题主要有两个。一是中国语境中儿童哲学理论创新的问题。儿童哲学教育对中国来说是"舶来品"，国外的方式不一定适合国内，我国学校教育教学改革与儿童哲学教育的契合点是什么，需要以怎样的方式开展实践，与课时如何匹配，教师当前专业素养是否能掌控儿童哲学教育，这些都是中国儿童哲学教育实践面临的核心问题。二是学生核心素养的培养与落地问题。核心素养是当今世界各国课程改革的风向标。儿童哲学教育与中国学生核心素养之间的关系也是需要思考的。儿童哲学的 4C 目标与核心素养里的"理性思维、批判质疑、勇于探究"等是交叉的，如何在学校的具体课堂教学中落实？面对这些问题，东北师范大学教育学原理国家重点学科团队与东北师范大学附属小学教师团队深度融合，实施行动研究、田野研究与教育哲学、儿童哲学研究双向互动牵引，边研究、边实践、边反思、边改进。东北师范大学附属小学曾在课堂中开设了"忒修斯之船""自由"等专门的儿童哲学课程，采用李普曼和马修斯的方式试验儿童哲学课在小学推进的可行性。试验证明，挤不出课时长期开设独立的儿童哲学课程。因此，团队把儿童哲学与各个学科基本思维逻辑融合起来，通过"情境/具象""操作/体验""对话/省思"的方式践行儿童哲学的核心精神，在教学上提出了"有过程的归纳教学"。有过程的归纳教学以对生活中问题的解决和思考为教学起点，重视"思维"的教学，把教学上升到让儿童"学会思考"的境界，即由具体走向抽象、从特殊相走向共相的思考过程。将单一的思扩展为抽象的思、符号的思、想象的思、推理的思，将这种沉思、深思变成有推理链、逻辑链、论证链的思，培养儿童好的思维品质。①

**6. 窦桂梅小学语文主题教学模式**

清华大学附属小学窦桂梅校长带领自己的团队长期研究小学语文主题教学，在小学语文的单元或者课文中提出的"主题"在一定意义上已经上升到人类存在高度，体现了对类存在的思考。"小学语文主题教学，把带有中华传统及世界文化价值观、实现儿童思维和精神生长的核心词句作为'主题'的维度说明，以'意义建构、深度学习、资源整合'为特征，实现价值观层面的目标——天下情怀、完整人格与语文素养目标'三个一'，即一手好汉字、一副好口才、一篇好文章高度统和。"②2014 年 9 月，"小学语文主题教学实践研究"荣获首届基础教育国家级教学成果奖一等奖。笔者经常思考，也许窦桂梅老师并没有意识到自己的小学语文主题教学是一种儿童哲学，但窦老师切实地通过生成式教学的方式带着儿童在语文思考中从日常生活世界走进了哲学思考的世界。

---

① 于伟教授团队的东北师范大学附属小学模式的探索被广泛传播。于伟教授的研究论文《儿童哲学的"林中路"：东北师范大学附属小学学科教学渗透儿童哲学精神的尝试》于 2022 年 10 月发表在 A & HCI 期刊《哲学与文化》(*Monthly Review of Philosophy and Culture*)第 581 期"中国思想文化与儿童哲学的本土实践"专题。

② 窦桂梅. 让儿童站立在学校正中央：从"三个超越"到"成志教育"的升华之路[J]. 中国教育学刊，2017(4)：77-80.

"主题教学以一个个主题为线索，整合阅读资源、生活资源和文化资源，以促进儿童语言、精神共同成长为目标，在着力提高学生语文素养的同时，积极引导学生关注当代生活，关注自我精神世界的构建。"①例如在《魅力》教学中，学生提出了一系列问题：为什么卡佳看《汤姆叔叔的小屋》后哭着要买汤姆回家，可爸爸对卡佳说大人的演出是假的？为什么旁边那个秃顶男人说这个孩子有毛病？到底这个孩子有没有毛病？扮演汤姆叔叔的扎波立扬斯基为什么故意卸妆，摆出小丑演员的样子给卡佳看？② 这些问题就是儿童的哲学思考。窦老师在《大脚丫跳芭蕾》的教学反思中说："与其说是我为学生们上的一节课，不如说是因为教师的有意放手而实现的儿童的自我成长与自我教育，为我上了生动的一课。儿童不是成人世界的附属品，不是可以随意填充的容器，真正的教育，唯有在受教育者本人的自觉中才能发挥作用。"③这样的教学也是儿童哲学践行的一种方式，在阅读故事的过程中，孩子们自然而然思考到了"克服困难、追寻舞蹈梦想"的主题。所谓的"主题"实际上就是从日常生活世界走向人类存在世界的中介，儿童借助这些"主题性"的中介从日常经验世界走进哲学的世界。

可以说，儿童哲学有模式，但无固定模式，任何儿童哲学实践都可以依据具体情况具体开展。而且儿童哲学具有普适性的特点，它唯一的媒介就是语言，不像 stem 教育那样需要教具，因此，只有践行者愿意交流，愿意讨论，儿童哲学才有被实践的可能。

## 四、儿童哲学教育的评价

评价是教育活动中的重要组成部分，是对目标是否实现的测量与评估。儿童哲学教育如此吸引人，如果没有评价作为手段证明其效果，那么儿童哲学教育的合法性就受到质疑。应该说，儿童哲学教育是一种自觉的教育活动，并没

---

① 窦桂梅. 主题教学，培育儿童核心价值观的有效路径[J]. 小学语文教师，2014(12)：29-31.

② 窦桂梅. 主题教学，培育儿童核心价值观的有效路径[J]. 小学语文教师，2014(12)：29-31.

③ 窦桂梅. 让儿童在自我发现中获得价值观：以图画书《大脚丫跳芭蕾》为例[J]. 人民教育，2014(19)：51-54.

有各种刚性的制度约束和规训，更多的是依靠践行者自觉地接受以及来自对儿童哲学教育的认同。即便如此，科学的评价依然重要，是对儿童哲学教育实践的重要反馈。从目前发展来看，如果放弃现代教育科学的评价方式，儿童哲学的合理性和有效性难以被证明。总体来看，儿童哲学教育评价采纳了量化和质性两种方式。

## (一)开发量化量表，测量儿童的批判性思维能力

李普曼创立的儿童哲学项目主要致力于提升儿童的批判性思考能力，因此开发出来的量表也注重测量儿童的思考能力，或者对儿童的阅读和数学能力进行测量。比较早的儿童哲学评价是在 1980 年，李普曼的团队对新泽西州的两所学校的 40 个小学生进行了后测实验。其中 20 个学生作为控制组，在社会科目中引入儿童哲学探究共同体，用哲学的方式与学生讨论社会生活中的议题。采用传统的教学方法对他们进行社会科目的教授，还有 20 个学生作为实验组，这个研究发现了儿童在逻辑推理、阅读方面有所改善。[1] 实验采用的是加利福尼亚理智成熟量表(California Test of Mental Maturity)，值得关注的是，研究报告认为阅读的得分可以影响到 2.5 年之后的发展。英国的威廉姆斯在 1993 年也作了一个系统的评价，使用伦敦阅读测验量表(London Reading Test)对使用李普曼资源的小学生进行了前测和后测，上过 27 次一小时儿童哲学课程的小学生在推理技巧和智力自信上的表现优于控制组。[2] 这些评价结果也被质疑，认为这些实验对那些没有经历过儿童哲学课程的儿童存有偏见。

除了上面提到的短期评价外，还有一些学者进行了长期的评价，2007 年托平和特里基追踪了英国八所学校八个班级的小学生的发展，其中实验组有 105 人，控制组有 72 人，时间总计 2 年，实验组小学生每周上一次一小时的儿童哲学课，控制组则正常上学，两年后，实验组在学业成绩测验得分上明显优于控制组，并且能够维持住他们的优势。

然而，也有研究表明儿童哲学课程收益也有限度。斯蒂芬·戈拉德(Ste-

---

[1] Lipman M，Sharp A M，Oscanyon F S. Philosophy in the Classroom[M]. Philadelphia：Temple University Press，1980：Appendix B.

[2] Gorard S，Siddiqui N，See B H. Can "Philosophy for Children" Improve Primary School Attainment？[J]. Journal of Philosophy of Education，2017，51(1)：7.

phen Gorard)等做了一项有48所学校自愿参加的实验，其中22所学校开展儿童哲学课程，26所学校不开展，研究报告认为，儿童哲学课程学习对孩子的数学和阅读有积极影响，对学业成绩和写作的影响微不足道，对弱势学生的写作、阅读、数学影响较为明显。研究者认为想要短期内提升学业成绩、发展推理技能，儿童哲学课程不一定是最有效的方式。①

从目前的量化评价来看，质疑儿童哲学的效果比承认其效果更具有观点上的冲击力。所谓儿童的批判性思维、创造性思维、关怀性思维、合作性思维的发展无法被认定为是由儿童哲学教学带来的，无关变量的排除难以确定。有一些证明儿童哲学实践可以促进学业成绩的研究也被质疑：如果儿童哲学仅仅能够提升儿童的学业成绩，那么儿童哲学又和其他学科有何区别呢？因此，一方面人们在做儿童哲学评价，另一方面又在反思儿童哲学评价。

## (二)通过质性访谈，了解儿童哲学课程的效果

从量化研究角度来看，大多数研究都采取了实验研究，对实验组进行一定频率的儿童哲学课程学习，对控制组进行干预，然后对儿童的推理能力、情绪智力、自信心、学业成绩等进行测量，通过前测、后测的方式分析儿童哲学课程对儿童的影响。除此之外，还有质性评价，通过访谈学生和教师了解儿童哲学的课程效果。有研究者用了10个问题来了解儿童哲学的教师反馈：

①是否坚持了相关的建议？②参与儿童哲学课程的孩子是以批评的方式还是以友好的方式分享他们的想法？③课程中怀疑和推理是被推动和解释的吗？④有怀疑和推理增加的案例吗？⑤课堂中教师的控制减少了吗？⑥在怀疑和推理中，孩子们更负责了吗？⑦老师和孩子们讨论更有意义的概念了吗？⑧教师关于儿童的视角正在改变吗？⑨教师关于他们自己工作的视角正在改变吗？⑩孩子们对自己和学校的视角正在改变吗？②

① Gorard S，Siddiqui N，See B H. Can "Philosophy for Children" Improve Primary School Attainment? [J]. Journal of Philosophy of Education，2017，51(1)：5.

② Gorard S，Siddiqui N，See B H. Can "Philosophy for Children" Improve Primary School Attainment? [J]. Journal of Philosophy of Education，2017，51(1)：13.

通过这些问题的访谈，了解儿童哲学课程的效果。从质性访谈来看，大部分教师和学生都认同儿童哲学的价值。例如，教师认为儿童哲学为他们认识儿童提供了一扇窗，以一种新的方式思考儿童，一些学生认为儿童哲学课给予了他们尊重，他们的想法被倾听，他们有充分表达的权利。例如，有研究结果说，79％的学生反映，自己的思维方式发生了重要转变，更倾向于从多个方面来考察同一个事物，不再只相信老师或家长，而会倾听别的意见；66％的学生反映自己在倾听和专注力方面有了大幅提升；46％的学生认为自己增强了情感的自我管理能力。[①]

但也有一些教师认为儿童哲学的实践与现在的学科教学之间存在着矛盾和冲突。例如，儿童哲学强调给予充足的时间思考，不以标准束缚儿童，允许儿童天马行空地想象，这些做法与学科教学中强调学生要掌握一定的知识与技能，必须通过考试、接受标准化测验的观念存在冲突。因此一些教师觉得做儿童哲学与做学科教学之间存在一定程度的分裂。

## (三)对儿童哲学教育评价本身的反思

在一定意义上，评价是一个既让人头疼又让人欣喜的矛盾存在物。一方面，人们需要借助评价对活动的效果进行评估；另一方面，评价的机制和指标在制约人们实践的时候又觉得被束缚。因此在教育改革过程中，人们对评价又爱又恨。评价实际上存在于人的一切有目的的活动之中，儿童哲学作为一种有目的的活动，评价不可避免，但是儿童哲学评价有一定的特殊性。

第一，作为选拔性评价的儿童哲学教育。教育上的许多评价是为了选拔人才，因此，总要通过一定标准和考核方式把符合条件的人才选拔出来。中国古代的察举、科举等制度都是选拔人才的评价制度。与这些宏大的、关系到国计民生的评价相比，大多数儿童哲学的评价还达不到这样的高度，在小学、幼儿园、社区、图书馆、博物馆等场景中的儿童哲学教育评价都不具备这样的功能。但是在把哲学作为中学重要课程内容的国家，哲学教育评价也具有选拔性。我国中学的政治学科里有哲学内容，法国中学也把哲学作为学校教育的科

① Trickey S, Topping K J. Collaborative Philosophical Enquiry for School Children [J]. Thinking, 2007, 18(3): 25-36.

目，哲学科目的考试占据着重要的地位。到目前为止，法国的中学哲学科目考试题目也被广泛关注。例如，2015年的文科试题中第一道题是"尊重所有生命是一种道德义务吗？"2016年社会经济科试题中第二道题是"为什么我们学习历史是有好处的？"2018年商科试题中第三道题是"就英国哲学家约翰·穆勒的著作《逻辑系统》（*A System of Logic*）的某一节选进行论述"①。这些考试题目吸引了许多关心哲学教育的人。作为选拔科目的哲学教育评价不仅要发挥甄别学生批判性思维能力的功能，也要促进学生对概念的精准理解和判断力的发展，同时促使学生认识生活的复杂性、对世界有同情与批判的意识。

第二，作为儿童思维发展反馈的儿童哲学教育。对于小学阶段和学龄前阶段的儿童哲学实践，与其说评价是评估儿童哲学实践的效果，不如说是通过评价对儿童哲学的相关活动进行反馈，然后进行调整。因此此种意义上的儿童哲学教育评价可以被认为是内部的评估、反馈、调整。所谓的评价并不是要评出等级、评出效果，而是把评价作为一种反馈，从而实现教育实践中的行动调整。因为只有更清楚地了解儿童哲学实践的效果，才能更清楚地发现问题，才能在具体教育实践中更好地改进。所谓的评价是为了更好地承认儿童的存在，是为了更好地处理儿童在生活中体验的意义问题，是为了更好地为儿童提供一个自我反思的机会。实际上，生活得最有意义的人，并不必然是年岁最大的人，而是对生活最有感受的人。让儿童表达他们的感受，从而更好地展开生活，这也是一种反馈和调整。

从目前的发展来看，儿童哲学教育在评价上倾向于在质性评估或者自我调整的意义上展开研究，一些研究者对于量化评价持有相对保留的态度。

## 五、本章小结

儿童哲学教育并不是纯理论的，它首先是以一种实践的姿态出现在我们面前的，是儿童在共同体里进行探究的场景。"只有在共同体中，个人才能获得全面发展其才能的手段，也就是说，只有在共同体中才可能有个人自由……在

---

① 段俊吉.法国高中哲学教育：文化传统、基本经验及现实启示[J].外国教育研究，2021，48(9)：37.

真正的共同体的条件下，各个人在自己的联合中并通过这种联合获得自己的自由。"①儿童哲学为儿童提供了一种共同体的形式。儿童哲学教育把那些在书斋里做哲学研究的人引向了与儿童一起对话的实践，把那些对教育进行理论沉思的人引向了与儿童一同思考的情境，把书斋和田野勾连了起来。当我们提到儿童哲学教育的时候，头脑中映现出来的情境也是与儿童一起探讨哲学话题的画面，实践性是儿童哲学教育的第一属性。无论是独立开设的系统的儿童哲学课程，还是一些机构开展的零散的儿童哲学教育活动，抑或是一些学校展开的系统的探究实践，都表明儿童哲学教育越来越丰富，在内容和方式上都获得了创新性发展。

---

① 马克思恩格斯文集：第 1 卷[M]. 中共中央马克思恩格斯列宁斯大林著作编译局，编译. 北京：人民出版社，2009：571.

# 第三章　儿童哲学教育的范式变迁

　　1969 年，李普曼创作了哲学小说《聪聪的发现》，宣告儿童哲学教育的诞生。现在，李普曼开创的这一事业也已遍及世界，无论是在理论方面还是在实践方面都进入了新的发展时期，尤其是在研究范式方面发生了明显的变化。儿童哲学教育的范式可以理解为其研究共同体在理论与实践研究进程中体现出来的世界观、方法论，为从事研究所共享的价值原则、理论基础与实践规范等。范式变迁实际上是两个维度的思考，不仅思考什么发生了改变，更需要从前提的角度思考变化何以发生。因此前期的批判和反思就是研究范式变迁的基本工具。

　　思想有两个维度，一个是思想的构成维度，另一个是构成思想的前提维度，我们认识任何一种思想都应该从这两个方面入手。所谓思想的构成是"以某种具体的方式去形成某种认知的、价值的、审美的关于存在的思想，并把这种思想作为某种目的性要求，以实践活动的方式获得某种形式的现实性"①。思想的前提就是"思想过程自己的根据和原则，也就是思想过程自己的逻辑支点"②。思想前提具有隐匿性和强制性的特征，它像一只看不见的手，但是直接规定着人们想什么和不想什么，怎么想和不怎么想，做什么和不做什么，怎么做和不怎么做。我们需要思考在构成的维度上，那些哲学家的思想对儿童观、儿童哲学教育产生了什么样的影响，是如何影响的。我们需要思考，他们何以影响了儿童哲学教育，为什么影响了儿童哲学教育。

## 一、价值诉求不同：儿童哲学教育的价值范式转换

　　不同时代的儿童哲学教育，所针对的问题不同，其价值诉求不同，也就是它们认同的功能、作用、产生的有益影响是不同的，因此不同时代的研究者所论证的合法性亦不同。儿童哲学教育必然要思考儿童、哲学及其与教育的关系，对三者关系的不同判断决定了儿童哲学教育在价值范式上的不同。

### (一)李普曼希望以儿童哲学教育重构学校教育实践

　　以李普曼为代表的价值范式的核心体现是：在对教育实践进行哲学批判与

---

　　①　孙正聿. 马克思辩证法理论的当代反思[M]. 北京：人民出版社，2002：111.
　　②　孙正聿. 马克思辩证法理论的当代反思[M]. 北京：人民出版社，2002：118.

反思的基础上，通过设置儿童哲学课程，培养儿童理智性思考能力，实现对学校教育的重构。李普曼生活的时代，美国教育改革强调批判思维培养，在此背景下，他批判学校教育没有培养出儿童的反思能力。1994年，他撰写了《基础教育的孩子需要哲学吗?》一文，文章批判了学校教育中学科教学的不足之处：学校教育没有区分更多的思考和更好的思考，许多方法被当成各种思考激发的刺激进入课程中，却无法提供改善思考质量的策略；学校教育中的一些看似改善学生思考技巧的方法，实际上是在教学生怎么获得更好的分数；等等。①2003年，李普曼的《教育中的思维：培养有智慧的儿童》一书再版，该书列举了当时人们对教育的错误看法："教育是由知识的传递构成的，知识从知道的人向不知道的人进行传递"；"知识是关于世界的，关于世界的知识是确定的，不模糊的，没有秘密的"。② 李普曼主张："教育是教师与探究共同体共同参与的过程，目标是获得理解和好的判断"；"当知识被揭露出来向学生展示出它们是不确定的、模棱两可的、神秘的时候，学生需要被激发去思考世界"。③ 李普曼强调，哲学教育是改善思考的，只有哲学教育才能弥补学校教育的不足。他向儿童提出诸如"普通的房子和漂亮的房子之间有什么区别""你能提供一个反例吗""我相信、我认为、我感觉、我宣布之间有什么区别"这样的问题，关注儿童的反思能力、逻辑能力的培养。他认为，以往的学校教育并没有培养出学生的思维能力，而哲学教育帮人学会使用概念、发现问题，进行推理和判断以及元思考，是教育改造与重申设计的必然道路。李普曼以"诊断问题—提出药方"的方式指出学校教育实践的不足，提出儿童哲学教育是解决学校教育问题的良药。

哲学是理性的学问，儿童的理性能力尚弱，是否有讨论哲学的能力？这是儿童哲学教育在价值范式上需要解决的前提性问题。对此，马修斯和李普曼都给予了解释。马修斯明确指出："成人研究的所谓哲学，是坚持不懈地企图解决人类认知能力和道德能力所遇到的内在的或观念上的挑战，而这些挑战绝大

① Lipman M. Do Elementary School Children Need Philosophy? [M]//Reed R F, Johnson T W. Philosophical Documents in Education. New York：Longman，2000：207-208.
② Lipman M. Thinking in Education[M]. Cambridge：Cambridge University Press，2003：18.
③ Lipman M. Thinking in Education[M]. Cambridge：Cambridge University Press，2003：18.

部分出现在幼小儿童的思考里。"①李普曼在 1988 年出版的《哲学走进学校》(*Philosophy Goes to School*)的结语部分撰写了童年哲学，表达了其儿童观。李普曼认为，不一定每个儿童都是哲学家，但每一个哲学家都曾经是儿童，哲学与儿童并非不可兼容。他从解决问题的角度提出，如果否认儿童的理性能力，不让儿童进行伦理的和社会的探究，不把儿童当成一个人，那么成人社会的冷漠、不负责任、平庸就会延续。②另外，马修斯和李普曼都批判了心理学上的发展理论。马修斯说："别让皮亚杰这些著名的实验结果主宰我们的教育事务，别让这些实验结果限制了我们对幼童思考和反省能力的认识。"③李普曼认为，发展理论有两个错误：一是经常假设童年是成年的预备，把手段当成目的，或者使不完满的状态向完满的状态转变；二是发展理论的支持者总是选择那些他们强化的标准而忽视其他的标准。也许这些标准在数学中是恰当的，但在人文领域不存在线性的标准。孩子们进行的伦理探究、社会探究、认识论探究和美学探究都是哲学的一部分，不是科学的教育编程。④哲学思考并不是成年人的专利，儿童同样可以思考哲学问题，不仅如此，哲学这一领域的特殊性决定了哲学作为学校里科目的独特价值。

李普曼把理智性思考能力改善作为儿童哲学教育的目的，被认为是把哲学当成知识传授给儿童，被认为是一种学校教育中教授某种科目的实践，被认为属于"哲学教学"的模式，难以持续发展，因此出现了价值范式变化，人们开始重新定位儿童哲学教育的价值。

## (二)李普曼之后的研究者关心儿童哲学教育本身的质量

李普曼之后的研究者认为，学校教育中其他诸多科目的学习是对儿童的要求，而哲学问题的讨论是儿童自己的要求，这是儿童哲学课程与其他课程的根

---

① 加雷斯·B. 马修斯. 童年哲学[M]. 刘晓东，译. 北京：生活·读书·新知三联书店，2015：192.

② Lipman M. Philosophy Goes to School[M]. Philadelphia：Temple University Press，1988：191-198.

③ 加雷斯·B. 马修斯. 童年哲学[M]. 刘晓东，译. 北京：生活·读书·新知三联书店，2015：45.

④ Lipman M. Thinking in Education[M]. Cambridge：Cambridge University Press，1991：194.

本差别。哲学有利于"提高我们的阅读、写作、听力和解决问题的能力；帮助我们深入地、独立地思考信念、承诺和价值观；质疑假设；构建富有创意且合理的论据；批判性地评估信息和信念，学会欣赏复杂性；培养表达自己观点的信心和技巧；认识到我们的偏见，并认识到看待世界的方式有很多"①。儿童哲学不应是哲学知识的学习，而应帮助儿童完成对自我认知、人生意义、社会发展等诸多问题的思考与表达。在这样的价值取向下，一些儿童哲学实践质量低下，令人怀疑儿童哲学教育的合理性。引导儿童过经得住反思的生活，不意味着可以无保留地接受儿童对问题的所有回答，这样的简单做法无助于儿童的成长与发展。塞博(J. Sebo)曾批判儿童哲学实践中的一个现象，即"每个人都在一个圈里，分享关于罚钱的感受，用这样的方法做哲学就是基础教育的教师们、行政者们和父母们进行低水平教学的主要原因"②。有研究者要求儿童哲学的教师具备哲学敏感性，这样可以从学生们的讨论中敏感地发现值得讨论的哲学问题，而非日常生活中的经验问题。哲学敏感性意味着我们能够识别和考量人类生存的基本条件，具备了哲学敏感性的教师才能对认识论、形而上学、道德哲学等领域中的哲学问题保持敏感，才能引导儿童进入较为深入和丰富的哲学讨论中。③ 还有研究者曾批判在儿童哲学课程结束之后，儿童并不了解为这门学科奠定基础的伟大哲学家们，同样在探究过程中儿童不具备组织辩论的能力，他们所反映的主题不是普遍的原则，必须用一个具体的支撑来进行哲学化，而且儿童的思维能力不够复杂，不足以成为批判性思维。④ 在哲学资源的使用方面，一些研究者担心：如果放弃了专门为儿童编写的哲学教材，采用学科教材，是否还能保持儿童哲学活动的哲学性；如果通过文学与儿童做哲学，没有经过哲学训练的语文老师能否挖掘文学作品中的哲学意蕴。因此，李普曼之后的研究者关注儿童哲学实践本身存在的问题，关注如何做高质量的儿童哲

---

① Philosophy Learning and Teaching Organization. Why Philosophy for Young People? [EB/OL]. (2018-03-08)[2024-01-01]. https：//www. plato-philosophy. org/why-philosophy.

② Sebo J. Philosophical Sensitivity[M]//Lone J M, Israeloff R. Philosophy and Education：Introducing Philosophy to Young People. Tyne：Cambridge Scholars Publishing，2012：24.

③ Sebo J. Philosophical Sensitivity[M]//Lone J M, Israeloff R. Philosophy and Education：Introducing Philosophy to Young People. Tyne：Cambridge Scholars Publishing，2012：23-24.

④ Daniel M F, Auriac E. Philosophy, Critical Thinking and Philosophy for Children[J]. Educational Philosophy and Theory，2011，43(5)：415-435.

学教育，关注如何真正促使儿童思考哲学问题。

李普曼之后的研究者接受了儿童能进行哲学思考的判断，并认为儿童哲学活动对儿童和成人都有益处。如果说李普曼和马修斯通过研究努力证明儿童可以思考哲学问题，那么之后的研究者则欣欣然地把儿童当成"哲学家"。"出自自然之手的儿童是'有力量'的个体，成人需要抛弃优越感。"①儿童生活在经验世界中，不代表儿童不能对非经验世界的问题发表看法，儿童哲学教育就是要给予儿童这样的机会。因此，儿童哲学的践行过程不是宣布获得了某种知识，而是成为当下的实践行为。"人生的每一个阶段都有其自身价值，不应该由于为了下一阶段的准备而减少其价值。当我们成年时候，许多童年视野就消失了，当我们倾听儿童时童年视野才能被再次接近。"②儿童哲学活动能帮助成人反思人类自身，实现忙碌生活的暂停；与儿童讨论哲学不仅帮助儿童成长，也是成人世界问题的解毒剂。"哲学文化不仅可以作为文化元素进行传播，而且当我们遇到两难困境时，它可以帮助我们通过清晰地陈述问题、界定概念、作出判断和评估来看清问题所在，并找到我们自己的答案。"③

李普曼以哲学为中介、以学校教育弊端为批判的靶子，致力于提高儿童理智性思考能力；而之后的研究者倾向于把哲学当成生活方式，致力于儿童与成人的共同成长。因此，当代的儿童哲学教育研究者更倾向于使用"do philosophy"，即"做哲学"，与儿童一起做哲学，因此儿童哲学教育成为一种活动、经验、体验。

## 二、背后的哲学依据不同：儿童哲学教育的理论范式转换

与儿童一起学习讨论哲学这一实践做法，涉及教育的哲学基础问题。李普曼之后的研究者在形成自己哲学教育主张时，其认识论与知识论基础与李普曼并不相同，这就构成了理论范式的不同，这些理论范式的差别推动了儿童哲学

---

① 于伟."率性教育"：建构与探索[J].教育研究，2017，38(5)：23-32.

② Lone J M，Michael D. Burroughs. Philosophy in Education：Questioning and Dialogue in School[M]. Maryland：Rowman and Littlefield Publishing Group，2016：13.

③ 伊莎贝尔·米隆，奥斯卡·柏尼菲. 111个儿童哲学思考练习[M]. 杨落娃，译. 桂林：广西师范大学出版社，2020：5.

教育的发展。

## (一)实用主义哲学、语言哲学基础上的儿童哲学教育

在"知识从哪里来"这个问题上，李普曼选择了实用主义路线。他认为，儿童哲学教育以加强沟通与合作的方式消除不平等的权力关系，服务于民主社会建设。批判性思考改善理性能力，民主需要理性的公民；如果我们的目标是民主社会，那么批判性思考就是必要的手段。李普曼把理性思考能力与民主社会合格公民的关联建立在实用主义哲学基础之上的，并赋予皮尔士(C. S. Peirce)"探究共同体"概念以教化意义。皮尔士作为实用主义者提出所有的短语都可以被拓展为任何种类的探究，无论是科学的还是非科学的都可以进行，因此就可以把教室转换为探究共同体，在共同体中，学生带着尊重倾听彼此，在彼此观点的基础上思考，在其他未经证实的观点中挑战彼此，帮助彼此从已经被表达的观念中进行推理，寻求彼此假设的认同。同时，他也支持杜威强调的探究性思维，提出"教育即探究"，强调教育并不是让学生接受结论，而是让学生进行调查和探究。科学家应用科学方法进行问题情境的探究，学生也应做同样的事情。杜威的探究性思维提供了解决问题的工具。在没有儿童哲学教育的时候，学生解决的是经验世界里的问题，回答的是有答案的问题；当学生面临不确定的生活状态和面对经验世界中的不确定性时，儿童哲学活动帮助他们探究生活中那些非经验性的困惑。李普曼说："有许多其他的教育者，像图尔干、古德曼、米德，他们从社会学、逻辑学出发，号召教育中的新学科、新标准和新规范，这些都为反思模式带来了新信息。"①在李普曼看来，仅仅是成年人与儿童的对话不能发展儿童的思维，而恰恰是儿童同伴间的对话才能激发儿童真正的思考。儿童哲学活动作为一种语言项目，也受到维果茨基(L. Vygotsky)、皮亚杰(J. Piaget)、米德(G. H. Mead)、维特根斯坦(L. Wittgenstein)等人的影响。这些哲学家把语言与思维密切地联系起来，认为语言是思维的外显，思维是语言的内隐，儿童哲学活动以语言为媒介；通过同伴互动实现思维的发展，通过"清思"实现概念学习。

---

① Lipman M. Brave Old Subject，Brave New World[M]//Naji S，Hashim R. History，Theory and Practice of Philosophy for Children. New York：Routledge，2017：13.

　　李普曼赋予了皮尔士的科学家探究共同体模式以教育学的意义，把儿童的教室转变为哲学探究共同体，继承了杜威的反省和探究思维，通过语言表达培养儿童的思维能力，创造性地提出了儿童哲学教育这一实践构想，并进行了广泛的实践。这样的儿童哲学教育具有鲜明的认识论取向，目标是通过哲学学习培养公民所需要的批判性思维能力，形式上采取了探究共同体共同探究、清理思想的语言讨论模式，儿童观上采取了相信儿童的哲学思考与天赋的立场。认识论取向的儿童哲学教育往往关注认知的改善，强调观念的反思，无论是在理论上还是实践上都面临着一定的困境。李普曼之后的研究者则力图突破工具主义的限制，出现了理论范式变化。

## (二)与后现代哲学密切联系的儿童哲学教育

　　一些研究者把儿童哲学教育的大厦建立在更广阔的哲学基础上。一方面，他们继续从杜威的哲学思想中深挖理论资源，如把杜威关于想象力的论述融入儿童哲学教育的理论基础中，认为想象力同样属于理性世界[1]；另一方面，他们也超越了李普曼的分析，拓展其在生命哲学和政治哲学方面的意蕴，与后现代哲学联系日益密切。这些研究可以分为三类。

　　第一类是把福柯(M. Foucault)、阿甘本(G. Agamben)等的生命政治学作为基础。李普曼之后的研究者把与儿童的哲学对话当作对教师声音统治的悬置，当作交流、反思、对忙碌生活的暂停，回归人的"幼态"(Neoteny)。在资本主义进入生命政治治理术的时代，面对无处不在的微观权力，福柯苦苦思索如何打破生命权力，在研究古典哲学时分析了作为直言者的苏格拉底，提出了"直言"与"关心自己"的精神操练和实践。[2] 儿童哲学研究者认为，只有儿童才能"直言"，所谓的"童言无忌"是对生命最本真的追求，是对无处不在的权力的克服，是对权力关系的抵制。从福柯哲学出发，儿童借助哲学不仅使自己能够接近真理，更是一种关心自我的实践；与儿童做哲学不是传播知识，而是在当下成为当下的实践行为。面对无孔不入的生命政治权力，意大利哲学家阿甘本

---

　　[1]　Bleazby J B. Dewey's Notion of Imagination in Philosophy for Children[J]. Education and Culture，2012，28(2)：95-111.

　　[2]　杜玉生. 作为直言者的苏格拉底：福柯对《申辩篇》的读解与阐发[J]. 外国文学，2018(5)：148-157.

从"政治非行动主义者"角度出发，提出让所有的历史的与当下的社会工程都闲滞起来，进入"一种特殊的休假"①。站在福柯和阿甘本的立场，儿童哲学活动的价值并不仅仅是针对儿童发展的，更重要的是借助儿童的视角反思成人世界，借儿童的直言、借"童言无忌"反思现在的成人世界。因此，在和儿童做哲学时，教师应抵制工具主义，不能把儿童当作实现目的的特定手段，不能把儿童哲学活动当作"朝向结果的评价和评估运动"。②在儿童哲学探究共同体中，教师不应以自己的声音推动儿童的探究向预定的共同目标运动，应拒绝与"目的—手段"的逻辑合作③，应悬置自己的声音，以自己的沉默帮助儿童"回到幼年的经验去，允许学生从事研究性游戏（既不是仪式也不是游戏）活动"，这样才能真正停下、真正闲滞。④阿甘本高度肯定了人类幼年的价值，提出人类的幼态是充满潜能的状态，幼年是颠倒的引擎。⑤对成人来说，回到幼态，就是回到充满潜能的状态，与儿童讨论哲学在一定意义上能促使成人回到充满潜能的幼态，促使成人"成为永远的孩子"。⑥

第二类是把认识论上反对线性思维、反对二元对立的后现代主义哲学作为基础。其中德勒兹（G. L. R. Deleuze）提出的哲学是造概念和块茎思维的思想受到关注。在研究者们看来，探究共同体这种形式打破传统的线性思维方式，儿童讨论的过程体现了块茎思维。在概念的讨论过程中，不断产生的差异性与多样性打破了在日常的学科教学中的循序渐进、线性有序的思维常态。在探究共同体中，孩子们"通过为了我们自己和其他人的思考到达了知

---

① 吴冠军. 生命权力的两张面孔：透析阿甘本的生命政治论[J]. 哲学研究，2014（8）：77-85.

② Jasinski I, Lewis T E. Community of Infancy：Suspending the Sovereignty of the Teacher's Voice[J]. Journal of Philosophy of Education，2016，50（4）：538-553.

③ Jasinski I, Lewis T E. The Educational Community as In-Tentional Community[J]. Studies in Philosophy and Education，2016，35（4）：371-383.

④ Jasinski I, Lewis T E. Community of Infancy：Suspending the Sovereignty of the Teacher's Voice[J]. Journal of Philosophy of Education，2016，50（4）：538-553.

⑤ 吉奥乔·阿甘本. 幼年与历史：经验的毁灭[M]. 尹星，译. 郑州：河南大学出版社，2016：90.

⑥ Storme T, Vlieghe J. The Experience of Childhood and the Learning Society：Allowing the Child to be Philosophical and Philosophy to be Childish[J]. Journal of Philosophy of Education，2011（2）：183-198.

识的身边"①，而不是依靠教师生拉硬拽地把孩子带到知识的身边。作为认知和心理交流活动形式的探究共同体，是"开放的、紧急的、自我组织的系统，它是生态的、非线性的和不可逆转的，仅部分是可预测的，在混乱和停滞之间通过驱动一节课的平衡过程实现发展"②。这就在认识论上否定了教师的权威，可以实现更多、质量更高的主体间性，而非主体对客体的改造。

第三类是借助审美和伦理重视儿童的审美与伦理体验。一些哲学家，如席勒（F. Schiller）、海德格尔（M. Heidegger）、德里达（J. Derrida）、弗莱雷（P. Freire）、哈贝马斯（J. Habermas）等受到了关注。在这些哲学家的影响下，许多研究者重视儿童的审美体验，通过审美实现意义诉求，有研究者提到：我们发现，伦理道德、美学、政治等，经验的方面，是最有意义的。③ 而有着相似观点的还有格雷戈里（M. Gregory），他认为儿童参与实践哲学有很多好处。通过做哲学，孩子们就会做到，意识到审美或道德在自己的体验中，分享他们的困惑和兴奋，探究问题和学习如何让自己的生活更有意义，对事物是什么以及事情之间如何联系表达他们自己的判断，以及如何使得他们的世界内部可以更公正、更美丽、更有意义。④ 可见，儿童可以通过哲学对话与他人交流，帮助儿童获得审美体验，提高儿童伦理道德意识，增强道德与审美判断，使儿童生活更有意义与价值。"也许是通过实践哲学或儿童哲学，知识和理解通过结构化的对话与他人分享和检验，我们学习如何审视我们的生活，它可能转化为我们的行动，我们可能开始健康——明智地生活。"⑤在探究共同体内，对话可以说是一种论述性的情境，在这种情境中，我们把自己置于责任的基本伦理情

① Kennedy N，Kennedy D. Community of Philosophical Inquiry as a Discursive Structure，and Its Role in School Curriculum Design[J]. Journal of Philosophy of Education，2011，45(2)：265-283.

② Kennedy N，Kennedy D. Community of Philosophical Inquiry as a Discursive Structure，and Its Role in School Curriculum Design[J]. Journal of Philosophy of Education，2011，45(2)：265-283.

③ Gregory M. Philosophy for Children and Its Critics：A Mendham Dialogue[J]. Journal of Philosophy of Education，2011，45(2)：199-219.

④ Gregory M. Philosophy in Schools：Ideals，Challenges and Opportunities. Critical & Creative Thinking，2008，16(1)：5-22.

⑤ Cassidy C. Philosophy with Children：Learning to Live Well[J]. Childhood & Philosophy，2012，8(16)：243-264.

境中。在对话中，我们进入了一种"永恒的迷失"，它"既不是一种观点、偏见、教条，也不是真理，而是符合伦理意义的奇迹"①。探究共同体将儿童与成人的对话带入一个扩大的领域。面对现实中存在的各种问题，通过探究共同体的对话交流，儿童对这些问题所代表的基本道德问题的理解和把握很有可能会提供意想不到的见解。②

由于知识的确定性，认识论取向的教学很有可能被教师牵引，导致高控的学习；而在倾听儿童、悬置教师声音的情况下与儿童探讨哲学问题，充满开放性与可能性。因此，李普曼之后的儿童哲学教育，不仅其哲学依据发生了变化，还有一些研究者致力于在更为广阔的哲学前提下继续构建相关理论观点。

## 三、独立设置与多样表现：儿童哲学教育的实践范式转换

几乎所有的儿童哲学研究者都肯定苏格拉底式对话，支持通过探究共同体的方式帮助儿童深度反思与体验。但儿童哲学背后的不同实践主张决定了它们的实践重心有所不同，决定了它们实践范式的不同。

### (一)独立设置儿童哲学课程的实践范式

李普曼作为儿童哲学教育的奠基人，更多地从教育学的角度，从对现实教育批判的基础上思考儿童哲学问题。他明确提出："所谓的'儿童哲学教育'代表一种努力，促使其承担作为教育的功能。它成为教育，把哲学带入孩子的内心，满足孩子对意义探寻的需要。"③李普曼提出"受过充分教育的人"④这一主张，即受过教育的人会进行理智性的思考，而儿童哲学教育就是利用哲学的理智性特点培养儿童的思考力。他批判教育的"部落模式"让儿童去占有文化的做

---

① Kennedy D. Philosophy for Children and the Reconstruction of Philosophy[J]. Metaphilosophy，1999，30(4)：338-359.

② Kennedy D. Neoteny，Dialogic Education and an Emergent Psychoculture：Notes on Theory and Practice[J]. Journal of Philosophy of Education，2014，48(1)：100-117.

③ Lipman M. The Institute for the Advancement of Philosophy for Children(IAPC)Program [M]//Naji S，Hashim R. History，Theory and Practice of Philosophy for Children. New York：Routledge，2017：4.

④ Lipman M. Philosophy Goes to School[M]. Philadelphia：Temple University Press，1988：18.

法，主张教育的"反思模式"让文化服务于儿童的反思品质。在儿童哲学实践中，哲学作为资源和手段存在，其目的在教育。与儿童进行哲学问题的讨论并不致力于帮助其成为哲学家，而是服务于儿童理智性思考能力的养成，提供给他们更为有价值的学习经验。为此，他提出了独立设置儿童哲学课程的实践范式，试图从根本上重构学校教育。对于大多数践行者来说，教育实践的问题也只能由教育机构内部修修补补加以解决，但李普曼提出了重新设计教育的必要性问题，"正在实施的补救性教育充其量只能起到缓解'症状'的作用"①，根本上的解决就是设置独立的儿童哲学课程。李普曼的这一论述不能不说十分大胆。他认为学校教育的分科教学产生的问题无法通过教师解决，"把连结各科知识的工作至少部分地从教师身上转移到学生身上"，"哲学使人机智灵活，这就使得儿童和教师有可能对知识的本质、对存在的本质的研究超越于各门学科之上，同时又与各门学科所探讨的问题有着基本的联系"。② 因此，独立设置儿童哲学课程是李普曼对学校进行重构的重大设计。他认为，只有具备了哲学的基本意识，才能深入学科本身逻辑的思考和探索，才能把各学科之间普遍联系起来，学生的学习才是深度学习。"儿童需要具有全面地、多角度地考虑问题的能力，而这种能力有赖于适当的教育过程，即教育过程必须能够激发他们的想象力，能使他们的智力有充分发展的机会，同时又能提供联系和融汇各科知识的途径。这是对普通教育计划的两个基本要求，而儿童哲学恰好就能满足这两个要求"③。如果缺乏必要的哲学意识，那么教师的教学就停留在知识学习的层面上，无法深入到思维的根本内容。他总结说："我们做什么才能促使教育在其变革进程中更具有批判性、创造性、关怀性和评价性呢？我的推荐是：把哲学加进初等教育和中等教育的课程中。"④只有通过哲学性的探究，学生才能摆脱机械性的学习方式，从而对吸收到的杂多质料进行清晰、辩证的梳理，进而领略到学问内在的文化属性，以哲学性的思维去分析文化的逻辑架构，探索事物的真实内涵，成为拥有"真知"的"真智"之人。对李普曼来说，学校里学科课程学习质量的提升需要哲学来保驾护航。

---

① 李普曼. 教室里的哲学[M]. 张爱琳，张爱维，编译. 太原：山西教育出版社，1997：2.
② 李普曼. 教室里的哲学[M]. 张爱琳，张爱维，编译. 太原：山西教育出版社，1997：31.
③ 李普曼. 教室里的哲学[M]. 张爱琳，张爱维，编译. 太原：山西教育出版社，1997：34.
④ Lipman M. Thinking in Education[M]. Cambridge：Cambridge University Press，2003：27.

李普曼力图通过独立设置儿童哲学课程来重构学校教育实践，可以说到现在为止也没有实现，而且这一理想也实在难以实现，他面临着师资、课时、教学制度等方方面面的难题。因此，许多后继者尝试突破独立课程的实践形式，出现了实践范式变化，这些后继者希望儿童哲学教育能够以更合适的方式发挥更大的作用。

## (二)李普曼之后的多样化的实践范式

曾有研究者质疑李普曼改善思维的儿童哲学教育目标："在基础教育领域，儿童哲学活动的目标被整合进普通教育目标中，但留下了一个争论，即为什么是哲学而不是其他的课程活动被当成追求这些目标实现的媒介呢？"[①]所以，李普曼之后的研究者拓展儿童哲学教育目标，重新思考哲学与教育的关系，以解决李普曼留下的问题。一些研究者继承了李普曼的立场，认为哲学问题与经验世界的科学问题不同，科学问题解决过程中虽然存在着与哲学相一致的假设推理、演绎归纳等思维方式，但终点是确定性的。而哲学问题由于无法预先建立确定的唯一答案，充满了开放性和不确定性。因此，与儿童一起讨论哲学问题不仅是帮助儿童发展，更是一种成人与儿童共同反思当下、找寻意义的生活方式，有必要独立存在。也有研究者通过把哲学融入其他学科展开实践，充分挖掘文学、历史、数学等科目中的哲学问题，促进儿童的哲学思考，回应了李普曼在1994年发表的论文《基础教育需要哲学吗？》，这篇文章批判了学校教育没有培养出学生学科的思维方式，没有帮助学生发现学科背后的哲学思考。因此，这些研究者挖掘学科背后的学科哲学，通过学科教学践行儿童哲学。实践进程中，美国以外的诸多研究者坚持本土化路线。他们认为，由于文化壁垒，李普曼的哲学小说适合美国儿童，不适合其他国家的儿童。一些研究者突破李普曼儿童哲学小说的限制，如澳大利亚的卡姆提出哲学讨论中的材料应该包括四方面的特征：第一，必须包含哲学前提和哲学主题；第二，必须有关于生活的开放视野，鼓励孩子们进行怀疑、质疑、假设和探究；第三，必须包含大量探究性对话，包含能引人深思，能引起人们共同思考的内容；第四，如果故

---

① White J. Philosophy in Primary Schools? [J]. Journal of Philosophy of Education，2012，46(3)：449-460.

事包含图片，图片必须富有想象力，尽可能多地表达思想，有启发性，有令人困惑的东西。① 还有一些践行者在图书馆和博物馆等机构开展各种活动，充分利用儿童的图画书、绘画、电影、故事等为儿童哲学的展开提供资源支持。李普曼评论："Philosophy with Children 已经成长为 Philosophy for Children 的小分支，一定意义上，他们通过与孩子讨论哲学的方式践行，没有通过为孩子写故事的方式。"②儿童哲学的实践方式、使用的资源、各种辅导材料等方面都发生了很大的变化，这些变化的原因是适应本土需求，如果这些哲学话题不能引起儿童的探究兴趣，那么就无法激发儿童的思考，因此资源必须本土化才能真正促进深入的探究。

儿童哲学教育实践一直受到一种质疑，即使儿童经历了哲学讨论，也难以像哲学家一样系统化、理论化地思考。在这个意义上，儿童哲学教育的目的并不是培养专业的哲学家。儿童哲学教育要解决的问题不是哲学问题，一直都是儿童的生活与教育问题。

## 四、本章小结

儿童哲学教育自诞生以来在价值诉求、哲学依据、实践方式等方面都发生了范式转换，这种范式转换既是儿童哲学发展中的内在矛盾的需求，也是外部社会发展变化的结果。诞生之初的儿童哲学教育内部就存在着诸多矛盾，如批判性思维培养能够成为独立的课程吗；批判性思维培养的过程中如何满足儿童的意义寻求；20 世纪 60—70 年代批判性思维培养运动的火热期消退之后，儿童哲学教育的意义又在哪里；在各种权力缠绕的社会生活中，在生命治理技术无处不在的现代社会，儿童哲学教育又能回应社会什么需求。可以说这些问题推动儿童哲学教育不断地发展和变化。需要注意的是，以上这些范式变迁并不是线性的，也不是有着鲜明阶段性划分的；也不是说李普曼之前的范式表现就

---

① Hashim R. P4C in the Context of Muslim Education[M]//Naji S, Hashim R. History, Theory and Practice of Philosophy for Children. New York：Routledge，2017：170-179.

② Lipman M. The Institute for the Advancement of Philosophy for Children（IAPC）Program[M]//Naji S, Hashim R. History，Theory and Practice of Philosophy for Children. New York：Routledge，2017：3-11.

彻底消失了，李普曼之后的范式主张就必然代表了未来的发展方向。"全部社会生活在本质上是实践的。凡是把理论引向神秘主义的神秘东西，都能在人的实践中以及对这种实践的理解中得到合理的解决。"①范式变迁并不是神秘的，只是表明了一种儿童哲学发展的脉络，有助于我们更好地理解儿童哲学教育发展的历史和可能的未来。在具体的实践中，尽管发生了变化，但李普曼之前的各种理论与实践诉求依然存在。儿童哲学教育正在以更为丰富的样态走向未来。

---

① 马克思恩格斯文集：第 1 卷 [M]. 中共中央马克思恩格斯列宁斯大林著作编译局，编译. 北京：人民出版社，2009：501.

# 第四章　儿童哲学教育的哲学基础

哲学是什么，儿童哲学所说的哲学又是什么，这个问题至少需要两个方面思考：第一，儿童哲学这种实践活动是一种什么样的哲学活动，所谓与儿童做哲学，做的是一种什么样的哲学；第二，与儿童讨论的哲学又是什么样的哲学，或者说儿童能够讨论的哲学问题是什么样子的，与成年人思考的哲学问题有什么不同。当然这两个问题也无法截然分开。概括来讲，儿童哲学有着丰富的哲学内涵。可以说，儿童哲学既是作为内容的哲学，与儿童讨论的内容是哲学，关注的是儿童的哲学思考；同时，儿童哲学也是作为方式的哲学，是以哲学的方式与儿童讨论和思考。本章讨论的是：作为与儿童一起对话的儿童哲学是在怎样的哲学前提上得以实现的。

总体上看，儿童哲学教育的基础呈现出从现代到后现代的发展趋向。后现代主义整体上对现代主义进行了解构，主张反基础主义、反本质主义、告别整体性与同一性以及对科学理性的质疑。

## 一、主张探究与民主：从皮尔士的探究到杜威的民主

儿童哲学是以语言为媒介的思考性活动，由于其探讨的哲学问题没有确切的答案，因此具有鲜明的探究性特征，否定了绝对性，具有鲜明的相对性，可以说在认识论上具有鲜明的实用主义和建构主义取向。无论是从旁观者的视角还是从参与者的视角，儿童哲学是一种以哲学为内容和主题的对话性思考活动，其认识论的取向不是真理符合论，也不是绝对真理论，既不属于主观主义派别，也不属于客观主义派别，走了一条地道的中间路线，倾向于实用主义和建构主义。

### (一)皮尔士：赋予探究共同体以教育的意义

查尔斯·桑德斯·皮尔士（Charles Sanders Peirce，1839—1914），是美国实用主义哲学的创始人。儿童哲学深受皮尔士的影响，尤其是皮尔士关于"探究共同体"的主张更是直接影响了儿童哲学教育的实践方式。

**1. 个人的认识需要团体探究进行检验**

传统的认识论在知识的确证性上依赖的是个人，即命题 p 是真的，s 相信

p是真的，s的信念是确证的，知识是依靠理性获得的。皮尔士反对这一传统，认为个人的确证是不可靠的。皮尔士区分了确定信念的四种方法，即"固执的方法""权威的方法""先验的方法"和"科学的方法"。① 他认为，科学的方法是最重要和最可取的方法，最核心的体现就是探究，但是个体探究的结果是不可靠的，共同体的探究才能趋向真理，每个人的想法都不仅仅是个性化的，而且需要在群体中进行交流、检验。我们的信念不但要通过我们自己的思考和经验来进行检验，也要通过其他科学探究者的经验来检验。科学探究目标的实践并不仅仅依赖于个体，个人认识的结果不一定是真理，而是获得科学探究共同体普遍的共识，这种共识就是真理。因此，在皮尔士看来，共同体是科学的方法和真理观的基本要素，科学的方法将共同体树立为追求和判定真理的机构。皮尔士把真理的获得途径从个体方式转到了群体方式。探究只能在共同体中展开、延续和进步，真理的仲裁者只能是科学探究共同体，共同体的完善能够促使个体之间的分歧获得充分的讨论，以便获得最后的真理。首先，个体心智在共同体中才能得以发展，"若无其他心智之助，任何心智皆寸步难迈"。其次，个体经验极其有限，其观点应当接受共同体的批评与检验。最后，个体实是无知与错误之载体，由于其单独存在仅仅通过无知和错误表现出来，因而个体"只是一个否定"。② 综此，个体不可能是真理的源泉和裁判，真理的最终获得依靠的是共同体。

**2. 赋予团体探究以教育学意义**

皮尔士的共同体探究这一观点被李普曼继承下来，并赋予了探究共同体以教育学意义，"探究共同体"已经成为儿童哲学教育实践方式的核心依据。现代社会是需要个体进行交往和沟通的社会，共同体、公共性才是社会的核心特征。因此，为了对抗社会的单调性，为了克服人的私己性，我们需要彼此对话，需要共同体意识。恰恰是对话、沟通的方式促使个体的观念在共同体中获得交流、分享、批判、检验、承认，促使儿童从私己走向公共、从单子走向多样。李普曼看到了儿童发展过程中单子式的学校生活无法培养儿童的民主观念和品格，因此必须打破单子式的独立，建立探究共同体，让每个儿童都在共同体里实现观念的检视，让他们在交流中意识到自己的想法与他人想法的不同。

---

① 邱忠善. 皮尔士的真理观初探[J]. 江汉论坛，2013(9)：98.
② 邱忠善. 皮尔士的真理观初探[J]. 江汉论坛，2013(9)：100.

这对儿童的生活来说有重大的意义，在共同体内，他们探讨的是他们个体的真实想法，比起教师的教学来说，儿童在探究共同体内能真正发现意义、体验到意义，而不是被传输一个意义。对人来说，信息可以传递，理论可以灌输，情感可以分享，但事物的意义只能被发现。我们无法把意义进行"给予"。儿童学习的过程是一系列观念集合在一起的过程，目标是尽可能建立真理的信念或者是尽可能走向真理，而真理的获得并不是一个传输的过程。因此李普曼希望通过探究共同体真正地促进儿童走向真理。

尽管儿童哲学的实践接受了皮尔士探究共同体的观念，并把它实践化，成为可以在教育实践中进行具体操作的程序，但这不代表儿童哲学实践接受皮尔士所有的认识论观点。皮尔士作为实用主义者，是承认真理实在论的，还将规律、共相等视为实在，因为它们均独立于我们关于它们的意见，并对我们施加强制且非任意的影响，我们因此获得"经验"。因而，皮尔士的实在论是一种强实在论，它远远超出了对外在事物的实在承诺。① 皮尔士这样的主张对知识教育产生了重要的影响，尤其是与激进的建构主义认识论形成了鲜明的对比。皮尔士在批判个体认识论走向共同体探究的过程中，并没有否定真理实在论，还依然是强实在论立场，而儿童哲学在真理观上并非强实在论立场，儿童对哲学问题的探究并不能促使儿童获得真理或者走向真理，只能促使儿童追求真理，追求真理的结果是无法确定的。这就意味着，我们无法确定儿童是否真正地通过探究共同体走向了真理，但我们能确定儿童在走向真理的路上。皮尔士作为早期实用主义者，并没有否认真理实在论，而后期的实用主义即新实用主义的代表罗蒂等则进行了更进一步的解构，"罗蒂追随传统的实用主义，似乎赋予评价以更多的优先性，在某种程度上，甚至以评价取代了认知或将认知融合于评价。在此种观点背后，我们可以发现他倾向于强调'善'或者'价值'，而或多或少忽略了'真'。事实上，对罗蒂而言，一个命题或者信念的真假主要取决于它在广义的社会实践领域里是否有用或者成功"②。当然，亦有别的后现代的认识论思想进一步解构了真理符合论，然而儿童哲学在认识论上并没有走特别

---

① 周靖. 皮尔士论知识的基础及其对当代知识论的启示[J]. 自然辩证法研究，2022，38(1)：14.

② 杨国荣. 罗蒂新实用主义的若干思考[J]. 哲学动态，2004(11)：3-6.

极端的认识论立场。

## (二)李普曼：继承杜威的民主理想

杜威的实用主义哲学极大地影响了李普曼的思想。李普曼由于被杜威所吸引而选择哥伦比亚大学，还曾经看望过杜威。根据李普曼自己的回忆，那时杜威年岁已高，但是对李普曼的思考很是赞同，这使其深受鼓舞。[①] 在李普曼的教育哲学领域中，知识论的路线走了实用主义道路。杜威对儿童哲学教育的影响体现在两个方面：一是知识论，二是价值论。

### 1. 进行哲学探究需要反省思维

在知识论方面，杜威的反省思维深刻地影响了儿童哲学实践。杜威说：

> 民主代表自由互换，代表社会连续性，所以必然发展出一种知识理论，在知识中找到使一种经验得以可用、从而为其他经验提供方向和意义的方法。近年来，生理学、生物学以及各门实验科学的、逻辑学的发展为构建和阐述这样一种理论提供了具体的理智的手段。他们在教育上，则体现为学生在学校中获得知识与在共同生活的环境中所进行的种种活动或作业之间关联。[②]

这种联系就体现在反省思维的应用。杜威认为观念和行动是分不开的，他说：

> 从我们根据观念的操作性来替观念下定义和找验证的观点看来，观念是具有经验根源和经验身分的。就"行动"一词字面上和存在上的意义而论，观念就是所实行的行动。就是去做一些事情，而不是去接受从外面强加在我们身上的感觉。感觉性质是重要的。但是只有当它们是有意地进行某种行动的后果时它们在理智上才是有意义的。[③]

---

① Lipman M. Natasha：Vygotski and Dialogues[M]. New York：Teachers College Press，1996：xiv.

② 约翰·杜威. 杜威全集·中期著作（第9卷：1899—1924）[M]. 俞吾金，孔慧，译. 上海：华东师范大学出版社，2012：274.

③ 约翰·杜威. 杜威全集·晚期著作（第4卷：1929）[M]. 傅统先，译. 上海：华东师范大学出版社，2015：73.

杜威的这种观点被李普曼迁移到哲学思考中。

李普曼发现杜威有如下观点，思想与外部世界之间并非截然对立，哲学探究的思维和科学探究的思维并无差别。儿童哲学实践实际上就是把杜威的反应思维从经验世界中转移到非经验世界中加以应用。儿童在经验世界里以反省思维的方式思考经验世界的问题，那么儿童也在非经验的世界里以反省思维的方式思考非经验世界的问题。杜威曾说：

> 我们看到每个思维的两个极限，即：思维开始于困惑的、困难的或混乱的情境；思维的结尾是清晰的、一致的、确定的情境……后一种情境中，怀疑消除了；这是反省后（post-reflective）的情境，它的结果是控制直接经验，获得满足和愉快。反省思维就是在两种情境之中进行的……思维处在两种情境之间，有如下的几种状态，它们是：（1）暗示，在暗示中，心智寻找可能的解决办法；（2）使感觉到的（直接经验到的）疑难或困惑理智化，成为有待解决的难题和必须寻求答案的问题；（3）以一个接一个的暗示作为导向意见，或称假设，在收集事实资料中开始并指导观察及其它工作；（4）对一种概念或假设从理智上加以认真的推敲（推理是推论的一部分，而不是推论的全部）；（5）通过外显的或现象的行动来检验假设。①

这样的反省思维用在非经验的事物上，就是儿童思考哲学的思维方式。无论我们思考什么问题，只要我们在思考，就不得不践行杜威提出的思维五步。每一个人在遇到困惑的时候都需要通过确定问题、提出假设、思考验证的循环过程。可以说，在儿童哲学的实践上，杜威的思维五步一直在发挥作用，是每一个人在思考的过程中无法回避的思维方式。杜威认为观念来源于操作："我们就可以用操作来界说观念，而决定这种操作的并不是什么先验的验证或者规则。这些操作本身就是在实际探究进程中通过实验发展出来的。这些操作是从人类的自然动作中创造出来的，也是在做的过程验证和改进的。"②哲学探究其实就是观念的操作。

---

① 杜威. 我们怎样思维；经验与教育[M]. 姜文闵，译. 北京：人民教育出版社，1991：88.
② 约翰·杜威. 杜威全集·晚期著作（第4卷：1929）[M]. 傅统先，译. 上海：华东师范大学出版社，2015：80.

## 2. 儿童道德判断力的培养

在价值论上，儿童哲学活动探讨价值观问题，并不是采取外在传递的方式，也不是采取内在引发的方式，而是采取了讨论、对话、互相沟通的方式，人的价值观并不是外部传递的结果，而是主客观相互作用的结果。儿童讨论的许多内容都与价值判断、道德诉求高度相关。李普曼走了跟杜威大致相当的路线，反对价值教育的传递路线，把价值当成是动词，他说："真正的价值是探究的产物。"①他还关注到了价值作为附属词语时的含义的模糊性："我们大多数人会说人们倾向于根据他们的观点进行行动；如果他们没有，如果他们在公开宣称和践行过程之间出现冲突的话，我们就会怀疑他们是否真正相信他们公开宣称所信奉的。"②这就意味着一个人的价值选择和他对某种价值的观点是两回事，"关于价值的观念"是个体对价值的实证分析，而"价值观念"才是主体进行价值选择的体现。教育是要帮助个体去践行他自主选择的价值观，这只有在反思模式下才能实现。杜威还引用了鲍桑葵的观点：

> 一位当代英国哲学家曾敦促人们注意道德观念与关于道德的观念之间的区别。"道德观念"，不管是各种各样的观念，见效于行为之中，并使行为有所改善，变得比另外的情况下更好。同样，人们或许可以说，不道德的观念，不管是什么样的观念（不论是算术的或地理的抑或是生理学的），表现为使行为比别的情况下更差；有人也许认为，非道德的观念是这样的观念和一些见解，它们并不使行为受到影响，既不变得更好，也不变得更差。至于"关于道德的观念"，它们在道德上也许是不偏不倚的，或者是不道德的，或者是道德的。关于道德的观念，关于诚实、纯洁或善良的见解，并非理所当然地使这种观念自动变成好的品格或好的行为。③

因此，道德的养成需要探究，需要反思。儿童哲学教育把友谊等儿童发展的品德问题作为关注的重点内容，把儿童哲学活动作为培养价值观的重要方

---

① Lipman M. Philosophy Goes to School[M]. Philadelphia：Temple University Press，1988：56.
② Lipman M. Philosophy Goes to School[M]. Philadelphia：Temple University Press，1988：55.
③ 杜威. 道德教育原理[M]. 王承绪，等，译. 杭州：浙江教育出版社，2003：8.

式。在这方面，杜威的思想提供了重要的支持。杜威认为儿童的道德观念的形成是社会环境在他们身上作用的结果：

> 青少年在连续的和进步的社会生活中所必须具有的态度和倾向的发展，不能通过信念、情感和知识的直接传授发生，他要通过环境的中介发生。环境由一个生物实行其特殊活动时有关的全部条件所组成。社会环境由社会任何一个成员在活动过程中和他结合在一起的所有伙伴的全部活动所组成。个人参与某种共同活动到什么程度，社会环境就有多少真正的教育效果。①

因此，这种影响就是教育的资源与契机。

儿童哲学教育也继承了杜威的民主主义理想，今天的儿童哲学教育不是放弃人类以往的教育理想，而是在人类的教育理想谱系中发挥作用。儿童哲学教育也不是没有历史的根基，恰恰是在历史的根基中找准自己的角色定位。

> 当年轻人日益认识到我们总是将传统的等同于正确的时候，他们要继续保持追寻道德上的可辩护的东西就会显得特别困难。帮助这些未来的成人作好准备去利用习俗而不被之征服，此乃教育制度的职责所在；并且我们学校和其他教育机构应当对神圣化的压力保持高度敏感。②

> 教育必须有助于让未来更多地思考社会，它必须有助于指导社会去思考如何发现和处理共同问题。③

毫无疑问，儿童哲学教育不能逃避自己的责任，需要在这个并不美好的社会中履行自己的使命，作出社会贡献。李普曼一开始就是带着对教育改革的强烈诉求提出儿童哲学教育的，他目标明确地指向了儿童反思能力的发展。而这种反思能力则是服务于民主社会的。他反对狭隘的精英主义所造成的相互排挤、恶性打压之行径，希望所有学生不论能力高低，都可以平等地参与其中，共同提高与进步。通过探究共同体的方式，让儿童讨论哲学问题、发展其探究

---

① 杜威.道德教育原理[M].王承绪，等，译.杭州：浙江教育出版社，2003：43.
② 拉里·希克曼.阅读杜威：为后现代做的阐释[M].徐陶，等，译.北京：北京大学出版社，2010：42.
③ 拉里·希克曼.阅读杜威：为后现代做的阐释[M].徐陶，等，译.北京：北京大学出版社，2010：52-53.

的理智能力，这是李普曼对民主社会如何解决教育问题给出的策略。在这一点上，李普曼是杜威协商型民主主义思想的典型继承者，认同杜威所主张的把学校当作社会雏形的主张，学校即"社会的胚胎"（the school as an "Embryonic Society"），后来亦有儿童哲学教育的学者提出哲学对话是教育的形式，而教育则是民主社会的助产术（Education as the "midwife" of democracy）。①

尽管杜威影响了儿童哲学教育的发展，但对杜威的民主思想本身也有不同的看法。

> 有些历史学家认为杜威的教育思想，特别是他对课程社会和合作活动的强调，带有一些明显的反民主倾向。尽管杜威被人们视为自由主义改革者，但是这些历史学家在从他和其他自由进步主义者的观点中看到了他强烈的保守主义倾向……这看来却没有给那些由于某种原因而不适应小组生活的个体以自主的权利。与此类似，他致力于科学的学习却忽视了文科或艺术的学习方式。同样，在他主张的职业教育等实用教育改革中，杜威似乎没有对学校课程中的社会和政治保守主义给予足够的关注。不客气地说，杜威的进步主义教育中有其"黑暗的一面"，其教育的途径无法包容那些异类或不同的观点。②

从儿童哲学教育的发展来看，李普曼显然是反对这种看法的，可以说，儿童哲学教育继承了杜威民主主义当中的合作思想，即"从个人的角度来说，民主在于根据其能力而有责任地分享、形成和指导其所属团体的活动，在于根据其需要参与那些团体所维持的价值。从团体的角度来说，民主要求在符合共同利益和共同善的前提下解放团体成员的各种潜力"③。

杜威说过："知识已经变得过于专门化和细化，以至于失去了统一性。但是，除非我们觉得这些结果是必要而正确的，否则恰恰是这种情况催生了对哲

① Kennedy N，Kennedy D. Community of Philosophical Inquiry as a Discursive Structure，and Its Role in School Curriculum Design[J]. Journal of Philosophy of Education，2011，45(2)：268.

② 韦恩·厄本，杰宁斯·瓦格纳. 美国教育：一部历史档案[M]. 周晟，谢爱磊，译. 北京：中国人民大学出版社，2009：304-305.

③ Dewey J. The Philosophy of Dewey[M]. McDemott J J ed. Chicago and London：The University of Chicago Press，1981：623.

学的需求，因为哲学可以对它发起挑战。"①"哲学研究应该把教育当作人类最高利益加以关注，而其他问题——宁宙论问题、伦理学问题以及逻辑学问题——都在教育中得到最终解决。"②杜威并没有明确提出可以进行哲学教育，李普曼对哲学与教育的思考源于杜威，但并没有走跟杜威一样的路线，因为他跟杜威对哲学实践的理解有着不同之处。杜威认为，教育是哲学上的观念得以检验的实验室，因此哲学的实践体现在具体的教育中；李普曼则认为，教育的实践在哲学中，思考哲学是教育的正道。因此，李普曼开启了儿童哲学教育的道路，通过改变教材、设立课程开启了哲学教育的学校实践路径。

## 二、观念与意义的获得：维特根斯坦、米德和德勒兹

概念问题在探究中非常重要，因为概念是探究的工具，是思考的工具，是交流中进行争论和达成共识的工具。那么儿童是如何获得观念的？观念的获得又何以形成意义？在这方面，儿童哲学教育不仅清理思想，还关心儿童对意义的体验。

### (一)维特根斯坦：清理思想

分析哲学提出的"清思"影响了儿童哲学教育的发展。路德维希·约瑟夫·约翰·维特根斯坦(Ludwig Josef Johann Wittgenstein，1889—1951)是著名的分析哲学家，他认为哲学主要研究的是语言，这需要回答：当人们交流时，表达自己时到底发生了什么？语言是人类思想的表达，是整个文明的基础，因此哲学的本质可以在语言中寻找。这也是 20 世纪西方哲学发展的语言转向，维特根斯坦以他的方式解构了传统形而上学的唯一本质，为哲学找到了新的发展方向，也为儿童哲学教育提供了哲学基础。

李普曼曾经分析过基础教育课程中的认识论问题，他举例说，月亮总是向我们呈现出它自己的同一面，这可以转换为认识论的问题：宣布月亮总是向我

① 约翰·杜威. 杜威全集·晚期著作(第 5 卷：1929—1930)[M]. 孙有中，战晓峰，查敏，译. 上海：华东师范大学出版社，2015：229.
② 约翰·杜威. 杜威全集·晚期著作(第 5 卷：1929—1930)[M]. 孙有中，战晓峰，查敏，译. 上海：华东师范大学出版社，2015：118.

们呈现出它自己的同一面，相信月亮总是向我们呈现出它自己的同一面，观察到月亮总是向我们呈现出它自己的同一面，知道月亮总是向我们呈现出它自己的同一面；认为月亮总是向我们呈现出它自己的同一面，这里他要求区别宣布(claimed)、相信(believed)、观察(observed)、知道(known)和认为(thought)之间的区别。<sup>①</sup> 李普曼之后就有许多践行者走了类似分析哲学的道路，学生需要在不同场景下去分析自己所使用的语言，与学生探讨的过程中，通过积极的怀疑主义，学生的思维品质获得改善。维特根斯坦曾说："所有的断言句都可以被转换成以'我认为'或'我相信'开头的句子(因而就像是被转换成了对我的内心生活的描述)，这样一种形式转换的可能性的意义会在另一处更为清楚地表现出来。"<sup>②</sup>这种"清思"基本属于哲学认识论的范畴，在语言的使用过程中思考普遍性与特殊性问题。

维特根斯坦的语言哲学其实也延续了古希腊柏拉图哲学提出的普遍性与特殊性的认识问题，即共相和殊相的问题。于是维特根斯坦提出了"家族相似"的概念。在日常生活中，我们不一定要给每一个词或者概念下一个严格的定义，但一旦我们进行了定义，就会发现这个词或者概念代表的东西有一定相似性，这种相似性把家族成员之间联系起来，形成了一个网络，这就是家族相似。例如，各种各样的游戏，平面游戏、纸牌游戏、球类等，它们之间就有这样的家族相似。语言和下棋的游戏是类似的，说话使用词句对语言进行操作就像下棋的人对棋子进行操作和布局一样。说话者和下棋者都是按照预先确定好的规则进行操作，并且非常熟悉这一套规则。就说话者来说，当人们把说话者所处的情景以及整个事件发生的背景都考虑进去，把语言之外的情景作为背景考虑进去，那么语言游戏就可以实践，也可以被理解。儿童哲学是以语言为媒介的谈话活动，属于语言实践，在使用语言的过程中，也在反思语言。一些儿童哲学教育实践者在认识论讨论中，对含义相似或者表征同样事物的概念进行清思，以辨清其含义。实际上，许多概念的含义是模糊不清的，这恰恰是语言游戏能够存在的原因。就认识论领域的哲学讨论来说，并不是每一个词都有与它所称

① Lipman M. Philosophy Goes to School[M]. Philadelphia：Temple University Press，1988：148-149.

② 维特根斯坦. 哲学研究[M]. 楼巍，译. 上海：上海人民出版社，2019：17.

谓的对象相对应的对应物，在找不到与之相对应的对象时，我们就会想象出一种意向的深化。对概念进行清思促使我们发现，我们在使用语言的过程中，不仅仅是在命名或者描述现实，我们同样借助语言进行"祈祷、问候、诅咒、致谢、号召"等。家族相似可以把许多概念和词表达的哲学观念转化为儿童能够理解的内容，由于其家族相似的特征，儿童所思考的哲学问题与哲学家思考的哲学问题具有相似性。也许儿童理解的美与成年人理解的美所使用的词不同、概念不同，但借助家族相似，儿童可以用他们的语言表达出不逊色于哲学家的看法。维特根斯坦著名的话语"我的语言的界限意谓我的世界的界限"①意味着世界的界限是我的界限，语言上升到本体论的高度，语言成为自我，语言的突破就是自我的突破和边界的突破。所以语言的清思本身也体现了生活方式的问题，生活中有很多问题，自我、他我、苦难等也许用语言无法说清楚，但是当我们沉默时候，生活便开始了，当我们开始生活的时候，我们又以哲学进行着澄清。

总的来说，分析哲学提出的"清思"为儿童哲学教育实践中认识论问题的讨论提供了基础，维特根斯坦特别强调的"语言作为本体的共同性"为儿童真正过上公共生活提供了重要支撑。

### (二)米德：自我的认知与成为共同体成员

儿童哲学教育 4C 目标中的批判性思维显然是受到实用主义哲学和分析哲学的影响，但是关怀性思维和创造性思维则受到美学、心理学的影响，尤其受到米德的影响。

乔治·赫伯特·米德(George Herbert Mead，1863—1931)是美国社会学家、社会心理学家及哲学家，符号互动论的奠基人，李普曼也曾说自己受到米德的影响。认识自我一直是哲学的主题，也是儿童成长过程中必然面临的问题。儿童的自我并不是一个简单的生理学问题，许多哲学家都把自我看作社会性的产物，把自我看成一个秩序和结构并存的符号。米德就是其中重要的代表性思想家，他分析了人类和动物的不同，他认为人类不同于动物在于人有"自我感"，也就是人的心灵能够把自我当成对象进行交流和思考，人可以和对象

---

① 路德维希·维特根斯坦. 逻辑哲学论[M]. 贺绍甲，译. 北京：商务印书馆，1996：85.

化的自己交流。"自我意识，即社会交往中的实际自我，是客观的'我'或'我的'。它伴随着持续的反应的进程并隐含一个虚构的、总是见不到其自身的'主我'。"①米德对自我的分析影响了儿童哲学教育的主张。

**1. 与自我对话是儿童哲学教育的重要话题**

在人的发展中，早期的家庭生活、社会生活对人的自我认知产生重要影响，如儿童的角色游戏实际上就是儿童进行了社会角色的学习。每一个个体都是各类型的自我，如家庭中的我、学校中的我、能够相互影响的群体中的我。自我的概念是主格"我"和宾格"我"（I 和 me）的结合体。宾格我（me）是指通过角色扮演而形成的社会中的自我，主格我（I）是指并非作为意识对象的独立个体。儿童并不具有天生的自我意识，而是在对语言等符号的学习中理解和掌握他人扮演的角色，并获得社会反馈，从而学会把自己作为客体的思维，产生自我意识。因此，自我是弹性的、灵活的意义符号，一直都处在变化的过程中，儿童来到这个世界上就与自我一直互动，符号化的思维和符号化的行为成为儿童链接自我与外界的中介。

米德与皮尔士、杜威一样，都是实用主义者，在语言理论上，米德认为语言的功能并不仅仅在于命名和表达，而是与人的意识、心灵、行为紧密联系在一起的。语言是人类特有的符号，人的生物学自我能够转向社会学自我是因为人的心灵、意识和符号，其中重要的符号就是语言，恰恰是语言的存在促使个体拥有了完整的自我，使得人类社会成为可能。语言虽然不能建构社会实在，但是语言能够建构事务的秩序。人类通过语言可以控制和约束自我的行为，米德曾说："于是有声的姿态便有了一种其他姿态所没有的重要性。当我们的脸上显出某种表情时，我们自己看不到。而当我们听到自己说话时，则很容易注意到。"②因此语言以声音姿态的呈现促使个体调整自己的行为与表现。"姿态意味着社会动作的某一结果，该动作所涉及的个体对这个结果有明确反应；因此意义是由反应赋予或说明的。意义隐含地（如果不是始终明显地）存在于社会动作不同阶段之间的关系中，它起源于这种关系，从这种关系中发展出

---

来。并且，在人类进化水平上，它的发展表现在符号化上。"①这就意味着儿童哲学教育倡导的心灵对话必须借助语言符号来实现，如果仅仅是在心灵之中，缺乏语言作为媒介给予表达和交流，就会导致封闭的自我，违背人的本性。在言语实践中，我们会有这样的预期，即能引起自身反应的刺激也能引起他人身上的同样反应，每个人都知道自己在表达什么，因此在交流的过程就会控制态度、控制语言，由此理性就产生了。"在使用语言时有一个很大的变动范围；但不管是用其哪一方面，它都是社会过程的组成部分，并且始终是用这一部分，我们像影响他人一样地影响自己，并通过对我们所说话的理解来传达社会情景。这对任何语言都是十分重要的；如果它要成为语言，人就必须理解他所说，必须像影响其他人一样影响他自己。"②这就是儿童哲学活动能够通过语言活动引起儿童行为改变的依据。

儿童与成人和同伴讨论哲学问题实际上也是认识自我和理解社会的过程。以语言作为符号，讨论的过程是在对话、交流、互动过程中从他人、社会关系、哲学话题中把自我客体化、对象化，思考的过程不仅仅是一个与他人互动的过程，也是一个与自我互动的过程，是一个借哲学话题思考自我、与自我对话、发现自我、成为自己的过程。而语言就是这个过程的工具，语言作为符号系统，既是人们思维的工具，也是交流的手段，与其他符号系统的主要区别是语言的社会性和生成性。社会性意味着每一社会成员必须把它当作一个任意的习惯性的符号系统来学习，并用它和使用同一语言的社会其他成员进行交际；生成性指个体运用有限的语言规则能产生出无限多的句子，包括他从来没有听到过的新句子。因此，儿童对自我的认识是借助语言这一媒介实现的，没有语言就没有社会交往和认识，也就不能把自己对象化，因此，语言是儿童认识自我的中介，儿童哲学教育充分运用了这一中介，赋予语言特别的意义和价值。而且讨论的过程也是形成共同理解的过程。在皮尔士那里，讨论的过程是走向真理的过程，促使个体的观念受到群体的检验；在米德这里，儿童对普遍性的理解意味着是在语言的修正和遵循言语规则的过程中实现的。儿童与儿童、儿

---

① 乔治·H.米德.心灵、自我与社会[M].赵月瑟，译.上海：上海译文出版社，2018：87.
② 乔治·H.米德.心灵、自我与社会[M].赵月瑟，译.上海：上海译文出版社，2018：85-86.

童与成人之间的对话促使儿童把自我的观念以语言的方式表达给同伴，从而产生了自我修正和调整意识，从而影响了儿童的行为。这也是为什么在世界的一些地区，对儿童的心理咨询的部分功能让渡给了哲学咨询，通过探讨哲学问题的方式干预儿童的行为。

**2. 成为共同体成员**

儿童哲学教育所倡导的儿童发展，并不仅仅是儿童的自然发展，更强调的是儿童的社会性发展，关注儿童的社会性理解。米德的自我观念不仅仅是心灵自我、语言自我，他的社会自我观念也影响了儿童哲学教育的主张。"自我的本质，如我们已经说过的，是认知的；它是内在化的姿态会话，而后者构成思维，或者说，思想或思考通过它得以进行。因此，自我的起源与基础，像思维的起源与基础一样，是社会的。"①儿童是在社会交往中认识自我的。"自我出现在经验中，基本上是作为一个具有共同体组织的'客我'出现的……他是共同体中的一员，就此而言，他便是他，构成这个特定个体的原料不是一个自我，而是在他作为其中一个成分的共同体中的他与他人的关系。"②儿童恰恰是在探究共同体内发现这种关系的存在的。在探究共同体内，儿童的讨论总是要有一个制定讨论规则的过程，一旦规则被确定下来，所有的参与者都必须遵守，这意味着儿童探讨哲学问题并不是一个玩耍的过程，实际上是一个游戏的过程，其中重要的游戏特征就是游戏规则。"在游戏中我们获得一个组织化的他人，一个泛化的他人，这是在儿童本身的天性中发现的，它表现在儿童的直接经验中。正是儿童天性中控制特定反应的那种有组织的活动产生了同一性，建立他自己的自我。"③自我的建立与语言是直接相关的，没有语言活动，无法形成自我意识。"语言主要以有声的姿态为基础，依靠这种姿态，合作的互动才在一个共同体中实现。语言在其表意的意义上仍是姿态的会话，这种会话往往在个体身上引起它在其他人身上引起的态度，正是凭借作为社会活动的媒介的姿态，才使自我获得完善。"④

① 乔治·H. 米德. 心灵、自我与社会[M]. 赵月瑟，译. 上海：上海译文出版社，2018：196.
② 乔治·H. 米德. 心灵、自我与社会[M]. 赵月瑟，译. 上海：上海译文出版社，2018：228.
③ 乔治·H. 米德. 心灵、自我与社会[M]. 赵月瑟，译. 上海：上海译文出版社，2018：181.
④ 乔治·H. 米德. 心灵、自我与社会[M]. 赵月瑟，译. 上海：上海译文出版社，2018：182.

米德为儿童在哲学对话中的自我认识和成为共同体成员提供了更为精准和科学的支持，如果说皮尔士和杜威只是提供了宽度上的支持，那么米德则提供了深度上的支持。米德从语言到心灵再到社会的分析为儿童哲学教育实践提供了更为坚实的基础。

## (三)德勒兹：哲学是创造概念

在最广泛的意义上，儿童哲学教育的发展跟随着德勒兹的哲学主张，即哲学是创造概念(create concept)。吉尔·德勒兹(Gilles L. R. Deleuze，1925—1995)是法国著名后现代哲学家，他提出哲学是一种创造概念的手段。"哲学就是发明概念本身的艺术，创造新概念，创造出我们需要用来思考我们的世界和我们的生活的概念。"[①]在这种思想的指引下，人们发现，儿童也是概念的创造者，儿童创造概念与以往哲学家不同，儿童不是在用思维去把握本质和存在，而是在突破边界，在反思和重构，在这个意义上，儿童哲学与德勒兹的立场是一致的。

### 1. 哲学的"造概念"与儿童的"造概念"

德勒兹在其与迦塔利合著的《什么是哲学?》这本书里面，明确将哲学视为对概念的创造。他们坚持"成为"的状态，依靠探索概念之间的联系进行过程性转换和重构。在这个意义上，哲学思考不是线性的，不是简单的因果关系，而是非线性的、自组织的、交流和争论的系统。[②] 德勒兹所认为的哲学不是传统形而上学所主张的本质探究，也不是一般哲学所倡导的用概念去把握事物的本性，而是强调哲学是创造概念，而这种创造就是"做"；不是解释世界为何如此，而是去做。这种哲学观与维特根斯坦的哲学观是有相似之处的，即把哲学当成活动，而不是一个学说。就是在这个意义上，很多学者提出儿童哲学前面的动词不是"teach"，而是"do"，正所谓"哲学不是一门学说，而是一项活动"。哲学探究体现了非中心化"块茎"思维，概念的创造本身体现了对未来的呼吁。

---

① 吉尔·德勒兹，大卫·拉普雅德. 两种疯狂体制：文本与访谈(1975—1995)[M]. 蓝江，译. 南京：南京大学出版社，2023：303.

② Kennedy N，Kennedy D. Community of Philosophical Inquiry as a Discursive Structure, and Its Role in School Curriculum Design[J]. Journal of Philosophy of Education，2011，45(2)：269.

儿童哲学活动在很大程度上要探究生活中的各种概念，概念是作为经验与反思的结果以及由经验引起的转换出现和发展的。① 例如，友谊这个概念是哲学中的经典概念，到底什么是友谊，在每个人生命的早期就开始思考了，还受到历史文化的影响，是每个人潜意识的要素，在一定意义上，概念是还没有经过审视和承认的假设。② 概念的创造实际上不是一种任意的创造，它必须关联到创造出来的新概念是否回答了真正的问题，是否推至语义学的边界（semantic boundaries）或者邻居的居住地（zones of neighbourhood）。因此德勒兹所认为的"用概念去把握事物的本性"，不是作为思想的产物或者对象而被规定的概念含义，它关联的或者能关联的只是一种创造性的活动。在这个意义上，概念是事件性的一种表达，与一般意义上讨论的本性、本质等无关，这也与"块茎"思维一致，"块茎"不断地运动着、瓦解着既成的根基、主体或者形式，因此概念也是不断地流动着的，具有社会建构的特点。

哲学的任务就是创造概念，意味着创造、梳理、重新安排，目的是使哲学成为表达内在性和生成性的纯粹事件。在这个意义上，德勒兹提出的内在性既不存在于某个主体（主观的超验性），也不内在于某个客体（客观的超验性），它只内在于本身，这就走上了建构主义路线，与儿童哲学的认识论路线相一致。

**2. 哲学的冒险与儿童的贡献**

德勒兹对哲学的定义向我们展示，从事哲学是一项冒险的活动，需要冒险精神，儿童恰恰是通过思维和精神的冒险去讨论困惑他们却一直无法解决的问题的。在前提上，德勒兹对于对儿童进行精神分析持有反对态度，因为对儿童进行精神分析只会让事情变得更为糟糕。他说："对儿童的精神分析，与其他类型的精神分析不同，要弄明白的是碾压和窒息言说的方式。如果不能将其还原到某种解释的预先给出和预先决定的框架之下，就不能产生言说。儿童也难逃此种命运。精神分析是非常令人后怕的任务：它阻碍了言说或真正欲

---

① Kennedy N，Kennedy D. Community of Philosophical Inquiry as a Discursive Structure，and Its Role in School Curriculum Design[J]. Journal of Philosophy of Education，2011，45(2)：272.

② Kennedy N，Kennedy D. Community of Philosophical Inquiry as a Discursive Structure，and Its Role in School Curriculum Design[J]. Journal of Philosophy of Education，2011，45(2)：272.

望的生产。"①德勒兹以反对精神分析的方式批判了对儿童的压抑。儿童来到这个世界上，许多概念都已经被创造出来了，对儿童来说，知识和观念已经成为他们成为成人的障碍，儿童与成年人之所以不同，是因为儿童无法自然地成长为成年人，因为一套日常生活中接触不到的知识与观念隔离了儿童与成年人的世界，但是儿童哲学则打破了这种隔离。儿童在自己的生活中会产生各种困惑，在他们还没有受到成年世界的知识和观念的"污染"的时候，就可以通过自由的思考去探索世界的边界。德勒兹提出的概念创造性哲学为儿童哲学打破隔离提供了依据，哲学并不是哲学家的特权，哲学是作为生命提升自身力量而规定的，以服务人的生命为本。因此，哲学从根本上讲是一种人文关怀，儿童对概念的探讨和思维实际上就是对儿童的人文关怀，对于那些儿童生活中接触到的树、房子、计算机、汽车、钢琴家的手指等，都可以追问：你是否审慎地思考过？儿童的慎思实际上就是儿童创造性思维的个性化表达。"举个例子，当我们去探讨公正的概念的时候，我们就会发现，我们不得不定义'人'，'人'这个概念促使我们追问公正是否能够用在'动物'身上。这就引起我们去反思动物和人的相同与不同之处。"②在这个讨论过程中，那些被创造出来的词语不能说不具备生命的内涵，儿童创造出来的概念总能够带给我们一些启示与召唤。

儿童来到这个世界上，他们还没有受到各种概念、文化、价值、符号等方面的"污染"，他们作为天然的创造者，成为我们反思世界的一面镜子，正是在这个意义上，儿童哲学教育不仅仅是为了儿童，也是为了我们整个人类。从德勒兹的思想看，只要能打破成规、突破旧俗、挖掘出自己所用媒介的潜力，跨越挡在面前的一座座高山，那么任何人都可以成为哲学家和思想家。

## 三、思维与语言的关系：皮亚杰、维果茨基与乔姆斯基

儿童哲学教育以观照儿童的思维为核心，以语言为基本工具，以对话和讨

---

①　吉尔·德勒兹，大卫·拉普雅德．两种疯狂体制：文本与访谈(1975—1995)[M]．蓝江，译．南京：南京大学出版社，2023：74.

②　Kennedy N，Kennedy D. Community of Philosophical Inquiry as a Discursive Structure, and Its Role in School Curriculum Design[J]．Journal of Philosophy of Education，2011，45(2)：274.

论为基本手段，在心理学上深受皮亚杰、乔姆斯基、维果茨基的影响。他们都强调思维和言语具有的一体性和高度相关性。

在如何看待思维和言语的关系问题上，大约有四种观点。一是言语决定思维论。在对英语和美洲各种印第安语进行比较研究的基础上，美国人类语言学家沃尔夫认为，对说话者来说，语言是一种背景知识，任何人在使用母语进行思维时，都在运用这种背景知识，所谓背景知识就是这种语言的语法，语法的显著差异实质上代表的是人们观察与评价外界事物方式的根本不同。沃尔夫的观点是语言决定思维，不同的语言决定不同的认知方式，并形成不同的世界观。二是言语与思维等同论。这种观点的代表人物是华生，他认为思维和语言一样，思维是无声的说话，言语是出声的思维。三是思维决定言语论。这一观点的代表人物是皮亚杰，皮亚杰认为，儿童的一切交谈都可以分为两大类，即自我中心言语和社会化言语。他通过对儿童思维发展阶段的具体分析认为，儿童的思维并非来自言语，而是来自动作，儿童出生后虽然还没有语言，但已有了动作思维，思维先于言语，并决定言语的发展。乔姆斯基也是当代持思维决定语言观点的典型代表。他区分了语言能力和语言运用。语言能力是一个人的抽象的语言知识，语言运用是在实际的听说过程中对语言知识的操作。乔姆斯基关注语言能力，他认为，大脑中存在先天的语言能力和普遍语法，研究普遍语法能解释人类心智的运行机制。思维是人类大脑进行的一系列活动，需要进行内部和外部表征，而语言就是表征的重要手段。四是言语和思维相互独立、相互作用论。这一观点的代表人物是维果茨基，他的这个观点对儿童哲学教育产生了深刻的影响。

## (一)皮亚杰：认识的发生是观念的建构

让·皮亚杰(Jean Piaget，1896—1980)，瑞士著名的心理学家，他对儿童哲学产生了无比重要的影响。皮亚杰曾经说自己研究的是"小康德"，即研究"儿童的认识是如何发生的"，尽管马修斯批判了皮亚杰，但是这种批判远不及皮亚杰对儿童哲学的影响有力量。实际上，如果把哲学作为"向内反思"的活动，认知作为"向外拓展"的活动，马修斯与皮亚杰之间没有本质的矛盾，他们分属两个领域。哲学是一种反思活动，是一种由内而外的不断追问；皮亚杰的认知发展理论所说的是外在知识的学习理论，侧重于由外而内的顺应与同化。

"知识是对某种已经存在、已经决定过的事情的了解和知道，因而知识是没有自由的；而思维则是创造，是对尚未发生的事情做出决定，因而思维是自由的。"①

要讨论皮亚杰对儿童哲学的影响，首先要分析的是马修斯对他的述评。马修斯列举了很多儿童真正的哲学思考，印证了皮亚杰关于儿童理性能力的观点的局限和对儿童哲学思维的低估。马修斯所列举的儿童的哲学思考与皮亚杰的认知发展阶段论不符合，因此不能以皮亚杰的发展阶段论衡量儿童的哲学思考。马修斯在《与儿童对话》中提出了三个发展心理学不关心儿童哲学思考的理由。第一，发展心理学家关心的是社会上普遍欣赏的能力，而哲学思维能力是被社会所忽略的；第二，发展心理学家是以生理模型构想发展心理学理论的，以成熟作为发展的标准；第三，皮亚杰追求理论体系构成，忽视了儿童的奇思妙想。② 马修斯认为皮亚杰是一个儿童缺陷论者，即儿童似乎缺乏各种能力，这些能力只有成人以后才具备。但是我们要承认，尽管马修斯在他的著作中批判了皮亚杰的发展阶段理论，认为皮亚杰的发展阶段理论只适用于儿童的科学思考，不适用于儿童的哲学思考，但实际上皮亚杰对儿童哲学的深远影响要大于马修斯对其的批判。皮亚杰提出的外在世界的客体化指的是抽象意义的区分与陈述，并不是指儿童在辨认、感知层面分不清楚自己和外在世界。

**1. 发生认识论与儿童哲学的儿童视角具有立场上的一致性**

儿童哲学教育从诞生开始就拒绝了认识论上的真理符合论，走了一条实用主义、建构主义路线。任何知识的获得都不是通过教师传授得到的，而是学习者在一定的情境或者社会文化背景下，借助教师提供的学习支架以及其他人的帮助，通过意义建构的方式而获得的，是主客观相互作用的结果，而非传递的结果。儿童哲学认为儿童观念的习得也非传递的结果，而是在具体情境中主观与客观相互作用的结果。儿童哲学的认识论与皮亚杰的认识论是一致的。外界的刺激总是需要儿童自己去吸收、组织、同化、顺应等，认知能力的发展依赖于人本身的经验，是无法假手于他人的，他人无法替代儿童的经验。而马修斯

———————————

① 郅庭瑾. 为思维而教[J]. 教育研究，2007，28(10)：46.

② 加雷斯·B. 马修斯. 与儿童对话[M]. 陈鸿铭，译. 北京：生活·读书·新知三联书店，2015：139-141.

和皮亚杰之间都是在各自的领域内关注自己所关注的东西。"皮亚杰致力于追寻在所有正常儿童那里有待发现的与年龄相关的认知过程，而且排列了一个与年龄相关的发展阶段；而我还感兴趣于，比方说，克莉丝汀提出的'世界全是颜色做的'这一假说，尽管不能期望全部或者大多数儿童在某一年龄提出这一思想。"①皮亚杰和马修斯关注的儿童思考，在思考的发生上并没有本质的冲突。

皮亚杰提出了发生认识论，对人类的逻辑思维和观念的形成进行了发生学的解释。虽然皮亚杰是生物学家出身，但有几十年一直研究发生认识论，他在康德之后继续思考人的认识是如何发生的。以往的哲学家往往从成人角度思考人类是如何认识世界的，只有皮亚杰集中研究儿童的认识逻辑，开启了思考人类认识奥秘的儿童开端。皮亚杰认为教育的主要目的就是发展学生的智力和思维能力，教育的最高目标就是培养具有逻辑推理能力并能掌握复杂抽象概念的人。智力训练的目的是训练智慧而不是储备记忆。理解即发明，这与儿童哲学教育的"爱智慧"追求殊途同归。皮亚杰认为，学校里的教学工作不能成人化，儿童的水平决定着教育的步调，学习从属于发展。因此，儿童哲学教育同样要考虑儿童的发展阶段与特点。在李普曼的儿童哲学系列教材中，我们能够鲜明地感受到儿童哲学思考内容的阶段性与儿童认知发展的阶段性的匹配。儿童是不能太早进行抽象的逻辑思考的，但是可以通过具象地体验哲学来实现。马修斯在《聪聪的发现》中通过故事让儿童体验形式推理。"所有的行星都围绕太阳运行"这个句子是不能颠倒的，"所有绕太阳运行的都是行星"是错的，虽然李普曼通过哈雷彗星的存在让儿童原来的句子为真，但是颠倒的句子就可能不真。这个能力让儿童可以从具象走向抽象。因此，儿童思考哲学问题并不能离开具体的情境。

在发生认识论上，皮亚杰的最大贡献就是基于儿童立场考察儿童思维。

> 错误终究在于，当我们考察儿童思维时，我们把成人的心理模式应用于儿童的思维；我们不是从心理学家的观点而是从逻辑学家的观点来考虑儿童的思维。这个方法在编制我们第一个人格记录表时也许是很好的，它

---

① 加雷斯·B. 马修斯. 童年哲学[M]. 刘晓东，译. 北京：生活·读书·新知三联书店，2015：63.

已经产生了它能产生的结果，但只是走进了一条死胡同。它使我们能够理直一小团线，但不能教我们解开纠缠在一起的绳子。让·皮亚杰先生的研究为我们提供了关于儿童心理的崭新的诠释。①

皮亚杰认为，语言的形成是儿童与外在环境相互作用的结果。通过人与环境的相互作用，儿童发展了感觉运动的构造，为语言提供了基础，当儿童的理解能力和知识增长时，儿童的心智也获得了发展。因此语言的发展反映了独立的心智能力，每一个发展阶段的儿童都会组织他的新体系。对皮亚杰来说，语言的早期发展是通过感觉运动构造实现的，而后的发展则是顺应、同化等。

从观念的习得来看，人类的知识整体事实上是无法全被学习的，每一个人分门别类地学习之后都需要自己去整合，这种整合的过程就需要皮亚杰说的顺应与同化。李普曼在提出儿童哲学教育的时候就期待借助哲学让儿童把分化的知识整合起来，可以说，这个理想为皮亚杰提出的顺应与同化提供了资源与方式。每一个人在一生中都是以自己原先对世界的理解来整合后面遇到的知识，就是在这个过程中人对世界有了更进一步的理解。

**2. 皮亚杰的"临床法"与儿童哲学的对话异曲同工**

皮亚杰研究儿童的方法伟大而神奇，"事实上，它是一种观察法：让儿童说话，注意儿童思想开展的方式。其新颖之处不在于仅仅满足于把儿童对问题的答案记录下来，而要让儿童主动地谈话。'如果我要追踪儿童的每一个答案，我让他带头，诱导他越来越自由地讲话，我们将逐渐在智力的每一个部门创立一种临床分析法，类似精神病医生作为诊断所采用的那种方法。'"②显然这种方法也体现在儿童哲学的实践里，只不过皮亚杰是用这种方法发现儿童思维的秘密，儿童哲学活动是通过儿童表达促进儿童思考；皮亚杰利用儿童对话的要素、结构去分析儿童语言与思维发展的机制，儿童哲学活动通过与儿童对话让儿童体验意义与价值。

同样面对儿童问为什么，皮亚杰与儿童哲学的解释不一样。儿童哲学把"儿童问的为什么"解释为儿童对世界的原初惊奇，吸引儿童去探索，"为什么"

① 让·皮亚杰. 儿童的语言与思维[M]. 傅统先，译. 北京：文化教育出版社，1980：3.
② 让·皮亚杰. 儿童的语言与思维[M]. 傅统先，译. 北京：文化教育出版社，1980：5.

体现了儿童对世界最初的探索和解释。皮亚杰从儿童语言发展的自我中心取向将其解释为："它们并不是向任何人提出的，而实际上只是用一种迂回的方式陈述某些事情而不致产生矛盾。"①皮亚杰认为儿童的"为什么"有三个类型，即用原因去解释的为什么、关于心理动机的为什么、要求提出证明的为什么。②面对儿童天马行空的各种归因，皮亚杰的解释的确是站在成年人理智思维的立场上采取科学的方式分析儿童思维的特殊性，他说："由于前因果关系这个概念，儿童认为，这个世界较多地是逻辑性质的而不是现实的。这就使他相信有可能把一切事物互相联系起来，预见一切事物，而他所提出的设想在他的心目中可以得出许多可能的推演，而我们成人的逻辑则不容许我们的设想得出这许多可能的推演。"③关于儿童的这种思维特点，皮亚杰总结道："儿童显示出一种永久的理智现实主义的迹象；他过分地成为一个现实主义者，因而他不能成为一个逻辑学家；他过分地成为一个理智主义者，因而他不能成为一个纯粹的观察者。"④但这一切并不妨碍儿童成为一个哲学家。因为儿童哲学恰恰是在儿童的这个思维特点中通过对话、讨论与儿童展开了友好的交流。关于儿童语言的自我中心状态，皮亚杰把其限定在理智的领域，而非其他领域，他说："儿童的自我中心状态的特点不是在社会的或道德的领域内发现的，也不是在儿童对他自己的意识中发现的，而是在理智的领域内发现的。"⑤而儿童哲学的实践不仅仅是在理智领域，在社会领域、道德领域与儿童的对话是儿童哲学的重要组成部分，因此皮亚杰的研究与儿童哲学之间并不是必然冲突的。

尽管如此，皮亚杰与儿童哲学的一些主张还是不同的。皮亚杰有许多身份，其中作为认知发展心理学家的皮亚杰实际上与儿童哲学是相冲突的。或许"皮亚杰认为儿童与世界之间的关系的转变是突然的、不彻底的；不同发展阶段之间是不相容的，是无从比较的（incommensurable）。如果儿童失去了他的天真无邪，那么他就永远不可能重新回到天真无邪的境界之中了。皮亚杰提出的'天真的丧失'的概念看起来确实有其正确性。儿童一旦学会了、了解了某些

① 让·皮亚杰. 儿童的语言与思维[M]. 傅统先，译. 北京：文化教育出版社，1980：188.
② 让·皮亚杰. 儿童的语言与思维[M]. 傅统先，译. 北京：文化教育出版社，1980：223.
③ 让·皮亚杰. 儿童的语言与思维[M]. 傅统先，译. 北京：文化教育出版社，1980：239.
④ 让·皮亚杰. 儿童的语言与思维[M]. 傅统先，译. 北京：文化教育出版社，1980：241.
⑤ 让·皮亚杰. 儿童的语言与思维[M]. 傅统先，译. 北京：文化教育出版社，1980：300.

知识，他们就不会再生活在没有意识的无知状态中"①。实际上，从思维的角度来说，皮亚杰与儿童哲学是不冲突的，思维可以对还未发生的事情作出思考与判定，可以说思维是自由的。儿童的思维在皮亚杰那里与认知发展阶段直接相关，而在马修斯那里，"经验在意识发展中所发挥的作用也能解释，年龄和智性能力何以与儿童经历各阶段的速率和完整性是无关的"②。儿童在某时间段内的认知或道德发展很大程度上取决于此时间段内的经验的频次和经验的强度。

## (二)乔姆斯基：语言具有共性

乔姆斯基（Noam Chomsky，1928— ）是著名的语言学家，他关于语言与心智的研究影响了儿童哲学的观点。

### 1. 天赋的语言能力赋予儿童哲学思考的能力

关于儿童语言学习的问题，他反对模仿学说，儿童并不是通过模仿学会语言的，也不是在交流中学会的。儿童一旦学会了语言，他就能创造出无数的句子来，甚至是他从未听过的句子。

> 儿童出生时不可能知道自己将来要学哪种语言，但是他一定知道该种语言的语法必然以某种预定的形式出现，从而排除了可以想像得出的许许多多别样的语言。当他在各种可能的假设中选定一种之后，他就能用归纳的证据来做矫正工作了，可以确认或者否认自己所作的选择。当确认到一定程度时，儿童就掌握了由该假设定义的语言：结果他的知识就大大地超过了他的经验，而且凭他的知识能够把很大一部分经验材料认作是有缺陷的、偏离正规的。③

因此，乔姆斯基认为，在语言能力方面，儿童的智力程度只起到很小的作

---

① 马克斯·范梅南，巴斯·莱维林. 儿童的秘密：秘密、隐私和自我的重新认识[M]. 陈慧黠，曹赛先，译. 北京：教育科学出版社，2014：135.

② 加雷斯·B. 马修斯. 童年哲学[M]. 刘晓东，译. 北京：生活·读书·新知三联书店，2015：134.

③ 乔姆斯基. 乔姆斯基语言哲学文选[M]. 徐烈炯，尹大贻，程雨民，译. 北京：商务印书馆，1992：114.

用。语言本身具有创造性和生成性，这种创造与生成语言的能力是人的内在的机能。"儿童的初始状态似乎必须相当详细地奠定语言结构的普遍原则，它提供一种丰富的和复杂的程式，以决定：(1)语言经验的内容；(2)在这种经验所给予的有限条件下所发展起来的特定语言。"①一旦儿童掌握了某种语言，就可以掌握比他经验到的东西更为广泛的知识。语言能力的最重要之处就在于语言的创造性，那么在儿童的哲学讨论中，儿童语言的创造和生成是儿童哲学活动的魅力之一，恰恰是儿童的语言实现了哲学的创生，也就是与儿童讨论哲学问题并不是一下子让儿童掌握尽可能多的哲学观点，而是一旦打开儿童思考哲学的大门，儿童就可以源源不断地思考出许多哲学问题，会超越他的经验世界。乔姆斯基的观点是偏向于先天论的，认为人与生俱来有一种学习人类语言的素质或天赋，一旦掌握了母语，儿童就能利用有限的词语和规则创造出无限多的句子。从乔姆斯基的观点看，儿童哲学的实践是一种言说的实践，是一种"语言"的"实现方式"，儿童在言说的过程中，发展了他们的逻辑思辨、追求本原、探讨社会关系的能力。

乔姆斯基的语言观点基本可以被认为是先天的。他认为知识是人脑对客观世界的反应，是人脑对物质实体的反应，因此人的大脑并非白板，而是有其特定的结构，而这种结构基本是由遗传决定的。从语言的先天论出发，乔姆斯基提出了语言的共性观点，尽管人类的语言是不同的、多种多样的，历史与现实中人类的语言有上千种，但所有的语言表达的思想感情和结构具有相同性，每一种语言都有上下左右的空间概念，都有过去、现在、未来、白天、黑天等时间概念，也都有太阳、月亮、星星等物体所指的概念。如果把一个儿童放在一个合适的语言环境中，那么他就可以学会那个环境的语言，而且会像母语一样使用。语言是心智器官的能力，是由遗传禀赋决定的，"它们相互作用的方式在很大程度上也是由生物学性质决定的，相互作用提供了心智生活的基础。在儿童时期智力成熟时，心智与物质环境和社会环境之间的相互作用，使这些体系更完善并联系起来，而在不那么基本的方面，则是一生都在发展着"②。这样的语言

---

① 乔姆斯基. 乔姆斯基语言哲学文选[M]. 徐烈炯，尹大贻，程雨民，译. 北京：商务印书馆，1992：180.

② 乔姆斯基. 乔姆斯基语言哲学文选[M]. 徐烈炯，尹大贻，程雨民，译. 北京：商务印书馆，1992：187.

共性的观点为儿童哲学活动的跨语言传播提供了基本的依据，任何一种语言下的儿童都可以以语言为媒介进行思考，所以儿童哲学教育的普遍性直接来自语言的共性。李普曼所编写的那些教材被翻译为四十多种语言，在全世界范围内被使用，尽管这里面存在着文化上的适应性问题，但都可以被理解和思考。

**2. 不需要担心儿童无法思考哲学问题**

人类的语言具有独特性，"从功能的观点来说，人的语言是一个用于自由表达思想的体系，从基本上说是独立于刺激控制、需要满足或工具目的的，因此，它从性质上不同于那些教给类人猿的体系。从结构上来说，人的语言是一种带有递归性的、依据于结构的规则的体系，它作用于那些由有层次的短语组织起来的序列，以生成可数的无限句子"[①]。就儿童哲学探究来说，永远不用担心儿童没话说，只要有了环境和刺激，儿童的句子就会源源不断地涌现出来，并且会说出意想不到的句子来。在儿童哲学教育的目标中，就有创造性思维，即 creative thinking，尽管有了目标设定，但我们也不得不承认，只要话题设置恰当，我们不用担心儿童没有话说。

乔姆斯基把语言分为深层结构和表层结构。表层结构就是语言的形式，深层结构就是人们在心理上的认知。"虽然保尔-罗瓦雅尔〈语法〉显然是第一本相当系统地倚仗表层结构分析法的书，但它也承认这种分析法的不足。根据保尔-罗瓦雅尔的理论，表层结构只相当于声音——即语言的肉体方面；但是当信号通过他的表层结构发出之后，就会发生一种相应的心智分析，把它转为我们可称之为深层结构的东西，它是一种不是与声音，而是与意义直接相联系的形式结构。"[②]儿童哲学的实践实际上就是表层结构与深层结构之间的链接，儿童身体的器官感受到表层结构的信号时，在其心智中表现为深层结构，而表层结构之所以能够转换为深层结构，是因为儿童心智的转换操作。儿童在运用语言的时候，并非鹦鹉学舌，并非不断重复语言材料，而是一直在创造性地使用语言材料，儿童把有限的知识扩展为无限的知识，在有限的词、规则和结构的

---

　　① 乔姆斯基. 乔姆斯基语言哲学文选[M]. 徐烈炯，尹大贻，程雨民，译. 北京：商务印书馆，1992：185.

　　② 乔姆斯基. 乔姆斯基语言哲学文选[M]. 徐烈炯，尹大贻，程雨民，译. 北京：商务印书馆，1992：31-32.

基础上创造出丰富多彩的句子来。

　　一直都有一些担心：儿童天然就可以思考哲学问题吗？如果思考不了怎么办？从乔姆斯基的观点看，这根本就是多虑的。只要提供给儿童合适的材料，不用担心儿童没话说。当然，我们也需要注意到，在研究儿童语言问题上，乔姆斯基和皮亚杰之间是存在争论的。乔姆斯基把儿童的语言当成先天遗传的，而且这获得了绝大多数生物学家的支持，而皮亚杰认为语言能力是同化和顺应的结果，而且获得了心理学家的支持。虽然他们的观点存在矛盾，但毫无疑问，他们都认为，儿童是主体，承认儿童的主体地位，儿童的发展才有可能。

## （三）维果茨基：文化影响儿童思维

　　李普曼曾经提过，他的儿童哲学教育思想受到维果茨基（Lev Vygotsky，1896—1934）的深刻影响。维果茨基是苏联早期的心理学家，是东西方公认的伟大心理学家，他提出的心理发展的文化历史理论也被广泛研究，其关于儿童言语、思维、经验等观点的主张深刻地影响了儿童哲学教育。

### 1. 历史文化引导儿童思维发展

　　维果茨基主张，在儿童的各个发展阶段上，儿童并不是按照规定好的程序进行行动的，儿童的反应不是机械结构。儿童作为类存在者，具有我们人类共同的特点，即人类才是知识的创造者和修正者，因此，儿童自己才是其高级心理机能的创造性。在思维与语言的关系上，他认为，有充分的理由把词的意义不仅看成思维与言语的统一，而且也看成概括与交往、沟通与思维的统一。维果茨基分析了皮亚杰关于儿童自我中心言语和社会化言语的关系，认为儿童最初的言语并不是自我中心言语，而是认为："报道、社会联系、成年人和儿童对周围人们的影响的功能是言语的最初的功能。因此，儿童的最初言语纯粹是社会性的，但将它称为社会化的言语是不正确的。因为与这一词相联系的概念表明这种言语最初不是社会性的，只是在自己的发展和变化过程中才成为社会性的。"[①]总体来看，"儿童思维发展过程真正的运动不是从个人的到社会化的，

---

　　① 维果茨基. 维果茨基教育论著选[M]. 余震球，选译. 北京：人民教育出版社，2005：50.

而是从社会性到个人的"①。维果茨基作为唯物主义的心理学家，提出了外在的文化和历史对人的言语的重要作用。儿童哲学活动所倡导的思维能力发展需要外在的文化和历史的引导才能发展出来。

　　儿童哲学教育认为儿童和自己的同伴对重要问题的讨论对儿童产生了重要的影响，这种影响远比儿童课堂中做练习题的影响更为深远。儿童和成年人之间的讨论、儿童与同伴之间的讨论都体现了外在的文化和历史对人的影响，这些外在的历史和文化通过讨论的方式影响了儿童的言语。李普曼认为思维不仅能够在语言中表现出来，而且也是在语言实践的进程中实现发展的，对话是发展儿童思维能力最有效的工具。儿童进行的哲学对话是有逻辑的、有结构的，只有通过这样的双向、多维度的交流才能真正促进儿童理智能力的发展，借助探究共同体这一形式，把群体的对话进程充分展现出来，有助于培养学生推理、循证、反驳、假设、归纳等思维。因此，儿童参与讨论的过程就是思维发展的过程，在讨论的过程中，儿童需要倾听他人的问题和陈述，需要理解他人的想法，需要耐心地等待，需要厘清自己的想法，需要努力表达清楚，这些都是儿童思考的体现，也是发展儿童思维的重要手段。这些主张与维果茨基高度一致，维果茨基认为："内部言语的发展是通过积累漫长的功能和结构变化，内部言语是从儿童的外部言语中分化出来的，然而言语的社会功能和自我中心功能不同。最终，儿童掌握的言语结构成了他思维的基本结构。"②因此，儿童与同伴、成人的讨论成为儿童外部言语的一种刺激，通过讨论，儿童掌握的言语就体现为他的思维结构。"理性思维起源于儿童与成年人或更有能力的同辈的会话。"③这也是哲学讨论能够促进思维改善的重要原因。

　　对儿童发展来说，除了思维外，还有行为，儿童哲学教育在实践中也尝试通过改变观念来改变行为。有意识的行为是由思维推动的，是从改变认知开始的，儿童哲学教育是通过认知来改变行为的，认知改变行为的中介其实就是语言。"语言在社会互动中获得，它改变着儿童的行为，通过语言，儿童越来越

---

①　维果茨基. 维果茨基教育论著选[M]. 余震球，选译. 北京：人民教育出版社，2005：52.
②　维果茨基. 维果茨基教育论著选[M]. 余震球，选译. 北京：人民教育出版社，2005：113.
③　瑞内·范德维尔. 利维·维果斯基[M]. 郭冰，译. 哈尔滨：黑龙江教育出版社，2017：56.

能够引导他们自己的行为，并解决复杂问题。"①语言是儿童成长与发展的文化工具，正是因为有了语言的存在，儿童才能获得人类文化。

**2. 儿童成长需要双重经验**

儿童哲学教育还有一个重要问题与维果茨基直接相关，即如何看待儿童的经验。思维的发展需要经验，似乎有很多人以为对儿童发展来说，别人的经验作用是有限的，儿童自己的经验才更为重要，因此在学前教育阶段，更多的是倡导儿童的直接经验、操作学习、亲身体验等。受到卢梭的自然主义教育思想的影响，很多人关注儿童的感性，倡导儿童的身体学习。但是儿童知道的很多事实并非来自个人经验，而是依赖于他人经验的，因此儿童的经验获得具有双重性质。实际上，儿童来到这个世界上，首先是一个生物人，还不是一个人类文化意义上的人，因此需要通过教育在道德、审美、智力等方面对儿童进行引导，促使其向有利的方向发展，成为一个真正社会意义上的人。除了那些先天的资质和个体经验外，儿童生活中的历史经验、社会经验等对儿童的影响更为深刻，它们是儿童高级心理机能发展的必要条件。儿童哲学教育实际上重视的并不是儿童亲身体验、动手操作这样的经验，而是重视思考的经验，思考的经验在很大程度上是跨越时间和空间的，仅仅依靠个体的亲身体验、动手操作是不够的。因此，儿童哲学倡导的思考的经验具有双重性，儿童个体的先天反应、个体条件提供了思考的可能，历史经验和社会经验提供了思考的条件。"历史经验与社会经验似乎涉及的是时间和距离的维度：通过历史经验我们可以征服时间，从过去中学习；通过社会经验我们可以跨越距离，从在别处收集的经验中学习。"②正是因为双重经验的存在，儿童的思考才可以跨越时间和空间，才能真正探讨哲学问题，又因为探讨哲学问题而突破了时间和空间的限制。

儿童哲学实践重视儿童的思考，不是对儿童的思考放任不管，恰恰是要引导儿童的思考，引导儿童思考那些真正有意义的问题。站在维果茨基的立场上，儿童思维的发展是需要外在丰富多彩的文化环境的，哲学就是那些从外面来的能够引起儿童思考的重要资源。假如没有哲学，儿童的思考会多么单调。

---

① 瑞内·范德维尔. 利维·维果斯基[M]. 郭冰，译. 哈尔滨：黑龙江教育出版社，2017：57.
② 瑞内·范德维尔. 利维·维果斯基[M]. 郭冰，译. 哈尔滨：黑龙江教育出版社，2017：36.

## 四、关心自己与抵制权力：福柯和阿甘本

儿童哲学教育一开始以培养儿童批判性思维为宗旨，然而随着研究的深入，批判性思维也仅仅成为手段，更深层的目的是对压迫的反抗，对权力的抵制，儿童的哲学探究成为获得解放的重要方式，在这个意义上，儿童哲学的反思性更为深刻和迫切了，这意味着儿童哲学教育本身就意味着反抗压迫和抵制一切不合理的权力关系。儿童哲学抵制权力压迫关系跟后现代哲学密切相关。在 20 世纪 60 年代以后，许多被称为后现代的哲学登上历史舞台。后现代（postmodern）是针对现代提出来的。在时间上，指的是西方社会从 20 世纪 60 年代以后科学、文化、教育等方面发生根本性变化的"后现代社会"或者"后现代时代"；在思想上，指的是对以理性精神、现代官僚制等为标志的现代性进行批判和反思的一种思潮。儿童哲学理论同样受到许多后现代哲学家思想的影响。西方哲学提出的生活世界、主体间性、超越二元对立等思想都是对本质主义哲学的反思。在解构传统的形而上学的过程中，哲学家们重构了自己的形而上学，建构了新的哲学大厦，政治哲学和伦理学成为哲学家们的选择，而儿童哲学教育也有了新的政治哲学和伦理学的基础。

## (一)福柯：走向关心自己与审美生存

米歇尔·福柯（Michel Foucault，1926—1984）是法国哲学家、社会思想家和"思想系统的历史学家"，福柯对人类各个方面的思想都有重要的影响。在推进儿童哲学教育的进程中，福柯的思想扮演了重要的角色。

### 1. 不仅要认识自己，更要关心自己

认识自己是西方哲学的主题，也是儿童哲学教育的重要主题，儿童成长过程中的许多活动都与儿童的自我直接相关，活动的目的就是促使儿童更好地认识自我，然而福柯提出了关心自己，促使儿童哲学教育的主题得以进一步深化。

认识自己是从认知层面对自己的对象化进行反思，关心自己就是照料自己的心灵，使心灵获得美、善的滋养。不同的时代何者为先？对于这个问题，不

同时代有着不同的选择，古代哲学关心自己，"关心自己"作为"精神性"（spirituality）需求是第一位的，但是由于无法直接关心，转变为"认识自己"的"知识"（connaissance）需求。但福柯看到古代人关心自己的一面："我们关心、惦记我们自己和[年轻人]吧。关心自己和孩子们，这正是苏格拉底规划（Projet）的核心所在，也是其直言实践的目的所在。"①所以古代哲学是透过知识认识自己，进而实现关心自己的。然而，到了现代社会，认识自己进而实现关心自己遭到异化。现代哲学在主体与真理的关系问题上是一种"去精神化"的哲学模式，主体主要通过知识模式来认知真理，而与自我转变和修行操练无关，方法与明证可以确保主体通达真理。由此，关心自己消失了。但实际上，关心自己是以后退的方式认识自己。对每个人来说，首先真正地关心自己才能真正地认识自己。如果不能关心自己，就不会治理自己；一个人不懂得关心自己，也就无法懂得关心他者，进而无法在自我与他者之间建立联系。福柯认为，"关心你自己"较"认识你自己"更具有优先权，他对自我的技术是这样描述的："准许个体按自己的方式或在别人的帮助下，对自己的身体、精神、思想、行为和存在方式实施某些操作，以转变自我达到某种幸福、纯粹、智慧、完美或不朽的状态。"②"关心自己"作为"自我的技术"的核心部分，不是单纯地属于精神层面的问题，也超出认识活动的领域范畴，而是生存的艺术。福柯引用苏格拉底的话："也许如果你们看到我在学校会嘲笑我，但我们别理'那些爱恶搞的人，一起关心我们自己和这些年轻人吧'。"③

　　儿童接受了关心自己的观念，使现代人重新反思与自我之间的关系问题，形成一种自我治理的技艺，养成深思熟虑、不盲目服从的生活艺术，以此来应对当前社会权力—知识关系对现代人主体性的钳制。南希·万塞莱赫姆（Nancy Vansieleghem）强调："按照我的理解，关心自我并不是指一个人弥补自己缺陷的技术，而是作为对一个人存在的肯定。从这个角度来看，关于儿童的哲

---

① 米歇尔·福柯. 说真话的勇气：治理自我与治理他者 Ⅱ[M]. 钱翰，陈晓径，译. 上海：上海人民出版社，2018：190.

② 詹姆斯·D. 马歇尔. 米歇尔·福柯：个人自主与教育[M]. 于伟，李姗姗，等，译. 北京：北京师范大学出版社，2008：75-79.

③ 米歇尔·福柯. 说真话的勇气：治理自我与治理他者 Ⅱ[M]. 钱翰，陈晓径，译. 上海：上海人民出版社，2018：190.

学并不能被理解为引导我们提出有效的知识主张，而是一种存在于当下的行为。"①为将"儿童哲学活动"与"关心自我"相结合，万塞莱赫姆曾在柬埔寨的一所小学中进行探究性实验，她希望尝试为儿童表达出一种不同的思维哲学。简单来说，儿童哲学教育不是教儿童如何思考，而是为儿童提供一个脱离抽象意义和知识生产话语的机会，让儿童开启一种摆脱对知识依赖的哲学思维模式。这个实验旨在开启让儿童思考哲学的可能性，这不是一种需要知识或能力才能说话的实践，而是一种暴露自己思考过程的心理的状态，让儿童哲学活动成为立于当下的实践哲学。实际上，这项实验很简单，但它可以被视为一种超越对话程序与策略的讲真话实践活动。这项实验的具体操作如下。首先，邀请儿童散步，并且持续一段时间。在散步的过程中，儿童被引导着走向与他们生活相联系的并且似乎是没有实际意义的话题或者事物。教师要注意：这些话题或事物需要凝练成主题或议题，以供儿童产生新的、深入的思考。其次，在长时间的行走中，教师和儿童尝试彼此变成陌生人，拉开彼此的距离，抛弃各种可能的"前见"，把更真实的自我暴露出来，使每个人更诚实、更直接、更安静。在此过程中，儿童的思想慢慢地涌现出来，他们在内心中思考自己，重新看到自己。最后，研究者让每一位参加的儿童画一幅自画像，利用这种方式让儿童审视自己的想法与行为，保持对世界和生活的敏感性。研究者还提示儿童自画像可以表达与他人关系中的自己，以改变他们与自己或者与他人之间的关系。儿童的自画像并非意味着儿童真实的自我，而是儿童对自我的一种反思。② 自画像就是让儿童能够将自己放在与世界、与他人的关系之中，通过绘画关注到自己想说和想要的生活。这项儿童哲学实验并不是以培养儿童的理智性反思能力为主，而是帮助儿童反思自己的生活和各种关系中的自己，其目的是想证明通过哲学冥思、冥想的方式儿童可以更好地反思当下的生活，更好地存在于当下。

　　由于关心自己与关心他人联系在一起，所以关心自己还是一种与他人相关

---

①　Vansieleghem N. Philosophy with Children as an Exercise in Parrhesia：An Account of a Philosophical Experiment with Children in Cambodia[J]. Journal of Philosophy of Education，2011，45(2)：321-337.

②　Vansieleghem N. Philosophy with Children as an Exercise in Parrhesia：An Account of a Philosophical Experiment with Children in Cambodia[J]. Journal of Philosophy of Education，2011，45(2)：321-337.

的道德原则，在伦理学的意义上能够使自身获得真正的道德行为，关心自己的同时能够艺术化地对待他人。由此，福柯的生存美学也引起了儿童哲学教育研究者的关注。

**2. 通过儿童哲学教育实现审美生存**

"关心自己"的概念同样涉及个体对存在的选择，即一个人自己的存在，一个人的生活方式。"自我"的概念实际上最后会发展成为一件艺术品、一种审美创作。对于现代人而言，普通的道德观念已经对人们不再产生更大的效果，每个人应该去追求一种独具个体风格的审美生存，通过审美救赎的方式去寻求个体的主体性和真正的自由。同时，生存美学的实践性与生活性，使其具有一种伦理学的特质。所以，"关心自己"可被视为"审美生存"的伦理基础与核心内容，根本目的和宗旨在于实现自身的自由，并强调生存美学是一种自由伦理实践，一种"美学化的伦理学"，代表一种美好的生活。关心自己意味着关怀他人，能够表明个体对待自己、他人与世界的态度，并以肯定自身为基础，将自我作为修身实践的最终目的，自己主动作出选择，因此伦理意义上的人可以自由地选择能让自我生存更加美好的行为。在此意义上，生存美学作为一种日常生活的美学，意味着对个人风格、精神气质以及行为方式的美化。这种美需要每个人主动作出选择，主动在自己的生存实践中创造、体验，从而超越理性和道德界限，发挥人的积极主动性，深刻地体验生活的美。哲学会引导儿童去处理一些模糊的和有问题的概念，这些概念通常都体现在日常生活的背景中。儿童在关心自己的同时也能关心他人，将他人看作与自己一样的主体，这样才能超越利益关系，真正以审美的态度与他人进行沟通对话，才能达到审美体验，从而理解生活与世界的意义。

以"关心自我"为核心的生存美学，作为一种自由实践与审美活动，强调将主体问题放置在"伦理—美学"的领域中进行思考，借助美学的理解与实践力量，从而将主体培养成为独立自由、积极创造的审美主体与伦理主体。"对人来说，最重要的，不是把自己界定或确定在一个固定的身份框框之内，而是要通过游戏式的生存美学，发现人生的'诗性美'的特征，创造出具有独特风格的人生历程。"①在此基础上，通过哲学，儿童能够通过将自由意志转向自身，实

_____

① 高宣扬. 福柯的生存美学[M]. 北京：中国人民大学出版社，2015：文前14.

现对自身美学化生存的理想化构建。儿童会变成完整的、非破碎的人，不仅能够拥有理性能力，还能具有感性体验。"在这里，自我/主体不再是给定的，也不再是超验的，而是在经验世界中逐渐地、自由地生成的。"①而且，关心自己的生存美学以人的生存——生活世界的经验作为基本原则，能够使我们在吸收理性技艺、方法与路径的同时，可以消解或抵抗由"理性的泛滥"所引发的人的异化。因此，儿童哲学的第二代研究者将生存美学思想作为哲学前提之一融入儿童哲学之中，有利于增强儿童对感性精神的关注，推动儿童主动作出判断，丰富儿童的审美体验，并且能够提高儿童的道德伦理判断能力，抵御现实生活中的"理性泛滥"现状，在感性精神与理性精神并存的基础上将儿童培养成"完人"，帮助儿童获得人生的意义，体验丰富多彩的人生。而且最重要的是，生存美学作为指导儿童生活的基本艺术原则，必须要在自由实践中才能展现并不断更新发展。

福柯的思想成为儿童哲学教育的基础并不是福柯的本意，而是因为儿童哲学教育研究者看到了福柯思想与儿童哲学的契合度。福柯说苏格拉底"建立了作为说真话形式的哲学，他不是预言说真话形式，不是智慧说真话形式，不是传授知识说真话形式；而是哲学话语特有的说真话形式，直到死都要充满勇气，死亡考验灵魂"②。儿童哲学研究者把儿童当成了苏格拉底，借儿童说真话的形式，表达对权力关系的抵制。

## (二)阿甘本：通过"幼态"抵制权力关系

吉奥乔·阿甘本(Giorgio Agamben，1942—　　)是意大利哲学家，他的生命政治理论尤其是他对"幼态"的主张影响了儿童哲学教育。

### 1. 重视儿童的"幼态"

生命权力不再以死亡来威胁生命，而是将法律与至高权力相结合，使其能够潜移默化地在社会中形成一套话语规范与技术规范，从而致力于保护与扶植

---

① 刘阳军. 迈向"生存美学"：从知识—权力到知识—生活[J]. 重庆与世界(学术版)，2014，31(8)：1-4.

② 米歇尔·福柯. 说真话的勇气：治理自我与治理他者Ⅱ[M]. 钱翰，陈晓径，译. 上海：上海人民出版社，2018：141.

生命。相较于致力于"使人死"(take life)的传统至高权力，生命权力则主张"使人活"(make live)，主张保卫社会、"正常化"社会，强调对生命的保护与扶植。但其实质上仍是一种权力，是一种"常态化的权力"(power of regularization)。①因此，儿童的成长过程也是一个充满生命权力冲突的过程。阿甘本在《幼年与历史：经验的毁灭》中提出："如果是活死人或半死的人，那么婴儿就是死的活人或者半活的人。"②儿童这个存在与死人和活着的成年人相比较，是个相当不稳定的存在，"因此必须确保意义的交换不受到打扰，从而使幻影成为死者，使婴儿成为成人"③。在婴儿成为成人的进程中，教育发挥了重要的作用。然而，婴儿时期是特殊的，属于拥有无限可能的潜能状态。而从哲学的角度讲，儿童与同伴之间的哲学对话被视为对教师权威的悬置，对教师声音的消除，被看作交流与反思的方式以及忙碌的生活之中的停歇之处，阿甘本强调回归至儿童的"幼态"时期，为儿童创造出婴儿期的一般体验。同时，阿甘本认为，在儿童哲学活动中，只有儿童能够"直言"即直白地说出自己的看法，因此才能够实现对生命最本真的追求，关注到生命的独特性、完整性以及生长性，重视生命的体验与价值，克服生活中无处不在、无时不在的权力，从而保障自身能够获得真正的自由，从而走向教育的理想样态。

我们认为，儿童哲学教育的救赎需要从一个探究性共同体(作为儿童哲学背后的对话性教学模型)向一个婴儿期共同体(作为无效或亵渎的替代调查共同体)的转变。这样的共同体不是一个根据预定义的规则或标准化的评估协议运行的共同体，而是一个由闲置的结束来定义的无效的共同体。在我们看来，婴儿共同体是对话式勤奋的游戏的一个例子，它既不是仪式也不只是游戏，因此避免了高风险测试的仪式化教室和自由游戏的"逻辑"后现代教室的极端性。这里的关键是保护学校内最后的自由。④

---

① 吴冠军. 生命政治：在福柯与阿甘本之间[J]. 马克思主义与现实，2015(1)：93-99.

② 吉奥乔·阿甘本. 幼年与历史：经验的毁灭[M]. 尹星，译. 郑州：河南大学出版社，2016：123.

③ 吉奥乔·阿甘本. 幼年与历史：经验的毁灭[M]. 尹星，译. 郑州：河南大学出版社，2016：127.

④ Jasinski I，Lewis T E. Community of Infancy：Suspending the Sovereignty of the Teacher's Voice[J]. Journal of Philosophy of Education，2016，50(4)：538-553.

实际上，这个世界上存在着许多沉默者，存在着一种沉默的文化，如果他们学会了停止说话，那么在社会上就会丧失发言权，而做哲学能够促使他们警醒。

**2. 关注儿童"潜能"**

作为以语言为媒介的儿童哲学教育，语言本身也是生命政治权力的体现。语言与权力的结合能够构成语言装置，并且通过生命政治实现对人从生到死、从精神到身体的全面、整体的统治。在现代化社会中，我们一直生活在分割性的、随处可见的语言装置中，而忘记了自己原初的"声音"。在语言装置的影响下，每个人都丧失了发出声音的能力，失去了对于"语言"应用的个人体验与运用，始终以一种忧郁的态度生活在社会中，永远戴着面具示人。"语言装置掏空了个体丰富的生命经验，预置了每个人的命运，在'我们必须变得更好'的'大他者'的崇高命令下，所有人都耗尽了自身的潜能，同时也耗尽了自己的'非潜能'。"①因此，我们应该回归到人的幼年期寻找当时的声音，回到"原初的语言"，回到"声音的幼年"，找回个体声音的潜力。希望能够借助"幼年的声音潜力"去抵抗意指性的语言装置，从而找寻到个体存在的自由，获得解放的意义。

回到"幼年"状态，回到儿童的婴儿期。婴儿期是一种语言的实验，指的是一种先于说话主体的尚未言说的语言经验。当人与语言自身相遇之后，主动言说的"幼年"经验，将语言的不可说转换成可说语言的尚未言说。而理解这种语言实验的关键在于，它发生在语言和非语言、意义和无意义的边缘处。婴儿期的儿童能够在每一个"胡言乱语"的言语行为中恢复自身公共能力。这里的"能力"代表着一种保持潜力的能力，是一种虚拟的可能性，它不愿意实现这个或那个具体的潜力，而是想保持拥有全部潜能的状态。简言之，这是一种"能但不"的潜力体现。然而，在传统活动中，当儿童开始喋喋不休地对话时，作为探究共同体中促进者的老师为保证对话在其预设的"轨道"上，会对儿童进行及时的干预，最终达到本次讨论的预期目标，确保对理性的有效使用。这样做的危害是，教师的教学欲望打破了儿童的发散性思考，太快地缝合上婴儿期的

---

① 徐艳东. 失声·失忆·失踪：论阿甘本的"声音伦理"[J]. 北京师范大学学报(社会科学版)，2022(3)：84-92.

空白，忽略了婴儿期体验的独特之处，没有认识到婴儿期的空白空间对教育的重要性。因此，在这个意义上做哲学就是在质疑这个世界，把沉默重新转化为言语，通过言语实践抵制权力关系。在阿甘本看来，人对语言的研究和探索，都是在研究语言本身说了什么，即语言自己的能力，但我们从来没有对语言本身提问过，从来没有追问过"我们为什么需要用说的方式来面对这个世界"。也许我们还要思考，在悬置了我们现在所具体使用的语言之后，我们何以安身立命；当我们如婴儿一样的时候，我们是如何生存在这个世界上的。当我们穷尽了一切言辞、一切声音后，也许我们回到了最原初的语言。

儿童哲学教育实践具有政治哲学、道德哲学的意蕴，但这种意蕴绝不是培养儿童的政治与道德的素养，而是跳出了教育的系统，从更高层次进行思考，儿童哲学教育实践本身就是对各种权力关系的抵制，具有了与教育学不一样的意蕴。

## 五、本章小结

本章从历史的和逻辑的角度对影响儿童哲学教育的哲学基础进行了分析和梳理。作为奠基人的李普曼和马修斯受到皮尔士、杜威、维特根斯坦、米德、德勒兹、皮亚杰、维果茨基、乔姆斯基等的影响，随着儿童哲学实践的深入，研究者们又从福柯、阿甘本的视角审视儿童哲学实践，不仅赋予其教育的意义，更赋予其政治与伦理的意义；作为培养批判性思维的儿童哲学教育被赋予了更多的哲学意义和价值，早已经超越了最开始的实用主义认识论。儿童哲学实践不仅仅是一种教育实践，也是一种政治和伦理实践。其实儿童哲学的哲学基础与前提是复杂的，除了笔者提到的思想家外，保罗·弗莱雷、雅斯贝尔斯、哈贝马斯、列维纳斯、梅洛-庞蒂等也影响了其主张。"哲学家们只是用不同的方式解释世界，问题在于改变世界。"[①]这些哲学前提使儿童哲学教育更为具体，但以这些哲学前提为指导思想去改变实践则是困难的。理论与实践之间存在着落差，在具体的儿童哲学教育实践中，这些理论都有隐藏的一面。

---

① 马克思恩格斯文集：第 1 卷[M]. 中共中央马克思恩格斯列宁斯大林著作编译局，编译. 北京：人民出版社，2009：502.

# 第五章　儿童哲学教育的儿童观

儿童观是人们对儿童的根本观点与态度，是人们对儿童成长、成熟的理性或非理性认识。儿童观是教育研究与儿童研究的基本问题，它在一定程度上决定教育观的形成与发展。关于儿童观的研究，其视角是多样的。例如，政治学视角下的儿童观把儿童当作国家统治的工具、政治上的接班人；经济学视角下的儿童观把儿童当作经济增长的动力；文化学视角下的儿童观把儿童置身于成年人世界之外的安全地带等。与之相关联的概念还有童年，童年一词是由"童"与"年"两个字构成的，所谓的"童"指的是与成年人相对应的儿童，"年"则指时间，因此"童年"指的是人还没有成年的那一段时间。人们对童年也有着不同的看法，可能是古人提到的"儿童散学归来早，忙趁东风放纸鸢"，也可能是现代歌曲中的"盼望着假期，盼望着明天，盼望长大的童年"。儿童哲学教育在发展的过程中，其重要的研究组成部分就是对儿童和童年的看法。无论是儿童还是童年都不是现象意义上的儿童与童年，而是被建构和想象出来的象征。在不同的眼光中儿童和童年往往有不同的意蕴，有些代表了人类的理想，有些被用于寄托希望，有些被用来表示怀疑和反思。这些构成了形形色色的儿童观和童年观。

## 一、类存在视角下的儿童观与儿童哲学教育

人类认识世界的方式是多样的，认识儿童的方式也是多样的。常识、科学、艺术、哲学都可以作为人类认识儿童的视角，并形成各具特色的儿童观。"'儿童'并不是一个纯粹由生物学所决定的自然或普遍的范畴。它也不是具有某种固定意义的事物，让人们可以借助其名义轻而易举地提出各种诉求。相反，童年的概念在历史上、文化上，以及社会上都是不断变化的。在不同的历史时期、不同的文化与不同的社会群体中，儿童曾被以不同的方式看待，也以不同的方式看待自己。"①实际上，我们不能从儿童出发给儿童下定义，而是需要从人类出发给儿童下定义。

---

① 大卫·帕金翰. 童年之死：在电子媒体时代成长的儿童[M]. 张建中，译. 北京：华夏出版社，2005：4-5.

## (一)类存在视角的特殊性

### 1. 心理学：个体视角下研究儿童身心发展

心理学研究儿童的身心发展特征，研究人类个体如何从不成熟状态发展到成熟状态，关注个体心理和行为如何随着年龄的增长而不断发展变化。从身体发展的角度看，心理学研究儿童的大脑、身体机能等方面的发展变化与规律；从心理发展的角度看，心理学研究个体的个性倾向、个性特征和个性调控，如儿童的能力、需要、态度、气质、性格等；从研究方法的角度看，心理学在一定程度上反映了个体性视角的取向，并通过对被试的各种分析呈现儿童真实的身心发展规律与个性特征。心理学视角下的儿童观研究服务于儿童教育，其对儿童的个体心理、行为变化、个性特征等的研究都服务于如何提供更好的环境、如何更好地实施教育、如何更好地促进成熟。总的来说，心理学的研究视角比较微观，它从关注个体开始。近年来，心理学与脑科学的结合非常紧密。例如，脑科学研究提出儿童大脑的早期发展影响儿童一生的认知功能。婴儿出生的脑重为成人脑重的 25%，相比于成年人，他们拥有更多的神经元细胞，而且每个神经元细胞之间的突触联系很少，大脑两个半球功能尚未完全分化。儿童大脑发育过程中发生了突触的修剪，儿童期的经验既可以生成或强化神经回路，也可能弱化或消除神经回路。根据脑科学的研究成果，人们提出儿童的成长需要高质量的教育环境，尤其是家庭和幼教机构中儿童与成年人的密集互动才能保证儿童大脑的健康发展。

### 2. 社会学：在社会情境中研究各类型儿童生活样态

社会学是研究社会事实的学科，对儿童的研究关注的不是某一个儿童的状态，而是某种类型的儿童是什么样子的。可以说，社会学是一种群体的视角，它研究社群性问题，如留守儿童、流动儿童等。"留守儿童""流动儿童"是社会学研究中的典型话语，它们表现某一类儿童所具有的特征。在方法论上，社会学进行的是事实研究，不是规范研究，它更多地关注儿童现实的生存状态，把儿童置身在具体的历史情境和社会情境中。它研究儿童整体的生存状态，或某一方面的生存状态。与心理学不同的是，社会学倾向于把儿童看成一个能够处理问题、能够应对生活问题的个体，而非一个不成熟的、未完成的个体。例如，大卫·帕金翰面对电子媒体侵入儿童生活的情况，反对童年更进一步私人化或家庭化。他把"儿童孤立在成人世界之外"看作不明智的选择：

> 我们再也不能让儿童回到童年的秘密花园里了，或者我们能够找到那把魔幻钥匙将他们永远关闭在花园里。儿童溜入了广阔的成人世界——一个充满了危险与机会的世界，在这个世界中，电子媒体正在扮演着日益重要的角色。我们希望能够保护儿童免于接触这样世界的年代一去不复返了。我们必须有勇气准备让他们来对付这个世界，来理解这个世界，并且按照自身的特点积极地参与这个世界。①

总之，社会学关注儿童的当下性存在与历史性存在。"儿童是社会变迁进程中的儿童，是社会结构的特定设置中的儿童，也是特定环境境遇中的儿童。"②

**3. 类存在视角的特殊性**

哲学研究的问题通常被称为根本性问题，它是一种对人生观、世界观、方法论的研究，关注本体论、认识论、道德哲学、政治哲学等问题。它与儿童观研究的关联并不明显，不仅如此，作为规范研究的哲学并没有"规范"儿童的生存状态，而是尝试用哲学的方式还原儿童的原初生存状态。从问题的角度看，哲学在特定的历史时期反思过去的儿童观。例如，在西方，儿童观经历了"儿童是小大人""儿童生而有罪""儿童的发现""儿童的世纪"等转变，对应古代、中世纪、启蒙时代与现代社会。从对象的角度看，哲学关心儿童的哲学思考，研究儿童的存在。例如，儿童属于泛灵的存在，泛灵在哲学上的解释意味着主体与客体二元不分。从方法的角度看，哲学一方面采取对话的方式了解儿童的哲学思考，或者帮助儿童进行哲学思考；另一方面依靠自身视角反思儿童观。由此可见，从哲学的视角研究儿童，它的特点是宏观性，是站在人类历史发展的角度和人类哲学的高度思考儿童问题。列维-布留尔曾在评价孔德方法论的时

---

① 大卫·帕金翰. 童年之死：在电子媒体时代成长的儿童[M]. 张建中，译. 北京：华夏出版社，2005：225-226.

② 王海英. 20世纪中国儿童观研究的反思[J]. 华东师范大学学报(教育科学版)，2008，26(2)：16-24.

候指出了哲学视角的特征，他说："奥古斯特·孔德（Auguste Comte）在其《实证哲学教程》……中，在划分生物学与社会学之间的研究任务时，明白地表示了这种见解。他的著名公式——'不应当从人出发来给人类下定义，相反的，应当从人类出发来给人下定义'。"①布留尔认为孔德的观念是"卓有成效"②的，"但实际上，这不是社会学，而是历史哲学"③。从这一点看，把儿童的存在上升为人类存在的高度属于哲学视角。在心理学和社会学研究中，儿童这一概念具有经验性特征，是有具体所指的概念。但在哲学研究的视角下，儿童这一概念具有一定的抽象性。在日常生活中，我们并不说幼儿哲学或学生哲学，而称其为儿童哲学，因为儿童这个概念比幼儿和学生更具有抽象性和概括性，体现了从类存在视角思考儿童的理论高度。

## （二）作为类存在的儿童

哲学视角下的儿童观应该表现一种什么样的立场，这是本书希望探讨的问题。实际上，哲学作为关注人类生活的一种最宏观的学问，它在儿童观上保持着一以贯之的类存在立场。

### 1. 儿童是一种类存在，儿童可以进行哲学思考

哲学是什么？尽管不同学者对这个问题有不同的理解，本书更愿意把哲学当作一门关于人类存在的学问。哲学研究"大写的人"，研究作为类存在的人以及类存在的人的问题。马克思在《1844年经济学哲学手稿》中提出"人是类存在物"："人是类存在物，不仅因为人在实践上和理论上都把类——他自身的类以及其他物的类——当做自己的对象；而且因为——这只是同一种事物的另一种说法——人把自身当做现有的、有生命的类来对待，因为人把自身当做普遍的因而也是自由的存在物来对待。"④高清海等人在研究马克思哲学时曾指出，"人，按其实践本性来说，就是一种类存在物……'类'是'人'所特有的生存本

---

① 列维-布留尔. 原始思维[M]. 丁由，译. 北京：商务印书馆，1981：7.
② 列维-布留尔. 原始思维[M]. 丁由，译. 北京：商务印书馆，1981：7.
③ 列维-布留尔. 原始思维[M]. 丁由，译. 北京：商务印书馆，1981：7.
④ 马克思恩格斯文集：第1卷[M]. 中共中央马克思恩格斯列宁斯大林著作编译局，编译. 北京：人民出版社，2009：161.

性和存在形式"①，认为"人类正在走向自觉的'类存在'"②。由此，我愿意把哲学当成研究类存在的学问。进一步地，儿童与成年人都是类存在，两者在类存在方面不存在差别。拥有成熟理性的成年人与不具备成熟理性的儿童都是类存在，他们都具有哲学思考的能力。当然，儿童的哲学思考与成人是不一样的，"儿童可能没有成人对手的丰富信息和老到的语言能力，但是他们的想象、他们的困惑和发现意识、他们对不和谐、不恰当的敏感，他们对认识事物的急切热望，都特别有利于哲学思考。如果你没有同一个或一群幼童一起探讨过哲学问题、真正的哲学问题，那你错过了人生最大的乐趣之一"③。这也就是马修斯儿童哲学的价值，他发现了儿童的哲学思考，并尝试与儿童进行哲学对话。李普曼则直接去研究如何与儿童探讨哲学问题。实际上，儿童可以提出许多哲学问题，虽然他们的思考不像哲学家的思考那么深入、系统，但问题的实质是一样的。例如，儿童说："为什么你提出的要求我要做到，而我就不能提出要求呢?"显然，这与政治哲学中公平正义等问题紧密相关。

**2. 儿童是接近类本质的存在，儿童可以帮助人类认识自己**

人的类本质是需要不断认识与反思的。人类的文化一方面帮助人类认识自己，促使自己走向自觉的类存在，另一方面，也蒙蔽了人们认识自己的眼睛。人类的科技进步提升了生产力水平，创造了更多的社会财富，拥有了更大的对环境的控制能力，但是在社会和心理方面，人类也越来越受到自身文化的制约，人类的每一个后代都必须通过教育让个体水平达到人类文明的类存在的高度。这看起来是一个从儿童到成人的线性过程，但实际上，这是一个儿童不断反哺成人的过程。这是因为：

> 在儿童与成人之间，有一种进化意义上的劳动分工。儿童就像是人类的研发部门，一群空想的人通过头脑风暴产生各种奇想；而成人则像是生产与销售部门。他们来发现，我们来实施。他们想出上百万个新创意，大

---

① 高清海，等. 社会发展哲学：中国现代化的理性思考[M]. 北京：高等教育出版社，1999：403.

② 高清海. 高清海哲学文存(第二卷)：哲学的奥秘[M]. 长春：吉林人民出版社，1997：358.

③ 加雷斯·B. 马修斯. 童年哲学[M]. 刘晓东，译. 北京：生活·读书·新知三联书店，2015：203.

部分没什么用，而我们则找出其中三四个好的点子付诸行动。

如果我们强调的是成人的能力，例如，长期规划，快速且自动地执行计划，对鹿、剑齿虎或是基金申报的截止日期做出迅速而有技巧的反应的能力，那么，婴儿和很小的孩子看起来确实是很可怜，很无用。但是，如果我们关注的是做出改变的特殊能力，尤其是强调想象和学习能力，那么，显得很迟钝的就会是成人了。①

一个人从童年走向成年，会获得许多东西，但也会失去许多东西，如单纯。老子在《道德经》中讲："知其雄，守其雌……为天下谿，常德不离，复归于婴儿。"②可见，老子向往童年的样态。长大可能让孩子失去最简单的快乐。一个玩具可以给孩子带来一整天的快乐，而成年人则由于物价上涨而愁容满面。孩子初生牛犊不怕虎，勇往直前，而成年人则想太多，总也迈不出第一步。所以，孩子具备许多值得学习的品质，这些品质是成人丢失了的财富，我们需要向孩子学习，向童年致敬。

儿童不仅是我们的未来，因为他们承载着我们的遗传基因。特别是对于人类而言，我们的自我认知（无论是个人化的或集体化的）与我们的来处和去处紧密相连，也是与我们的过去和未来密切相关。人类有能力做出改变，也就是说，仅仅凭借观察我们目前的状态，还不能解释做"人"意味着什么。相反，我们需要向前看，观察充满无数分支的人类可能性的空间。而其中，我们看到的走得最远、已经触及边缘的探究者们就像是幼小的孩子一样。③

如何看待人类的童年，如何看待儿童，影响着人类对自身的判断。认识自己是哲学的永恒主题，如何认识自己的问题与认识儿童的问题紧密联系在一起。我们可以在许多儿童文学作品中发现"认识自己"的主题。例如，儿童绘本《小绿狼》④的主题是接受与别人不一样的自己，《缺失的一角》讲的则是接受不

---

① 艾莉森·高普尼克. 宝宝也是哲学家[M]. 杨彦捷，译. 杭州：浙江人民出版社，2014：Ⅶ.

② 陈鼓应. 老子今注今译[M]. 北京：商务印书馆，2003：183.

③ 艾莉森·高普尼克. 宝宝也是哲学家[M]. 杨彦捷，译. 杭州：浙江人民出版社，2014：213.

④ 勒内·葛舒文，爱瑞克·盖斯德. 小绿狼[M]. 李英华，译. 武汉：湖北美术出版社，2007.

完美的自己，这些为儿童创造的作品未尝不是写给成年人的。

**3. 儿童似早期的人类**

这一观点站在复演说立场之上，它探讨如何看待人类历史进化过程中童年的位置。研究者们提出"复演"的概念，如意大利历史学家维柯在《新科学》中指出人类历史的循环论，他认为历史复演了："在复归的野蛮时代，这些人类文明制度的复演历程确实是令人惊讶的。"①维柯列举人类历史进程中的复演现象，如"某些种类的神的裁判，号称'依教规的洗罪'也复归了。这种裁判之一就是最初野蛮时期的决斗，尽管这种决斗还没有得到神圣教规的承认。英雄时代的劫掠也复归了。过去英雄们认为被称为强盗是一种光荣，现在海盗就是贵族的一种头衔"②。维柯的复演基本限制在人类历史尤其是政治制度发展方面。也有一些生物学家把生理学的研究上升到人类进化的高度，如生物学家海克尔(1834—1919)从生物学的角度研究和论述个体对群体发育史的重演，他认为胚胎发育史是动物到人的重演。③ 美国心理学家霍尔也是复演说的主张者，他认为儿童游戏就是复演祖先的生活史。皮亚杰在研究儿童思维的过程中发现，儿童在心理发展的某些阶段存在着泛灵论的特征。"儿童时期的泛灵论乃是把事物视为有生命和有意向的东西的一种倾向。"④泛灵论认为天下万物皆有灵魂或自然精神，并在控制和影响其他自然现象。皮亚杰从发展心理学角度研究儿童的泛灵存在，实际上承认了儿童存在与人类祖先存在的相似性："心理的和物理的东西还没有分化开来而且在理智上还是自我中心状态。自然规律和道德法则混淆不清，决定和义务混淆不清。"⑤儿童思维的这个发生阶段上的属性也被认为是原始思维。维果茨基也注意到了这个观点："这个构成思维在其早期发生阶段上的属性的原始思维的这一特点一般称为混同。这个名称人们都理解为原始思维所确定的两个物品或两个现象之间的关系，这两个现象或物品忽而

① 维柯. 新科学[M]. 朱光潜，译. 北京：人民文学出版社，1986：572.
② 维柯. 新科学[M]. 朱光潜，译. 北京：人民文学出版社，1986：574.
③ 吴其南. "复演说"和成人对儿童的殖民[J]. 阴山学刊，2012，25(2)：50-54.
④ 让·皮亚杰. 儿童的心理发展：心理学研究文选[M]. 傅统先，译. 济南：山东教育出版社，1982：46.
⑤ 让·皮亚杰. 儿童的心理发展：心理学研究文选[M]. 傅统先，译. 济南：山东教育出版社，1982：48.

可能被认为是部分等同的，忽而又被认为是相互有紧密联系和影响的，但实际上它们之间既没有空间接触，也没有任何其他明显的因果关系。"①了解儿童的存在特点需要我们尊重儿童，尊重他们存在的特点。因此，如果儿童是早期人类，早期人类的部分特征就会体现在儿童身上。例如，人类进化过程中的原始宗教在儿童身上表现为泛灵的存在；人类进化过程中男性、女性的分工体现在儿童的性格特征、爱好、玩具等方面；人类早期的钻洞、爬树、登高等探险活动也使得今天的儿童愿意从事类似的活动。因此，我们可以从儿童身上看到早期人类的特征，从早期人类活动的特征上，我们可以更好地了解儿童，利用各种活动满足儿童成长的需要。但是儿童并不一定和必然是早期的人类，皮亚杰说过："儿童的逻辑与原始种族的逻辑在某些方面十分相似，而在另一些方面又很不相同，而我所建议要讨论的证据又非常缺乏。"②科学家是严谨的，并没有下决定性的结论。

## （三）类存在视角的教育启示

每一个视角都为儿童的研究作出了贡献，每一个视角的研究都让我们更加了解儿童，了解自己。从哲学的研究成果来看，我们可以在儿童教育上得到以下启示。

### 1. 与儿童进行哲学对话，发展儿童

虽然皮亚杰也认为儿童是泛灵存在并分析了原因，但皮亚杰更多地关注儿童如何走出泛灵存在，如何把主观世界与客观世界分开。他关注儿童认识的发生和认知发展阶段，以至于马修斯也承认皮亚杰是主张复演说的："皮亚杰自己经常指出，儿童在认知发展上是对西方哲学史的重演。"③尽管皮亚杰认为这一结论需要谨慎对待。但是，马修斯并不认为儿童的哲学思考符合皮亚杰的认知发展顺序："如何让儿童哲学适合皮亚杰引人注意的实验所揭示的认知发展故事，这一问题让人沮丧。"④所以，马修斯说："也许在童年做哲学的兴趣

---

① 维果茨基. 维果茨基教育论著选[M]. 余震球，选译. 北京：人民教育出版社，2005：156.
② 让·皮亚杰. 儿童的语言与思维[M]. 傅统先，译. 北京：文化教育出版社，1980：11.
③ 加雷斯·B. 马修斯. 童年哲学[M]. 刘晓东，译. 北京：生活·读书·新知三联书店，2015：37.
④ 加雷斯·B. 马修斯. 童年哲学[M]. 刘晓东，译. 北京：生活·读书·新知三联书店，2015：39.

和把哲学做好的能力与认知心理学家感兴趣的能力是完全不同的两件事。"①许多儿童哲学实践工作者向我们证明，儿童在心理、生理、社会生活等方面与成年人相比处于弱势地位不代表儿童的哲学思考也比成年人薄弱。"成人（包括教师、父母或儿童研究人员）看待童年的认知和道德问题时应当渐渐地丢掉自己的优越感。如果我的意见正确，那么儿童的这些问题甚至对于最聪明的成人哲学家的智慧也是严峻的挑战。"②实际上，与儿童进行哲学对话发生在发达国家，目前正在中国生根发芽。为什么儿童会有哲学的思考，这或许与儿童当下的生活密切相关。陆有铨老师认为，人类生活越是动荡不安，人类越是需要哲学。这或许就是伟大的哲学家经常诞生在人类历史激烈冲突的年代的原因。就个体来说，人一孤独，就开始思考，并且思考能力还变得非常强大，所以个体生存的麻烦就来了，在不乏吃穿的年代，人既不思考吃，又不思考穿，个体很容易就思考一些终极问题，如生存的意义是什么、我是谁、我是怎么来的、我要到哪里去等。在缺乏吃穿的年代，人的身体容易生病，而在这个物质财富相对丰富的时代，人的精神就容易不健康。每个个体不经意间就思考到了人生意义问题。现在的儿童不仅能够进行哲学思考，还需要哲学思考，我们需要帮助儿童在哲学思考中发展自己的思维能力和反省能力，更全面、深刻地认识自己。实际上，即使你把儿童当成哲学家，跟儿童进行哲学对话也是有前提的，即对话者需要理解儿童，需要理解哲学，否则他们就无法与儿童对话，无法进入儿童思考的世界。

**2. 把儿童当作镜鉴，向儿童学习**

成年人的知识是分化的，因为一旦进入学校教育，知识学习就开始出现各种不同的领域，进而产生分化，从小学到大学，知识的分化程度越来越细致。基于这种情况，我国基础教育课程改革的一个重要价值取向就是整合，希望学生学习的知识不要那么早分化。但是，随着年级的升高、年龄的增长、社会分工的细化，知识的分化是不可避免的，整合课程只是在一定程度上延缓分化过程

---

① 加雷斯·B.马修斯.童年哲学[M].刘晓东，译.北京：生活·读书·新知三联书店，2015：39.

② 加雷斯·B.马修斯.童年哲学[M].刘晓东，译.北京：生活·读书·新知三联书店，2015：194-195.

或起到对分化的知识学习的补充作用。相应地，儿童的学习具有整体性，教育活动是分领域的，二者之间如何实现协调？这是给成年人向儿童学习的机会。

  人类如何可能做出改变？它向我们揭示了儿童与童年，尤其是极小的幼儿与童年早期的哪些内容？答案中交织着三种观点：学习、反事实思考、照顾，或者用更有诗意的表述：真理、想象、爱。在科学和哲学领域，人们通常会将人类经验的这三个方面视作互相之间毫无关联的独立领域，认识论、美学和伦理学分别有完全不同的发展传统。但是，对年幼的儿童来说，真理，想象和爱就是不可避免地交织在一起的。①

作为一个完整的领域，儿童能够给人类变革自身的灵感：

  我们受保护的、漫长的未成熟的童年在人类改造世界和自己的能力中发挥了关键的作用。儿童并不仅仅是不完美的成人，也不仅仅是复杂的、尚未成熟、日臻完美的人，相反，儿童与成人是两种不同形态的人类。他们的思维、大脑和知觉形式虽然都很复杂有力，但却完全不同，服务于不同的进化机能。人类的发展更像是一种蜕变，就像毛毛虫破茧成蝶一样，而不仅是简单地成长——虽然在成长的道路上，似乎是像蝴蝶一样充满活力、四处漫游的孩子慢慢变得像毛毛虫一样行动缓慢。②

  儿童成长过程中出现的各种问题未尝不是人类社会面临的种种问题。康德在讲启蒙问题时说过，所谓启蒙就是让人走出蒙昧状态，所以康德认为一个孩子不做坏事不见得在道德上是令人尊敬的，因为孩子还不具备理性能力。那么，如何看待儿童的蒙昧状态？本书认为，从哲学角度看，儿童哲学研究者不能无限度地提高儿童的地位，而是当人类遇到困惑时回头看儿童的生存状态，寻找解决问题的思路与方法。老子说的"复归于婴儿"就是经历风浪后的样态，是对生活本身的超越。因此，当人类产生困惑时，回望儿童似乎可以提供一些解决问题的契机。

---

① 艾莉森·高普尼克. 宝宝也是哲学家[M]. 杨彦捷，译. 杭州：浙江人民出版社，2014：209-210.

② 艾莉森·高普尼克. 宝宝也是哲学家[M]. 杨彦捷，译. 杭州：浙江人民出版社，2014：Ⅹ.

### 3. 尊重儿童，满足儿童的发展需要

了解儿童的目的是什么？是为了更美好的未来，是为了人类可持续的美好生活。所以，了解儿童之后是满足儿童的发展需要，让儿童更健康地成长。刘晓东的《儿童精神哲学》中有如下观点：儿童游戏是对进化史上人类种种活动形式的复演。当然，"儿童发展往往通过走捷径的方式来经历人类的进化历史而不是简单的重复"①。儿童不仅需要养育，还需要精神成长，而游戏就是儿童成长活动的外在体现，成人需要通过游戏让儿童内在的精神成长力量生长出来。无论从哪个角度看，哲学家都倾向于把儿童当成有内在力量的人，因此教育活动就是把潜藏在儿童内部的某种东西引导、启发、唤醒出来。儿童与成年人不同，他们可以处理问题，但他们只可以成功地处理他们所在的那个世界的问题，这涉及对儿童的假设。在相当长的一段时间里存在着这样一种假设，即儿童是不成熟的、被动的，反对儿童过早地进入成年人的世界。但现在，这种观点已经被完全颠覆了。儿童是主动的探索者，儿童的思维能力远远超过其表面上表现出来的能力，只要方式恰当，他们可以展示出强大的思维能力。作为成年人，只要我们俯身下来，用我们的心与儿童对话，我们将更加了解儿童，了解自己。哲学家们在研究儿童的时候，从卢梭开始，蒙台梭利、杜威、皮亚杰、维果茨基，这些伟大的思想家都强调我们要遵循儿童的内在成长规律。借用维果茨基的概念，就是要根据儿童成长的内在自然实现儿童的大纲与教学的大纲之间的动态平衡。儿童观决定教育观，教育活动中的因材施教、循序渐进的原则是用来遵循的，而不是出发点。教育活动的出发点只能是儿童，因此需要了解儿童的内在自然，理解儿童的存在方式，这才是教育活动得以展开的前提和基础。

当然，我们也要看到儿童的局限性。尽管儿童诗意的、梦想的哲学思考可以帮助我们认识自己，但是，作为不成熟的生物体，他们需要来自成年人世界的关爱与照顾。对象决定方法，关爱与照顾的方式和理念取决于我们的儿童观。因此，对于成人来说，儿童哲学既是我们可持续发展的指路明灯、镜鉴自己的工具，也是人类下一代儿童美好生活的重要福音。

---

① 胡华. 从生活到生活化课程：一位幼儿园园长的教育叙事[M]. 北京：中国轻工业出版社，2021：296.

## 二、浪漫主义儿童观与儿童哲学教育

儿童为世界的发展带来了新的气息，儿童的到来促使整个世界有了希望，促使人类生活在时间、空间等维度上获得了进一步的绽放。因此，儿童哲学在认识到、意识到、体验到儿童的到来对世界的意义和价值的时候，也重新思考了儿童的地位、童年的价值。整体来看，儿童哲学教育的儿童观，可以被认为是浪漫主义的，体现在人性论、认识论和价值论等方面。

### (一)童心即真心

人性是浪漫主义的根本出发点，浪漫主义对人性的看法总是很乐观的，认为人天生就有追求真善美的总体性，儿童哲学吸收了浪漫主义的观点，倡导童心即真心，儿童拥有无限可能，人类的理想蕴含在童心之中。儿童哲学自问世以来，一直继承着浪漫主义的哲学传统。当儿童哲学教育儿童探究个性、自然成长、艺术、爱、天赋、潜能等基本价值诉求，回归儿童本性，重塑儿童中心，强调儿童应该诗意、艺术般成长，利用儿童批判教育、改造教育之时，其本身就是浪漫主义的真实体现。①

#### 1. 童心拥有先验的善和真

从人性善恶角度分析，儿童哲学接受了性善论，童心拥有先验的善、直接的善、意向性的善。简单地说，人性善恶有这样几种看法：一是人性是善良的，二是人性是邪恶，三是人性既有善还有恶，四是人性非善非恶。在浪漫主义看来，人的天性是善良、诚实和友爱的。如果人的心灵变得邪恶、虚伪和仇恨，那是被社会污染、被外在力量扭曲的结果。就儿童来说，儿童是善的，如果儿童身上有恶，那不是儿童本身就有的，而是外在环境对儿童的污染造成的。因此，儿童的善是先验的善，儿童的心是真心。

第一，儿童的善是先验的善，拥有意向性。儿童的善并不是经验世界里的好与坏，儿童来到这个世界上，拥有"诞生"性，他的诞生蕴含了无限的可能，

① 高伟. 浪漫主义儿童哲学批判：儿童哲学的法权分析[J]. 全球教育展望，2017，46(12)：12-23.

而这种可能中蕴含着善，当儿童与他的经验世界相遇时，先验的善会敞开，会促使儿童向善，这时就需要成年人以真心、以善来应对儿童的敞开。儿童天生是没有国家、阶级、种族、宗教、职业、性别、族群等方面的偏见的，他们是自然的，是没有任何偏见的，是外在的人类社会影响了儿童的看法。如果儿童的先验的善敞开后经历了糟糕的、邪恶的境遇，那么先验的善可能会关闭，善的意向会消失。对成年人来说，应该为儿童的先验善的敞开做好准备，并且在敞开的过程中通过对话找回自己曾经拥有的善，反思我们的生活世界，借助儿童的力量反思我们的生存。儿童先验的善是人类社会更新与发展的财富。

第二，儿童的心是真心。明代的李贽说："夫童心者，真心也。若以童心为不可，是以真心为不可也。夫童心者，绝假纯真，最初一念之本心也。若失却童心，便失却真心；失却真心，便失却真人。人而非真，全不复有初矣。童子者，人之初也；童心者，心之初也。"①儿童初来世界，对一切欣欣然，好奇而惊讶，因此童心是纯纯的心，没有一丝的矫揉造作，是纯粹的自然之心，因此童心即真心，直接地、真诚地走进了我们的生活世界。"当大人、教学者和孩子自己，都是为了分数而学习的时候，就像为了爱钱而爱钱一样，教育背叛了孩子，而一切都变质了，就像卢梭说的，堕落了，丧失了本真，也都不再是小孩了。"②所以儿童拥有真心，真心才是本真。

第三，童心是未被污染的心。人来到文化的世界，就不得不接受来自文化的禁锢与约束，儿童刚刚来到这个世界上，他们的心还未被污染，看到的世界和成年人是不同的。美国作家瑟伯写过一个关于"许多月亮"的故事。

> 小公主开口向国王要一颗月亮。所有的人都伤透了脑筋。没有人有办法解决，除了小丑。小丑去问了公主一个问题："月亮像什么？"小公主举起手用她的拇指打量一下那个在树梢上的月亮说："比拇指头小一点，圆圆，金色的"。于是，小丑要工匠用金子打造了一个圆圆小小的、比拇指小一点的"月亮"，让公主当项链挂着。故事到此尚未结束。小公主高兴了，可是其他人还是在伤脑筋，因为他们担心到了晚上，公主会发现月亮还在天上。小丑又去问了小公主，我已经将月亮摘下来挂在你脖子上，那

① 李贽. 焚书·续焚书[M]. 北京：中华书局，2009：98.
② 蓝剑虹. 许多孩子，许多月亮[M]. 北京：东方出版社，2011：1.

为什么天上现在还有一个月亮？小公主很开心地对小丑说："连这个你也不知道吗？牙掉了会再长出新的，花谢了明年还会再开出新的花，月亮被摘了下来，原来的地方就会再长出一个新的月亮啊。"①

这就是儿童的心，未被污染因而有了对世界的独特解释，让人对世界充满希望和期待。

或许儿童因为不知道外在世界到底什么样，所以他们出于对外在事物的好奇和先验的真与善而投身在这个世界上，他们不像成年人一样处处去控制和预期结果。

**2. 儿童天生拥有积极的力量**

从人性的积极与消极角度看，儿童哲学接受了积极论。

从生命的演进历史来看，精神共经历了三种表现形式，即生理层面的、本能行为和无意识层面的以及意识层面的。最原始的生命主要是生理层面的精神，到了比较高级的生命那里，本能行为和无意识层面的精神才表现出来；而意识层面的精神只有人才具有。较高级形式的精神的发生要简略地重演较低级形式的精神。人类个体要经历生理层面的精神以及本能行为和无意识层面的精神，然后才能进入到意识的领域。②

儿童的积极力量的源泉就在于意识。儿童生来就有积极的力量，这些积极的力量不应该被压制。在学校教育中，首先不能忽视的就是儿童身体带来的力量，"学生有一个身体，他把身体和心智一起带到学校。他的身体不可避免地是精力的源泉；这个身体必须有所作为"③。有多少制度化的教育要求儿童端正地、稳稳地、静静地坐在教室里，有多少不明智的教师以为他们教的是一排排树。这种身体力量并不仅仅是体力的，也是精神的力量。

第一，儿童的精神能量是儿童本能的冲动。杜威曾经提出儿童有四种类型的冲动，即社会性冲动、建造性冲动、研究性冲动和表现性冲动。其中社会性冲动与语言密切相关：

---

① 蓝剑虹. 许多孩子，许多月亮[M]. 北京：东方出版社，2011：4-5.
② 刘晓东. 儿童精神哲学[M]. 南京：南京师范大学出版社，1999：375.
③ 杜威. 民主主义与教育[M]. 王承绪，译. 北京：人民教育出版社，1990：150.

一个小孩的社会性冲动，表现在他希望家庭和别人分享他狭小世界的经验。这种对于他自己最接近的环境的以自我为中心的兴趣，能不断地扩充。这是他的理智生活的基础，他喜欢给人讲述各种东西，以分享他的知识。这个愿望，使他利用一切可能表达和传达的方式，并且深刻地影响着他的成长。所以语言本能，儿童社会表达的这一最简单形式，乃是一个巨大的教育资源，也许是一切教育资源中最大的一个资源。①

儿童哲学活动鼓励的也是儿童与他的同伴、老师等分享、交流他的经验的、非经验的思考。

第二，儿童的精神力量是增长的。儿童的本质是什么？从隐喻的角度来看，儿童类似一颗种子，儿童的成长过程类似一棵植物的生长过程。这就意味着儿童天生就有萌发的力量，这种萌发的力量一旦遇到了合适的环境，就迸发出无穷的力量。儿童来到世界，便有一种无畏的勇气，他们接触世间的一切事物都是不带犹豫的，他们勇敢地去接触外在的世界，了解周围的世界，认识自己的世界。儿童不怕跌倒，从不计算自己与世界互动的成本，他们勇往直前。在许多儿童文学作品中，都能感受到儿童身上正在增长的精神力量。

第三，儿童成长在一定意义上是本能唤醒的过程。例如：《彼得·潘》塑造了一个永远长不大的顽童形象，他并非没有缺点，在他身上，我们看到了儿童的"狡黠"、情绪化、自我中心，他们喜欢打打杀杀，有报复心、嫉妒心，他们并非成人想象的那样天真无邪。但是长不大的彼得·潘在故事中承担了成年人才能承担的责任，当温迪和其他男孩都被海盗绑架了，彼得·潘勇敢地与海盗头目进行了斗争，战胜了海盗。彼得·潘永远长不大，而且拒绝成为成年人，但不意味着儿童不成长。彼得·潘恰恰是一个在成长的顽童形象，而这种成长体现在精神方面，并且是在一个成年人无须参与的童趣世界里。在这个没有成年人参与的世界里，不存在来自成年人的教化。而在这样的世界里，儿童也是会成长的。这也意味着，没有教化，儿童也是会成长的，儿童可以依靠自己的力量和同伴的力量实现成长。当温迪姐弟去学习飞行的时候，彼得·潘根本不想像老师那样耐心地教他们，温迪姐弟的飞行必须要靠他们自己。这里，作者

---

① 凯瑟琳·坎普·梅休，等. 杜威学校[M]. 王承绪，等，译. 北京：教育科学出版社，2007：30.

詹姆斯·巴里创造了一个没有成年人参与的世界，同时也是一个没有成年人教化的世界。会飞是儿童的天生本性，这种本能只要被需要就能够被自动唤醒。

总的来说，错误的做法是过度重视书本知识学习，总想控制儿童，总是让儿童在题海战术中服从，这是在泯灭儿童的身体和精神的力量。

## (二)歌颂童年与超越童年

浪漫主义儿童观对人类的童年持有歌颂的态度，热情地赞扬了儿童本身和人类的童年存在。童年这一段特殊的时间在每一个人的成长和整个人类的进化过程中都具有特殊的意义和价值，值得歌颂。

### 1. 承认童年的独特性，歌颂童年对人一生发展的价值

歌颂童年，充分肯定童年的价值；重视儿童，承认儿童为世界带来的意义，儿童哲学以其对童年的歌颂方式肯定赞扬了儿童和童年。歌颂童年意味着歌颂童年对人的一生的独特的、不可替代的价值。每一个人都需要经过童年走向成人，童年的存在使得每一个成年人意识到自己的根，即意识到自己从哪里来，在漫长的人生道路上，不断地在童年生活中汲取营养与力量。如果把人的成长比喻成一株植物，那么胚胎相当于种子，童年相当于根系，成年则是生发出来的枝叶。从这个意义上说，儿童与成人、童年与成年也从来不是二元对立的，也不能被定义为本末关系。如果童年消失了，成年就失去了动力的源泉；如果儿童不被尊重，成人也无法获得和体验到尊严。每一个人注定成年，但成年的来临并不意味着童年的消失，童年就在那里静静地存在着，鲜活地存在着。歌颂儿童，并不意味着一定贬低成人。"当我们将颂歌献给童年，献给儿童，绝不是贬低成年、成人，恰恰是让成人了解他个人发展的根系、他个人发展的进化史渊源，让他了解自己的童年(或他曾经是的那个儿童)是多么'伟大'与'丰富'，从而唤起他的自尊、自重、自爱、自信，也让他了解周围的人——每个人——与他一样是多么'根红苗正'，从而唤起尊重他人尊严和权利的觉悟。"①

英国诗人威廉·华兹华斯(William Wordsworth，1770—1850)，英国浪漫

---

① 刘晓东. 儿童是什么：儿童"所是"之多维描述[J]. 湖南师范大学教育科学学报，2020，19(4)：20-34.

主义诗人，曾写过许多歌颂自然与儿童的诗篇。在《彩虹》一诗中，他写道："儿童是成人之父。"①他认为成人生活的源头是儿童，童年赋予成人生活丰富的资源，这些资源使成人终身受用，因此儿童是第一位的，成人是第二位的。意大利幼儿教育家蒙台梭利也曾引述"儿童是成人之父"的说法。她在《童年的秘密》一书中写道："事实上，母亲和父亲对他们子女的生命有何贡献呢？父亲提供了一个看不见的细胞。母亲除了提供另一个细胞外，还为这个受精的卵细胞提供了一个生活环境，以便使它能最终成长为一个充分发展的小孩。说母亲和父亲创造了他们的孩子，那是不对的。相反，我们应该说：'儿童是成人之父。'"②这些历史上的思想都被继承并且获得了发展。

中国还有一位歌颂儿童的典型代表人物——丰子恺。他曾说："我要求孩子们的举止同自己一样，何其乖谬！我——我们大人——的举止谨惕，是为了身体手足的筋觉已经受了种种现实的压迫而痉挛了的缘故。孩子们尚保有天赋的健全的伸手与真朴活跃的元气，岂像我们的穷屈？揖让、进退、规行、矩步等大人们的礼貌，犹如刑具，都是戕贼这天赋的健全的身手的。"③丰子恺还说："近来我的心为四事所占据了：天上的神明与星辰，人间的艺术与儿童，这小燕子似的一群儿女，是在人世间与我因缘最深的儿童，他们在我心中的占有与神明、星辰、艺术同等的地位。"④丰子恺赋予了儿童以崇高的地位，并提出要向儿童学习，丰子恺和一个四岁的孩子对话，他问孩子："你最喜欢什么事？"这个孩子率然地回答："逃难。"在成年人眼睛里的逃难，在四岁的儿童眼睛里"就是爸爸、妈妈、宝姐姐、软软……姨娘，大家坐汽车，去看大轮船"。⑤ "他能撤去世间事物的因果关系的网，看见事物的本身的真相。我在世智慧尘劳的现实生活中，也应该懂得这撤网的方法，暂时看看事物本身的真

---

① 原文为 The Child is the father of the Man，有两种翻译：儿童是成人之父；儿童成为成人的父辈老叟。

② 蒙台梭利. 童年的秘密[M]. 马荣根，译. 北京：人民教育出版社，1990：59.

③ 丰子恺. 万般滋味，都是生活：丰子恺散文漫画精选集[M]. 武汉：华中科技大学出版社，2018：18.

④ 丰子恺. 万般滋味，都是生活：丰子恺散文漫画精选集[M]. 武汉：华中科技大学出版社，2018：19.

⑤ 丰子恺. 万般滋味，都是生活：丰子恺散文漫画精选集[M]. 武汉：华中科技大学出版社，2018：43-44.

相。唉，我要从他学习！"①在丰子恺的文字和漫画中，我们发现了一个不同于成人认知的孩童世界。

**2. 超越童年缺陷论，歌颂儿童对人类发展的价值**

儿童作为人类世界的新来者，还未取得成为人类社会合格成员的资格，因此他们是不成熟的、需要发展的。儿童发展心理学、复演论等都属于童年缺陷论的看法。从儿童发展心理学的角度看，儿童必须要成为成年人，童年时期只是儿童成长的过渡阶段，这个过渡阶段只是手段，而非目的，由于其存在缺陷而导致人们认为童年的地位低下。一方面，在日常生活中，许多人把儿童的欲望等同于小猫小狗等小动物的欲望，养育一个孩子就如同养一个宠物；另一方面，又从古代哲学家们的论述中发现儿童缺乏理性等观点。柏拉图认为儿童的理性能力有限，灵魂的理性难以控制肉体的欲望。亚里士多德曾说："儿童和低等动物能够出于意愿地行动，但不能够选择。"②对古今中外一些儿童缺陷论的看法，熊秉真曾经评论道：

> 中西历史上对儿童、童年乃至人的一生，一向持有非常强的"作用性"与"终极导向"的气质。对儿童的关怀，不但是以成人的立场和眼光作界定，不常考虑到儿童本身的感受，或从一个成长者为出发点来作规划；而且假设的背后，是认为人生均有其明确的目的，有固定的功能。儿童既只是每个个体作为成人的一个准备阶段，童年的本身遂无须具有任何特定的意义。③

这些缺陷论的观点从儿童哲学的视角看，都是需要批判的，超越缺陷论才能真正理解童年的意义和价值。

许许多多关于儿童的研究都表明儿童与成年人拥有同样的共情能力、强大的道德能力、可以媲美艺术家的创造能力。儿童可以与成年人一样思考哲学问题，这是马修斯对童年缺陷论的超越。童年的意义并不仅仅在于成人的预备，童年有其内在的独特性价值。"童年的本质是什么？它是进化史的产物，是一

---

① 丰子恺. 万般滋味，都是生活：丰子恺散文漫画精选集[M]. 武汉：华中科技大学出版社，2018：46.

② 亚里士多德. 尼各马可伦理学[M]. 廖申白，译注. 北京：商务印书馆，2003：65.

③ 熊秉真. 童年忆往：中国孩子的历史[M]. 桂林：广西师范大学出版社，2008：39.

种自然意志、自然设计、自然趋向、自然目的的体现。"①这样的观点与童年缺陷论形成了对比。实际上，儿童作为社会的新生者，并非只是作为手段的存在，从成人与儿童的关系角度反思，二者并非二元对立，而是互相影响的。人类社会并不是一成不变的，而是通过新来者的出生、进入而得到更新的，个体的生存和种族的繁衍恰恰是因为儿童来到这个世界上。诞生性是指每一个人都是从生而来，而在此过程中，世界也在不断地得到更新，这是教育的先决条件和实质。没有诞生性，就没有受教育者，也就没有教育。儿童是新来者，他们是世界的接班人，他们以不完全的状态和各种可能的方式降临于世，把崭新的事物带进现有的世界。诞生性告诉我们，一个崭新的世界永远都会有新的事物，不管这个世界上曾经发生了什么，不管你有多么痛苦，我们都可以重新开始。② 从发展的视角来看，儿童是一个不断成长的新生事物，他们有机会去创造一个新的世界，因此具有革命性和全新性。儿童哲学主张"把儿童当作这个世界里具有独特洞察力和智慧品质的新生者和初学者"③，因此这代表着我们人类的未来，正是由于儿童的到来和参与，世界的公共性和共通性才得以可能，才能在历史的时空中展开。

### 3. 超越童年认识论和价值论，走向童年存在论

在批判童年缺陷论的同时，我们也发现，儿童的一些能力随着年龄的增长在迅速下降，儿童自然地、天然地拥有人类的许多自然能力，而随着他进入文明社会，他的自然能力就会消退。儿童来到这个世界上，对一切都是陌生的，这种陌生感促使儿童极为敏感，他花了两三年的时间就熟悉了母亲和周围的事物，在掌握语言的同时，逐步走进了人类的文明社会，在这个过程中他的敏感性在下降，在消退，他渐渐变得与成人一样视而不见、听而不闻。这是在认识论和价值论上对童年的思考，还有功利主义的色彩，因此，走向童年存在论是对价值论和认识论的超越。对于一个人的成长来说，童年每天都在人

① 刘晓东. 童年哲学论纲[J]. 江苏教育，2019(18)：13-22.

② 王寅丽. 在哲学与政治之间：汉娜·阿伦特政治哲学研究[D]. 上海：复旦大学，2006：66-67.

③ Välitalo R，Juuso H，Sutinen A. Philosophy for Children as an Educational Practice[J]. Studies in Philosophy and Education，2016，35(1)：79-92.

们身上重现，童年的记忆是永远存在于人的心中和灵魂深处的，而且会一直到时间的尽头。因此，超越认识论和价值论就是超越功利主义，从存在的视角思考童年。

童年，作为一种时间性的存在，是未完成的，即从过去走来，也被未来呼唤，童年从未消失，而是不断在当下绽放。对每一个人的发展来说，童年始终存在，有多少人一生都在童年时光里汲取精神的营养，童年从未消失过，从未过去过，童年不仅仅是曾经的存在，还是现在的存在。对每一个人来说，作为曾在的童年经历和体验对于整个人生而言具有历史本体的意义和存在意义。对于有意识的生命来说，要存在就是要变化，要变化就是要成熟，就是要连续不断地进行无尽的自我创造。但这种自我创造并不意味着童年的过往和消失，把童年当作手段是不恰当的，我们需要"在更高的层次上再现儿童的天真，保留儿童的敏锐而又超越儿童的幼稚"①。童年并不是人生过程中的抽象而虚幻的存在，也不是各种符号的存在，而是鲜活的存在。我们每一个人都不是外在于我们生活的历史的，也不是外在于我们过往的童年的，我们就在当下，当我们反思童年、再现和回忆童年的时候，童年与每个人共在。"没有任何预设的推理，没有记忆或偏好，在一种纯粹的状态下持续不断地揭示永远全新的世界，就是儿童看待现实的方式。"②当我们与儿童互动，再现自己的童年时，我们将受益终身。

### (三)浪漫主义儿童观的儿童教育主张

浪漫主义儿童观以其对儿童的承认赋予了儿童强大的力量，因此，在教育上，浪漫主义的儿童观使得教化的立场由强变弱，由原来强烈的教导儿童朝向教育目标前进转变为承认儿童自身力量的增长，弱的教化立场就能实现儿童的成长。所谓的强烈的教导就是要求儿童按照成人设计好的程序前进，而弱的教化立场就是相信生命本能的力量。

#### 1. 拒斥成人的刻意教训

童年是有力量的，儿童是能生长的。面对这样的儿童和童年，成人的教化

---

① 刘晓东. 儿童教育新论[M]. 南京：江苏教育出版社，2008：180.

② 皮耶罗·费鲁奇. 儿童是个哲学家[M]. 张晶，译. 上海：上海社会科学院出版社，2016：191.

到底扮演了什么样的角色？在这个意义上，儿童哲学拒斥了来自成人的刻意教训，对成人刻意的管制、控制采取了抵制、批判、否定的态度。在儿童与成人的关系上，成年人担负着教化儿童的责任，儿童哲学反对刻意的教化，主张润物无声的浸润。从儿童哲学的实践来看，教师必须从一个积极的教化者逐渐转变为一个平等的参与者和促进者。积极的教化者容易采取刻意的态度、居高临下的姿态面对儿童，这是不符合儿童哲学精神的。儿童哲学的教师更像是一个消极的教化者，他创造了一个交谈的空间，提出了一个团结的契机，形成了一个对话过程，而这不是一个刻意教训的过程。

拒斥来自成人的教训在儿童文学里表现得非常清楚，在这方面，儿童哲学延续了儿童文学的道路。朱自强曾经批判过教化儿童的观念在儿童文学中的体现，他说："考察所有形式的幼儿文学各种样式，便可从中看到，几乎都是一种传达声、光、形、色等的外部世界知识，传达生理、卫生、食宿等的生存知识。'寓教于乐'的出发点仍是教化思想。"①这种教化、教训立场的儿童观否认了儿童的审美能力，认为儿童的文学审美能力是低于成年人的，因此倾向于为儿童提供有所谓教育意义的文学作品，试图教导儿童。但实际上，我们无法低估儿童的审美能力，许许多多的儿童文学作品里并没有鲜明的教化立场，从文学性和艺术性的角度来说，他们承认了儿童的审美能力，承认了儿童的思考能力。我们前文也曾提到过，儿童图画书《青蛙和蟾蜍》里面并没有要刻意教化儿童的立场，而是有着许多的哲学思考，儿童在阅读的过程中就能享受到美感。

在这个没有成年人参与的世界里，不存在来自成年人的教训。在没有成年人教训的世界里，儿童也是会成长的。这也意味着，没有成人的刻意教训，儿童也是会成长的，儿童是可以依靠自己的力量和同伴的力量实现成长的。

### 2. 拒斥娱乐与消解

在拒斥成人刻意地教训儿童的主张的同时，儿童哲学也与"娱乐至死"的放弃教化立场划清了界限。承认儿童的力量，不代表对儿童放任自流；相信儿童的精神，不代表一切都由儿童决策。当人类的历史进入商品极大丰富的后现代

---

① 朱自强. 儿童文学视野下的儿童学研究[M]//张斌贤，于伟. 新儿童研究：第二辑. 桂林：广西师范大学出版社，2021：179.

社会，一切皆可以成为商品的时候，有一些人的教育立场从积极卓越走向了消极平庸，从深度思考走向了屏幕感受，从谨慎思考走向了调侃娱乐。甚至有些人将这些称为浪漫主义，其实这些只能是伪浪漫主义，是地道的娱乐主义和消费主义。有学者反思道："不能不说，在一个相当大的范围内，儿童文学作家和批判家丧失了生命的痛感，与商业化、娱乐化思潮握手言欢。"①儿童哲学主张以深度思考的方式让儿童发出声音，而非以消费社会的"沉默者"的方式抵制着教育中的娱乐主义和消费主义。儿童的许多能力在自然的情境中才能发展，然而，我们为了加速儿童的成长，促使儿童快点进入文明社会，把自然的情境给消解掉了。我们不能催促儿童走出情境世界，过早地进入抽象世界。教育的重要目的就是让儿童学会在自然情境中抽象地看问题，能够从具体情境中走出来，可以抽象地、普遍性地思考这个世界。在认识论上，儿童哲学的立场是建构主义的，承认了儿童作为知识的建构者，承认童年阶段观念建构的合法性。关于建构主义有这样一个著名的童话：

> 在一个小池塘里住着鱼和青蛙，他们是一对好朋友。他们听说外面的世界好精彩，都想出去看看。鱼由于自己不能离开水而生活，只好让青蛙独自走了。这天，青蛙回来了，鱼迫不及待地向他询问外面的情况。青蛙告诉鱼，外面有很多新奇有趣的东西。"比如说牛吧，"青蛙说，"这真是一种奇怪的动物，它的身体很大，头上长着两个犄角，吃青草为生，身上有着黑白相间的斑点，长着四只粗壮的腿，还有大大的乳房。"鱼惊叫道："哇，好怪哟！"同时脑海里即刻勾画出他心目中的"牛"的形象：一个大大的鱼身子，头上长着两个犄角，嘴里吃着青草……

在这个故事里，青蛙扮演的是教师的角色，而鱼扮演的是学生角色。鱼将从青蛙那里听来的新信息与自己头脑中已有的知识相结合，构建出了"鱼牛"形象。这体现了建构主义的一个重要观点：理解依赖于个人经验，知识是个体与外部环境交互作用的结果，人们对事物的理解与个体的先前经验有关，因而对知识正误的判断只能是相对的；知识是不能通过教师的讲授而传递。要想让

---

① 朱自强. 儿童文学视野下的儿童学研究［M］//张斌贤，于伟. 新儿童研究：第二辑. 桂林：广西师范大学出版社，2021：199.

儿童学到真正的知识，必须创设真实的情境，让儿童在真实的情境中去自主探究，以实现个人的"意义建构"。

一直以来，教育都处在对立的拉扯之中，一端是知识的强制性，另一端是拥有可能的自由，在控制与自由的拉扯中，不同的派别采取了不同的路径。浪漫主义的儿童观大约是采取了自由相关的派别，认为儿童拥有与神一样的力量，而这种力量随着年龄的增长会消退，因此需要尊重儿童，解放儿童。

## 三、批判视角下的儿童观与儿童哲学教育

现代社会对儿童观建构的一大贡献就是把儿童从成人世界里独立出来，从成人世界中区别开来，认为儿童不是缩小版的人，儿童就是儿童，从此以后人类走进了现代儿童观的时代。这一时代当然为儿童的发展谋取了诸多的福利，但同时也开启了儿童与成人的二元论思维方式时代，也有相应代价的产生，即儿童必须朝着成人方向运动，由"还没有"走向"必须是"，这一过程中，儿童逐渐沦为"发展的机器"。整个社会都在催促儿童快快长大，陷入对儿童发展的透支状态中。

### (一)社会发展对儿童的催促

作为成年人，当然希望下一代能够早日胜任成年人的生活，成为独立的个体；而在一个社会中，儿童当然也要承担起做好公民期待。由此，人们期待，儿童必须在学习化的社会里成为全能的人，所有不具备的能力都需要通过学习把能力的鸿沟填平，实现"还没有"到"必须是"的过程。在这个过程中，不断地加速、不断地催化，导致儿童成为一个发展的机器，成长的过程不得不按照既定路线朝向固定目标运动。

**1. 关于儿童的各种学科催促儿童快速发展**

在儿童作为我们人类知识分科的对象的背景下，形成了一大批以儿童为对象的学科研究，这些与儿童相关的研究成果提供了诸多关于儿童的知识，在清楚地把握儿童与成人不同之处的同时，人们树立促进发展的观念，关于儿童的各个分支学科知识为成人提供了促进儿童发展的路径与策略。发展心理学成为

独立学科的时候，儿童心理学逐渐转向发展心理学，儿童的发展要遵循一定的发展阶段与发展顺序，儿童才能成为成人，这个过程中也有意无意地遵循了儿童—成人二元论的分析思维。这一思维方式的形成一方面形成了儿童本位的出发点，但另一方面也产生了儿童与成人之间的界限，同时也就意味着儿童须向成人方向运动，这也是实现个体生存和种族繁衍的需要。当福柯提出生命政治学的时候，我们也赫然发现，儿童的发展过程居然也是一个对生命进行管理的政治学过程。人类历史上的教训主义、原罪主义虽然承认成人与儿童的不同，但认为儿童是不成熟的，儿童是需要被改造的；洛克的"白板说"主张儿童宛如一张白纸，缺乏生活和学习的经验；皮亚杰认知发展理论强调儿童认知发展的四个阶段。这些虽然为我们认识儿童提供了帮助，但都在一定程度上对加速孩子发展、导致孩子成为发展的机器起到推波助澜的作用。马修斯也曾说："如果我们是心理学家，我们可以借着跟小孩对话，了解在他们现在的年龄或许应该有怎样的表现。我们可以将孩子所说的话视为他们发展的指标，或者，这些说话的内容甚至可以显示出小孩在某个特定年龄一般应该有怎样的发展，以及这些一般性的发展为什么没有发生在他们身上的原因。"[1]关于儿童的各种发展理论成为这个消费社会的消费品，在这个强调发展的功利化时代里，人为地加速儿童迈向成人的步伐，其糟糕的后果就是让儿童沦为发展的机器，使儿童观出现异化。

**2. 社会时空特征催促孩子快长大**

多时空的突然切入与即时展开，在不知不觉中加快了儿童的成长节奏。现代社会的各种技术手段虽然在一些方面促使人类生活更为便捷，但儿童的成长也被纳入技术手段的大数据计算中。儿童的成长过程被当成固定运动的过程，其发展进步是线性的、可预测的。儿童必须长成社会所需要的那个样子，在具体的社会生活中，儿童就是潜在的工人、农民、消费者等，必须通过教育培养儿童具有工人、农民、消费者等角色的能力，否则教育就被认为是失败的。儿童与社会互动的途径包括玩、劳动、学习等形式，通过这些途径儿童被培养成社会所需要的成人。因此，每一个儿童都是被迫的学习发展者。实际上，每一

---

① 加雷斯·B. 马修斯. 与儿童对话[M]. 陈鸿铭，译. 北京：生活·读书·新知三联书店，2015：前言1-2.

个儿童都拥有无限的潜能，然而按照社会所要求的具体人形象规训儿童则是对儿童潜能的伤害。为了所谓发展效率和效果，儿童身上的那些非潜能被牺牲了，每一个孩子身上"还没有"的状态和表现必须通过发展实现"必须是"的状态和表现。当前所有与儿童的互动，其目的都是实现与成年人世界的对接。实际上，关于与成人世界对接的原因，有两种观点："一种观点是成人把成人的世界看成是完善的东西，而要把儿童领入这个世界；另一种观点是意识到自己和生活的不完善和不能满足，而不想让下一代人重蹈覆辙。"①所以也要引导儿童进入成人世界。有研究者提出："从司马光的时期算起……儿童每过一百年，进行相同活动的年龄就降低一岁。也就是说，当时一个九岁儿童做的事情，经过一百年之后由八岁的孩子来做，再过一百年之后由七岁的孩子来做……随着时间的流逝，对应的年龄越来越小。"②在这个进程中，个体要累积成为"类存在"。在这个过程中，教育成为形塑性较强的活动，在各种指标和目标的指引下放弃了其他潜在发展的可能性，牺牲了对成人世界"无用"的东西，把成长的过程封闭起来。"'不要输在起跑线上'等类似的揠苗助长口号，当然会使处于人生'黄金时代'（丰子恺语）的小孩子们变成'急匆匆的儿童'，儿童被催逼着尽快走出从容的悠闲的童年生活，而踏入成人竞争社会给予他们的种种外部发展任务和目标。"③

　　生命能够找到自己的方向，这是生命的本能，人们追求使自己成为自己的方法有很多。但是过分压缩时间，或者在单位时间内进行测量进而提高效率的活动都只能带来压力，带来无助，无助于儿童安全感的建立。时间的压缩带来的最大问题就是空间的缩小，时间是线性的存在，是当下的，当儿童的时间被填满的时候，空间也就大大缩小了。现代社会发展飞速，人生存在焦虑中，时空的变革并没有带来人的解放，反而给人带来枷锁。

**3. 把控儿童所有的秘密**

　　杜威在《确定性的寻求》中提出，在不确定的世界里，人们为了寻求确定

　　① 朱自强. 中国儿童文学与现代化进程[M]. 杭州：浙江少年儿童出版社，2000：319.
　　② 熊秉真. 又见童年：近代中西学界对儿童问题的知识考掘[M]//张斌贤，于伟. 新儿童研究：第一辑. 桂林：广西师范大学出版社，2020：6.
　　③ 刘晓东. "幼态持续"及其人文意蕴[J]. 南京师大学报(社会科学版)，2014(6)：88.

性，诉诸诸多权威。而权威必须是不可测量的、神秘的，一旦变得可测量了，变得经验化了，那就不再神秘了。孩子对成年人来说，是个神秘的存在，但伴随着对孩子的诸多了解，孩子成为经验的存在，发展可测量，通过活动可促进发展，实现预期目标，结果就是我们以为儿童可以由我们任意塑造。我们通过儿童心理学洞察儿童的心理样态，知道他们是怎么想的；我们通过儿童身心发展常模，知道儿童下一步要达到的目标，展开一系列走向目标的活动。儿童的成长过程被我们变成一个工程，我们自以为自己很了解儿童，能够把控儿童的全部，不再把儿童当成神秘的存在。各种各样的经验科学提出的各种各样的预测理论使得我们认为自己对儿童了如指掌。然而从哲学的角度看，德尔菲神庙上的指示"认识你自己"在向我们显示，我们能够无限地逼近自己，把自己对象化，进行反思，但最终却无法知道我们认识的自己是不是真正的自己；对待儿童也是一样的，也许，我们只能无限地逼近真实的儿童，而成年人则傲慢地认为，我们把控了儿童所有的秘密，儿童在成人面前是透明的，没有秘密可言，儿童不再是个神秘的存在。现代人就生活在技术理性和价值理性的紧张关系之中，整个社会的发展就是一套技术在支配着人，正如福柯所讲的："所有这一切都是为了制造出受规训的个人。"①在规训技术面前，儿童不再拥有秘密，"考试使教师在传授自己的知识的同时，把学生变成了一个完整的认识领域"②，成为机器的儿童可以被全面把控。

## (二)儿童沦为"发展的机器"

马克思曾经阐述过人类的三种存在样态：

> 人的依赖关系（起初完全是自然发生的），是最初的社会形态，在这种形态下，人的生产能力只是在狭窄的范围内和孤立的地点上发展着。以物的依赖性为基础的人的独立性，是第二大形态，在这种形态下，才形成普遍的社会物质变换，全面的关系，多方面的需求以及全面的能力的体系。

---

① 米歇尔·福柯. 规训与惩罚：监狱的诞生[M]. 刘北成，杨远婴，译. 北京：生活·读书·新知三联书店，2003：354.

② 米歇尔·福柯. 规训与惩罚：监狱的诞生[M]. 刘北成，杨远婴，译. 北京：生活·读书·新知三联书店，2003：210.

建立在个人全面发展和他们共同的社会生产能力成为他们的社会财富这一基础上的自由个性，是第三个阶段。①

我们目前处在第二个阶段，我们努力试图摆脱依赖性，成为独立性的存在，对物的依赖性又导致我们处在矛盾而焦虑的状态中，在教育上就表现为无处不在的功利主义。在这样一个儿童与成人二分的社会里，这样的二分导致孩子成为"为了成为成人"的孩子。

**1. 出现了许多不适应现代社会发展，需要矫正的儿童**

现代社会变迁过程中，科学的发展让我们对儿童有了更多的了解，知晓了儿童心里的想法与生理发育的诸多指标，但伴随这一过程，也出现了许多异常的儿童。19 世纪的科学儿童观创造了一个标准的、正常的儿童，随之也创造了异常的儿童。从 19 世纪末、20 世纪初开始，异常者不仅包括身心残障儿童，而且还包括无法适应学校生活的儿童。人们鼓励将学校的要求列入区分儿童正常和异常的标准中，于是产生了"学业异常儿童"和低能的儿童、有智力障碍的儿童、不受约束和不守纪律的儿童等，② 还特别关注了多动症儿童。实际上，西方中世纪之前并无儿童多动症的说法，儿童在家接受教育，劳动也一直是手工劳动，而非大工业的集体生产制度，如果一直持续下去，没有现代工商业生产性质的班级授课制的学校教育，那么似乎不会出现需要进行矫治的"多动症"这一类型的疾病。受福柯的启发，有许多研究试图说明，世界上本来不存在"儿童多动症"（attention deficit disorder，ADD，也可以译为"注意力缺失紊乱"）这种东西。有些孩子天性活跃些，而另外一些孩子天生就安静些，这符合人类遗传的多样性分布。现代义务教育需要班级集体授课，因而学生需要安静待在座位上，大工业生产需要劳动者安静地待在生产线上，这时，"儿童多动症"就产生了。据说有这"病"的孩子，无法集中注意力，无法听讲，拒绝留心，也不愿遵守规则……他们不会静静地坐着，话语过多，而且语无伦次，坐

---

① 马克思恩格斯全集：第 46 卷（上）[M]．中共中央马克思恩格斯列宁斯大林著作编译局，编译．北京：人民出版社，1979：104.

② 艾格勒·贝奇，多米尼克·朱利亚．西方儿童史：下卷[M]．卜晓平，申华明，译．北京：商务印书馆，2016：379.

立不安，经常得出莫名其妙的结论。① 现代学校教育的统一性与标准化，促使学校并不是适应孩子的成长，而是要求孩子必须适应学校教育方式，为了这个适应的过程，学校被要求对学生的问题行为进行矫正，许多学校也就都产生了各种各样的问题儿童。这类人被称为"不听话的孩子"或"无法被教育规范体系接受的人"。② 矫正的过程中，孩子就像一个需要进行修补或者进行某些零部件替换的机器。对此，对现代社会持批判态度的人文学者认为，这明显是为了经济利益与社会稳定而被炮制出来的病，是为了整肃那些不适合社会要求的人而生造出来的。③ 现代的学校教育不仅仅承担着教化儿童的功能，还承担着对儿童的诸多行为进行矫正、对儿童的行为进行甄别的功能。

**2. 牺牲了发展中的幼态与无能**

儿童处在全能、有无限发展可能的生长空间，但是在一个具体的社会中，由于要成为成年人、满足这个具体社会的政治经济发展需求，成长过程中的儿童就会丧失那些与政治、经济发展无关的可能性。每一个成长中的人所能是或只能是尽可能满足经济社会发展需要和市民角色扮演需求的人，其他的可能性是无关的，因此那些没被发展的潜能就会被泯灭掉。今天的儿童在学习和劳动中获得那些"还没有"和"必须是"的素养，从而成为这个具体社会中可靠的成员。在这样的情况下，儿童所具有幼态实际上是危险的，因为幼态极其不稳定，总是处在震荡中。由此，幼态中那些与政治经济发展无关的潜能就被忽视掉和牺牲掉了。

无论我们怎样尝试去摆脱目标模式，我们发现我们无不受目标的限制。孩子成长为一个什么样的人早已经被教育目标规定好，教育的过程就是让孩子从无知走向有知，孩子需要掌握的技能从不具备到具备。这样就把教育的过程变成了一个促使儿童向固定目标运动的过程，教育就像是一个模子，要把各种各样的儿童装进去。对于这种现象，杜威早就批判过，他认为教育的目的是生长，生长不是一个朝向固定目标运动的过程，生长的目的就是生长，除了它本身外，生长没有其他目的。然而错误的做法就是把生长的过程变成一个朝向固

---

① 贺玉高.《在花园温室里》的现代文化反思[J]. 读书，2018(4)：166-175.
② 米歇尔·福柯. 不正常的人[M]. 钱翰，译. 上海：上海人民出版社，2010：244.
③ 贺玉高.《在花园温室里》的现代文化反思[J]. 读书，2018(4)：166-175.

定目标运动的过程，在这个过程中，要把能力欠缺的鸿沟填满。

人的发展拥有无限的可能性，我们每个人都拥有诸多可选择的可能生活，但在朝向固定目标运动的过程中，多样化的可选择的可能生活沦为唯一的不可选择的生活。人的无限发展的可能性被无视，那些看似与未来无关的潜能被漠视了，那些看似无能的样态由于对成为成人没什么实际作用而被忽视了。

### 3. 儿童被迫超前发展成为稳定的存在

成人世界之所以如此焦虑，是因为我们无法忍受作为不确定的存在的儿童，似乎儿童快点从这个不确定的存在走向确定性存在，才能为成人社会发展带来安全感。知识对于学生发展的意义主要是认识论的，而认识论的核心是知识增长问题。知识增长问题对教育产生了强烈的影响，教育要把增长的知识进行种族经验的传递。就社会的发展来看，最功利的做法就是幼儿园教育"小学化"，这种教育方式催生了成熟的儿童，以及小学教育"中学化"的竞争性教育（competitive rearing，竞争式育儿方式），整个社会都在催促年轻一代快点长大，不允许孩子按照自己的方式成长、生活，希望孩子不断地进步，把所有的希望都寄托在下一代，催促着下一代能够早日承担社会责任。

问题在于，人们总是认为童年终将过去，尤其是在时间的规制下，童年只是一段。可以说，时间的观念使得童年仅仅成为"一段"时间。"科学处理的对象是空间对象，形而上学认识的是时间对象；科学把握生命的外观以及周围的物质世界，形而上学把握生命的本质以及意识生活的内部世界。"[①]人的时间具有当下性，然而人类却需要更多的时间，从而制造了超负荷的时间。在这"一段"时间里，对童年的测量无处不在。童年时期的所有成长，包括物理生活空间中可见的身高、体重，以及看不见的情绪、情感等都需要被测量，甚至有标准化的发展量表。如果测量可以影响一个人一辈子的境况，测量内容决定课堂内容，那作为人的整体性在哪里呢？"人人都依照公共化了的时间调整自己，也指望别人这样做。"[②]尽管在物理空间中，科学时间可以提高人们有形世界的某些实践效果，但对于人的生命本质而言，它却不能反映或支配人的时间性存在。儿童必须在规定的时间范围内迅速成长，成为成人社会所需要和期待的

① 刘放桐，等. 现代西方哲学[M]. 北京：人民出版社，1990：208-209.
② 陈嘉映. 海德格尔哲学概论[M]. 北京：生活·读书·新知三联书店，1995：139.

人。儿童被嵌入"抽象时间"里,"抽象时间是一个自变量;它建构了一个独立的框架,运动、事件、行动发生其中。这种时间可以被分割为等同的、定量的、无性质的单位"①。由此,工业社会制造出"人造"的儿童,并且制造儿童的发展。

孩子拥有发展的权利,但这种权利并不是孩子靠自己的努力争取来的,而是成人从保护孩子和种族繁衍的角度给予的,由此,权利就和权力建立了亲密的联系,孩子的所有信息、实践都与权力结构密切相关。现代社会对儿童的发展充满了焦虑,这种焦虑是社会政治经济结构带给人的生存性焦虑在儿童成长方面的体现。

## (三)回归"幼态"的儿童拯救

生命问题始终困扰着哲学和科学的发展,每个时代的"巨人"都在诠释生命的意义和生命形态。"幼态"的无限可能性或许是实现拯救的路径。

### 1. 关注儿童的幼态水平

我们要过幼态持续的教育生活,而非线性的发展机器的生活。在语言习得方面,"人类不是'拥有语言的动物',反倒是被剥夺了语言,因此必须从外部获得语言的动物"②。儿童语言的获得恰恰是儿童与外界环节互动的过程建构的,处于牙牙学语状态的婴儿拥有学会任何一种语言的潜能,一旦学会某种语言,儿童学会其他语言的可能性就大大降低。那种牙牙学语的状态具有无限可能性。如果说人类占有了某种语言或文化,自己就拥有了更强的能力与把控力,同时也意味着受制于这种语言和文化,付出的代价是趋于保守。人类创造的文化促使人类对环境的控制能力急剧增强,但也意味着人类开始受到自身创造的文化的制约。这就需要我们以开放的心态来面对来自未来社会的不确定挑战。而打破这种二元论是解构儿童朝向成人运动的重要思维方式。德勒兹认为,成为孩子并不是真的回到孩子的状态,而是回到人类的幼年,回到拥有无

---

① 莫伊舍·普殊同. 时间、劳动与社会统治:马克思的批判理论再阐释[M]. 康凌,译. 北京:北京大学出版社,2019:235.
② 吉奥乔·阿甘本. 幼年与历史:经验的毁灭[M]. 尹星,译. 郑州:河南大学出版社,2016:84.

限发展可能性的状态中，回到我们拥有无限发展可能状态的时机中。幼态既不是成人状态，也不是孩子状态，而是一个"不能合作"的状态，一个不确定的生命形式，一种为了成为成人但没有成为成人的在途状态。幼态意味着与阶层、阶级、等级等价值观永远无关。这种状态不是纯粹的、拒绝的、无助的状态，而是一种面对不确定性的开放状态。"幼态持续学说对童年的发现，对于改变以童年为敌的社会现实具有重要意义，对于小觑童年、毁坏童年、急匆匆将儿童赶往成年世界的想法和做法是一剂解药。"①实际上，儿童是独立个体，那些关于儿童发展的各种时间表，实际要求成人把握儿童发展的时机，而不是发展的时间点；不是通过训练在恰当的时间点达标，而是通过把握发展的时机，通过儿童与成人之间的各种关系，如亲子关系、师生关系、朋友关系等实现学习，在互动过程中实现灵魂的成长和情感的交流。

**2. 重塑经验能力**

教育的伟大之处就是通过种族经验的代际遗传促进个体在短短十几年时间内把握人类前面文明的高度，效率固然是高，但付出的代价是个体丧失了经验的能力。现代社会，人坐在家里就能知道很多。例如，人们生活在地球上，绝大多数人并没有亲身看到过、经验过地球是圆的，但都知道地球是圆的，而地球是圆的并没有成为经验，但大家都这么认为。因此，阿甘本提出，这是一个经验崩溃的世界，年轻一代丧失了经验的能力。年轻一代就像是童年时代的卡通角色，他们能走在稀薄的空气里，因为没注意到这点，一旦他们注意到了、经验到了，他们就受到了束缚而倒下了。因此，无论经验的代际遗传如何重要，最终都需要内化进入儿童头脑中，成为可以应对环境变化的技能与个体的真实经验，这样儿童才不会倒在束缚面前，才能真正具备应对世界变化的能力，而不会成为一个被人操控的机器。在生活的各个方面，都应该允许儿童遇到人生的真正经验。体验是儿童进入文化社会的基本依靠，只是简单地把人类的文明成果直接当作礼物送到儿童手里，并要求儿童接纳，这种做法不但不能延续文明的发展，还会阻断儿童对人类文明的传承。儿童的真正长大成人意味着他们可以走出被监护的状态，可以在自己被需要的时候承担起责任。我们催

---

① 刘晓东."幼态持续"及其人文意蕴[J]. 南京师大学报(社会科学版)，2014(6)：88.

促儿童快快长大，导致的结果是长大的儿童并没有感受到自己是被需要的，无法承担相应的责任，因此，无法真正像一个成年人一样去担当。康德提出的启蒙，希望儿童走出蒙昧状态，用自己的理性思考，而由于被催促长大的儿童缺少真实的经验能力，身体上长大为成人，心理上却还处在蒙昧状态。因此，拥有经验能力的儿童才能成为有担当的人。重塑经验能力意味着我们要信任我们的孩子，这样他们心灵的能力才能被释放出来，才能真正有担当。这也意味着不能按照既定时间表与路线图建构儿童的成长表，而是让儿童体验时空，促使儿童以自己的方式实现对世界的体验、表达、思考与交流。

**3. 重构学习观**

孩子从能力不具备到具备、从能力弱小到能力强大的过程，是一个学习与教育的过程。我们应当反思这一过程。"幼态的概念允许我们把人类的行为当成永远不成熟的状态"[1]，既然是不成熟的状态，那么意味着我们拥有无限的可能性，教育应面对可能性与开放性，儿童的学习不是朝向固定目标运动的过程，教育不应该生拉硬拽地把儿童带到文化知识的身边去。普通教育并不是把人培养成全能的人，普通教育也不是把人的能力鸿沟填满的过程，而是提供给每个人普通的、一般的教育活动，帮助每一个个体在漫长的童年期通过深度的体验找到自己致力于从事的活动。从这个角度看，儿童的学习并不是把不会的东西学会，而是能在自己未知的领域中以探究性的兴趣持续探索。从发展的可能性来说，教育并不是把儿童培养成各个方面都获得深入发展的全能人类，在现代这个分工社会里，教育更多地承担着帮助者的角色，教育提供了各种各样的丰富多彩的活动，每个个体在其中的诸多参与能够帮助个体确定自己未来可能的选择。这个过程绝不能把儿童当成发展的机器，操控儿童的人生。教育活动不仅仅是从外在的角度以明确的人格形象引领人的发展方向，也强调通过各种方式与途径，引发儿童发挥存在于他自身之内的潜力。所以，在儿童面前，或许我们要保持谦卑，不能以我们自己的想法去忖度他们的秘密。孩子作为一个独立的生命个体，生命能够找到自己的出路，他不需要过多的干预和控制，

---

① Storme T，Vlieghe J. The Experience of Childhood and the Learning Society：Allowing the Child to be Philosophical and Philosophy to be Childish[J]. Journal of Philosophy of Education，2011(2)：189.

他需要的是机会、关爱和信任，当孩子自愿投入某项活动中，付出了自己的努力凝聚在某项活动中，他很高兴，很珍视，这个时候他就成长了。

现代社会的飞速发展带来了现代人生活的各种焦虑，教育活动在快速朝向目标运动的过程中，失去了最初的理想。对儿童的可持续发展来说，我们需要不忘初心，在面对我们的教育对象——儿童时，能够自觉地拒斥异化。

## 四、本章小结

无论是类存在的视角，还是浪漫主义的主张，以及批判视角下的反思，儿童哲学对待儿童的基本态度都是尊重儿童的主体性，重视儿童的诞生性，承认儿童的独特性。然而现实中总存在着异化。马克思说："机器、劳动的简单化，被利用来把正在成长的人、完全没有发育成熟的人——儿童——变成工人，而工人则变成了无人照管的儿童。机器迁就人的软弱性，以便把软弱的人变成机器。"[①]因此，儿童哲学带来的"儿童观"的反思也是对异化的拒斥与抵抗。儿童哲学教育倡导浪漫主义的"哲学家儿童"形象，悬置成人世界的哲学概念、符号和各种话语霸权，悬置教师的专业知识，都是为了拒斥各种异化。尽管儿童哲学的儿童观对一些教育实践持有强烈的批判态度，但是儿童哲学不可能拒斥教育，因为一个婴儿呱呱坠地，不会一下子成长为翩翩少年，也不能一下子就张口说话，即便聪明绝顶、天赋卓越，也不可能跨越代数便了解微积分，恰恰是这个成长的"黑箱"让我们对儿童保持敬畏，同时也在积极地引导和促进他们的发展。教育要帮助儿童走出粗糙的、发展中的、正在形成的天性，促进其智力发展和道德发展，使其迈向成年状态。

---

① 马克思恩格斯文集：第1卷[M]. 中共中央马克思恩格斯列宁斯大林著作编译局，编译. 北京：人民出版社，2009：225-226.

# 第六章　儿童哲学教育与学校的学科教学

　　康德在研究教育的过程中提出如何在强制中培养自由的问题，他说："教育最大的问题之一就是：人们怎样才能把服从于法则的强制与运用自己自由的能力结合起来呢？因为强制是必需的！有了强制，我怎么培育出自由呢？"①这也体现了康德对实现启蒙理想提出的教育路径，这个"现代教育难题"引起了后续思想家的思考，带来了各种纷繁复杂的教育答案，儿童哲学教育研究与实践也对这一问题进行了回应，提出"在自由中培养自由"，为我们解决现代教育难题，实现学科育人提供了重要启示。

## 一、缘起：现代教育难题的艰难探索

　　历史发展进程中，当时与后来的思想家沿着康德对现代教育的发问展开思考，或直接或间接地回应了康德提出的教育难题。例如，洛克在政治社会中批判了家长制，认为政治社会的家长制会导致独裁，但在教育中却提出借助家长权威培养现代公民的自由人格，提出在肯定家长权威的基础上培养儿童的自由人格的教育主张；赫尔巴特也提出，通过管理—教育性教学—训育的道路，由外在强制向自我内在强制过渡，才能实现最终的自我教育。进入现代，又出现了"阿伦特难题"，即"现代世界的教育问题在于这个事实：教育本质上不能放弃权威或传统，但它又必须存在于一个既非权威所建构，又无传统可维系的世界里"②。让年长一代和年轻一代顺利联结起来实现人类社会生活的延续，并不是一件容易的事情。康德提出的现代教育难题在现代学校教育中体现为学科育人难题：如何通过学科教学中的知识学习实现价值的引领与塑造？如何在学科的规训强制中培养儿童的自由精神与民主品格？

### (一)教育实践中的学科育人难题

　　教育实践总是难以把握微妙的平衡，如果片面强调强制与权威，那么儿童的自由精神与民主品格就不会获得生长；如果一味地强调儿童的自由生长，又

---

　　①　康德. 康德教育哲学文集：注释版[M]. 李秋零，译注. 北京：中国人民大学出版社，2016：21.

　　②　檀传宝. 当代伦理与教育的"阿伦特困境"及其出路[J]. 江苏高教，2016(4)：6-8.

会导致其放任自流，产生不负责任的"垮掉的一代"。我们如何促使儿童在接受人类文化精华、社会秩序的教化中实现自由精神、民主品格的生长？在一个促进发展的时代里，怎样才能不使儿童沦为"发展的机器"，实现儿童生命的可持续生长？现代教育的核心载体与途径——学校教育中的学科教学一直以知识的强制性面貌出现，作为这个社会的"后来者"，儿童需要服从现代学科体系中的事实与观点、思想与方法、思维与逻辑等权威形态，然而实践中人们也不得不面对现代学校的分科教学带来的学科规训、学业压力、学习焦虑等困境。我们必须思考：在学科知识的权威强制下，学科育人何以可能？显然，简单地传授学科知识不是育人的全部，除了知识的学习外，必然包含着情操陶冶、价值塑造、意志磨炼、思维养成等。现代知识分化形成的基础教育科目的教学如何实现学科育人呢？如果套用现代教育难题的表达格式，如何在学科的强制性中培养具有民主精神和自由人格的年轻一代？教育实践中人们总是倾向于采取二元对立的思维方式，要么片面地采取强制，要么偏执地支持自由，二元对立的实践中产生了诸多教育困境。

### (二)儿童哲学教育对学科育人难题的解答

面对这一现代教育难题，儿童哲学教育也提出了自己的解决方案。奠基人李普曼实际上就是针对学校学科教学没有培养出能够理智思考的人这一困境创造性地提出儿童哲学理论的，所谓 Philosophy for Children 就是为了儿童的哲学计划，他采取在学校教育中独立设置儿童哲学课程的方式，培养儿童的批判性、创造性、关怀性思考能力，以此来克服学科教学的短板。独立的儿童哲学课程设置实际强调了在悬置权威的前提下，使教育中的"被压迫者"真正得到解放，通过给予儿童自由思考的机会与权利，培养自由人格。从儿童哲学的实践看，儿童哲学教育对康德提出的现代教育难题的解答思路是：在自由中培养自由，即悬置权威，通过自由思考培养自由人格。儿童哲学教育并没有选择康德教育难题的起点，而是对到达终点的道路进行了重构，即以哲学为内容培养理性人。诚如李普曼所认为的，哲学教育是改善思考的，有助于学生从错误中鉴别出真理、从不正确中鉴别出正确，促使学生在不同的情境中进行知识迁移和问题解决。这为我们思考学科育人困境提供了启示，在每一门学科中，都蕴含着大量的哲学资源，这些哲学资源就体现为学科哲学，"历史系的学生学会思考的不仅仅是关于历史的：他们应该学会历史地思考，学逻辑的学生应该学会逻辑地思考，学心理学的学生应该学会心理学地思考"①。如果在学科教学中融入、渗透哲学，或者汲取学科内容中的哲学资源，那么育人难题亦可解决。

　　总的来说，李普曼试图通过儿童哲学课程的独立设置来重构学校教育，克服学校学科教学的不足。较之以往的课程，开设多样化并益于儿童独立思考的新课程将能帮助儿童在办事、讲话和行动时更富于想象和思考。② 李普曼以儿童哲学教育重构学校教育，以儿童哲学教育精神引领学科教学的教育理想并未实现，如何在学校教育的分科教学现状下实现儿童哲学教育依然是我们面临的难题。

## 二、挑战：儿童哲学教育与基础教育学科教学的矛盾

　　我们在思考儿童哲学教育与学科教学之间的关系时，必须要首先审视当前学校教育和儿童哲学教育的现状，以便能够确定儿童哲学和学科教学各自的位置、异同、优劣，并为两者的合作提供思想准备。从整体上说，儿童哲学探究活动与学科教学活动之间存在着紧张关系，这给儿童哲学教育的实施带来挑战。

### (一)活动目标有重合

　　儿童哲学教育的某些培养目标可以被学科教学实现甚至取代，因而儿童哲学教育存在的必要性受到质疑。例如，儿童哲学教育所培养的批判性思考能力一般包括演绎、归纳、对比、下定义、举例、找出根据、提出理由等思维方式，但其培养亦可以在基础教育的语文、数学和科学学科教学中体现甚至实现。既然儿童哲学可被学科教学替代，那么儿童哲学教育有存在的必要性吗？这也就是英国的教育哲学家约翰·怀特在《小学教育的哲学》中提出的质疑："在基础教育领域，儿童哲学教育的目标被整合进普通教育目标中，但留下

① Reed R F, Johnson T W. Philosophical Documents in Education: Second Edtion[M]. New York: Longman Publisher, 1996: 208-209.

② 李普曼. 教室里的哲学[M]. 张爱琳, 张爱维, 编译. 太原：山西教育出版社, 1997: 前言 8.

了一个争论：为什么是儿童哲学课程而不是其他的课程活动被当成追求这些目标实现的媒介呢？"①尽管李普曼的儿童哲学课程目标还有创造性思维、关怀性思维、合作性思维等方面，但约翰·怀特的批评也是有其合理性的。换句话说，儿童哲学教育对现代教育志于培养理智人的理想有促进意义，但其必然唯一性引起质疑也并不为奇。而且，儿童哲学的实践并非都是高质量的。因此，儿童哲学教育存在的必要性和价值无疑在理论和实践上都有可商榷之处。

但是儿童哲学实践与其他学科的实践不同，儿童哲学实现了不一样的学习目标。当学科教学在实现目标达成度、追求学业质量提升的时候，儿童哲学给予了儿童不一样的学习体验，不以学业质量提升为目标，而是以儿童的思考、情感的体验为目标，以是否体验和发现意义为目标。在这个意义上，儿童哲学又有独特的不可替代的价值。

## (二)内容性质有不同

并非所有的哲学问题都适合儿童思考，但大多数哲学问题都可以转化为儿童可以思考的内容。但与其他学科相比，儿童哲学教育的内容仍然处于"尴尬"境地，即哲学内容不能进阶。基础教育的多数学科知识（如语文、数学等学科）以螺旋式顺序排列，显示出鲜明的进阶特点，因而可以按照学生的年龄与认知特点完成由易到难、由简到繁地逐渐展开。"在数学学习领域，可以实现从认识数字到计算到精确理解的进步，地理或者文学等非线性内容的科目亦可以进行层级进阶，但哲学呢？"②哲学的内容无法像其他学科知识一样实现螺旋式排列，教师也不能为哲学的学习提供连续不断的思维导图。此外，儿童哲学教育的内容由于无法经验化，导致一些两难问题仅可激发思考而无法直接指导儿童的生活实践。更为严重的是，一旦儿童把一些先验的哲学思考经验化，可能会妨碍儿童的正常生活与实践。

在学校教育中，儿童学习的一个特点是进阶，儿童的学习是从简单到复杂，从低级到高级的。可是，"进阶"不一定恰当，怀特海说："他们给一

---

① White J. Philosophy in Primary Schools？[J]. Journal of Philosophy of Education，2012，46(3)：452.

② White J. Philosophy in Primary Schools？[J]. Journal of Philosophy of Education，2012，46(3)：454.

个六岁的正在牙牙学语的小东西指定了一些任务，这些任务或许令圣贤都感到沮丧——他们穷其一生努力都未必能完成。同样地，数学学习中最难的部分是代数的原理，但这部分却要放在相对比较简单的微积分之前学习……把较难的内容往后放并不是解决问题的有效方法……人为地把一些科目放在另一个科目之前，制造出教育中的干涸的撒哈拉沙漠，了无生气。"①哲学或许就是怀特海说的这样的存在，我们不能以顺序、难易作为是否进入儿童学习视野的标准。

## (三)实践方式有差异

首先，与学科教学相比，儿童哲学教育倡导把适用于学科教学的秧田式的教室格局转变为利于建构师生共同体的布局。其次，哲学教育更强调在开放的氛围中展开深度的思考、提问、辨析，没有标准答案的正误判断，缓解了学生在学科学习的座位安排、封闭环境和评价机制中的焦虑感。最后，儿童哲学教育倡导在师生彼此信任和尊重的安全的氛围中思考，强调教师是团体探究的促进者而非判断学生认知正误的法官，从而减轻了学生的恐惧和焦虑，使学生能自由地进行思考和交流。但在教育实践中，尽管许多教师意识到需要给予儿童自由思考机会和安全需要的满足，但在学科考试的背景下，"一个小范围的研究表明，儿童哲学教育是反文化实践，是非线性、混乱、复杂，短期结果无法预测"②。与学科教学的可测量、可量化相比，儿童哲学探究活动难以实现标准化的测量。

尽管实践方式存在差异，但不同的方式之间不至于冲突到不能相容、非此即彼的地步，儿童哲学的实践方式能够对一般意义上的学科教学起到纠正作用。基于此，许多研究者在怀疑儿童哲学的价值同时也认识到儿童哲学的不可替代性。因此，这值得我们深思在现代教育体系中儿童哲学教育应处于何种位置，以及何以可能。

---

① 怀特海. 教育的目的[M]. 庄莲平，王立中，译注. 上海：文汇出版社，2012：22-23.

② O'Riordan N J. Swimming Against the Tide：Philosophy for Children as Counter-Cultural Practice[J]. Education 3-13, 2016, 44(6)：658.

### 三、和解：儿童哲学与学科教学共同解决现代教育难题

儿童哲学教育在世界基础教育改革中异军突起，在全世界范围内都产生了深刻的影响，在尝试解决强制培养自由的教育难题方面，儿童哲学教育批判了保守主义的主张，提出了偏向自由主义的教育主张，即在尊重和相信儿童生命成长能力的基础上培养儿童的自由精神与民主品格。这种立场对把儿童当作被改造的对象、把知识传递给儿童、时刻评价和审视儿童表现正误的学科教学是一种强有力的冲击，为我们思考学科育人提供了借鉴。

#### (一)"幼态持续"的儿童观弥补学科教学人性观的保守主义短板

学科教学的育人困境在于把儿童当作要被改造的人，人类历史上的教训主义、原罪主义都认为儿童是需要被改造的，其糟糕的后果就是儿童沦为发展的机器，人类社会的每一个儿童必须通过发展从"还没有"达到"必须是"的状态。这就让学科教学的育人功能发挥受到限制，原因在于学科教学对儿童的人性假设是存在缺欠的。儿童哲学在儿童人性观上的贡献恰恰可以弥补学科教学对儿童认识的短板，促使学科教学从儿童视角进行反思。

儿童哲学悬置保守主义人性恶劣的观点，主张带着欣赏儿童的眼光欢迎儿童的到来。自古以来，哲学对人性的看法各种各样，保守主义继承了柏拉图"人的成长必须以理性约束欲望"的人性观点，在自由人格培养方面主张要约束欲望，通过刻苦的磨炼实现个体的理性能力发展。而自由主义者认为"如果正确引导的话，儿童、青少年甚至是大学生将无须强迫就可以自动学习"[①]。因此儿童哲学赞赏并欢迎这个世界的新生者——儿童。他们独有的"童心""童眼"带给成人世界清明、质朴的视角，促使成人反思和重构自己对世界的认知。在人性假设上，儿童哲学摒弃了亚里士多德提出的"政治的动物"、洛克提出的"家庭的动物"、卢梭提出的"自然人"等一系列逻辑起点，而是把儿童当成"会思考的个体"。儿童天生拥有思考的禀赋，带着原初好奇来到这个世界上，他

---

① 杜普伊斯，高尔顿. 历史视野中的西方教育哲学[M]. 朱承，彭正梅，译. 北京：北京师范大学出版社，2006：9.

们具有"幼态持续"的不合作、不确定的生命形式，具有尚未实现个体完整成人的"还没有"状态；这对成人世界来说，是宝贵的财富。教育让儿童思考的禀赋实现成长，让儿童的思考促进成人对世界的反思，并培养会思考的儿童来延续我们人类的生存与发展。因此，教育是帮助儿童走出被监护的状态，并不是遗忘童年。保持幼态持续的人，才能保持对这个变化世界的新鲜性，才会有创新。儿童哲学摒弃了保守主义的人性假设，对这个世界的新生者持有欢迎和赞赏的立场，这就意味着它悬置了理性的权威，放弃了理性权威对儿童的规训，主张激发儿童本身拥有的各种可能性，实现儿童自由人格的生长。

## (二)建构主义认识论松动学科教学中知识观的确定性

认识论与知识观是影响儿童学习与发展的基础理论问题。成年人对知识增长和性质的判定为儿童的学习与发展带来相当大的焦虑，儿童必须在有限的时间里，掌握人类各学科知识的精华。基于此，教育系统日益表现为以掌握知识为目标、以教授法为核心、以记诵考试为手段的体系。这种表现实际上是对现代教育难题中的知识强制的无力应对。毫无疑问，儿童必须在成年的时候能够站在人类既有文明累积的高度上，但并不意味着强制儿童接受既定真理是好的。儿童哲学果断地拒绝了真理符合论的认识论，反对由成年人话语权力和发展心理学理论定义的概念化儿童，反对"把儿童作为一个知道者的认识论偏见"[①]，提出思考才是第一位的、倾听儿童的声音等主张，这就为破解育人困境提供了启示。

我们不能生拉硬拽地把知识塞入儿童的头脑，而应该带领儿童走进人类文化的世界。对儿童来说，首先体认到的是知识对个体的意义，虽然社会互动影响和塑造会促进社会意义体验的产生，但这个社会意义体验无法超越个体经验。因此，在知识学习的进程中，进行证据性思考比结论言说更为重要，开展过程性验证比宣布结论更为重要，这样，儿童才能发现学习的意义，体验到知识的价值。在这个意义上，儿童哲学是建构主义的支持者，知识从根本上是被每一个个体建构出来的，是从个体意义走向社会意义的。儿童哲学反对线性机

① Murris K. The Epistemic Challenge of Hearing Child's Voice[J]. Studies in Philosophy and Education，2013，32(3)：245-259.

械的学习观，反对把儿童当成学习的机器，他们主张在任何问题上，师生都具有提问和表达的机会和权利，可以提出各种各样的问题，答案具有不确定性和不唯一性，每个儿童都有权利发表自己的看法，都有机会被倾听和理解。"儿童哲学提供给儿童机会，开启了一种真正由自我决定的学习和思考来指引意义寻求的方式。"①在这样平等、自由和开放的氛围中，儿童的主体性获得承认，知识是儿童与世界沟通的桥梁与媒介，在这点上，可以说儿童哲学悬置了知识的权威属性。尽管现代的人类知识精华具有权威性，但儿童哲学反对赤裸裸地呈现如此的权威，而是希望带领儿童走进知识的世界，指导和帮助儿童利用知识解决问题、生成意义。

### （三）平等对话的探究共同体悬置学科实践的教师权威

师生关系是否平等是个复杂的问题。从教育学角度讲，后现代课程论专家小威廉姆·多尔（William E. Doll）曾提出教师是平等中的首席的观点，顾明远先生提出"儿童主体、教师主导"的观点，这些观点实际上都是对传统教学教训主义的批判。教训主义（Didaticism）的教学倾向于把儿童当作储存大量信息的白板，教师教学需要以短时间和高效率要求儿童接受。更糟糕一点的状况是，教师像法官一样时刻判断儿童的认识与行为的对错，儿童俨然成了时时充满恐惧的被审判对象。"线性的、规定的、目标导向的课程把儿童的学习置于被动的接受者而非主动的学习者状态中；在没有特殊课程内容的情况下，儿童的疑问和兴趣被课程所规定的任务分散，儿童知识探究与建构的机会因此也相应减少。在这样的课程环境中，儿童的深度学习和智力拓展被忽视。"②儿童哲学走了另外一条道路，在成人世界与儿童世界的对接上，儿童哲学认为成年人的经验会限制儿童的敏感性，"成年人本身作为一种污染会导致儿童的平庸"③。因此，儿童哲学主张把教室转变为探究共同体的场域，让教师成为

---

① Kizel A. Philosophy with Children as an Educational Platform for Self-Determined Learning[J]. Cogent Education, 2016, 3(1): 1-11.

② O'Riordan N J. Swimming Against the Tide: Philosophy for Children as Counter-Cultural Practice[J]. Education 3-13, 2016, 44(6): 648-660.

③ Kizel A. Philosophy with Children as an Educational Platform for Self-Determined Learning[J]. Cogent Education, 2016, 3(1): 1-11.

发展儿童感受力和想象力的促进者。这种观点为克服传统教学教训主义提供了重要的借鉴。

从儿童哲学教育实践来看，如果儿童处于智力与情感上安全而放松的环境中，那么他们将会感受到自己是被欢迎、被鼓励、能够自由表达和自主分享的存在。因而，教师应以创建探究共同体、建构共同对话的方式改革传统的机械教学，促使儿童反思推理、自由表达、相互尊重，"不是尝试保护、限制或者促使他们害怕，而是解放、信任和支持他们"①。探究共同体并不是儿童哲学的专利，而是通过儿童哲学被广泛认可的，所有的教室都可以被转化为探究共同体，因此学校里所有的科目都可以以共同探究的方式来开展，以达到儿童哲学教育的目的。

总的来说，儿童哲学并未像后现代主义哲学家那样解构权威或者鲜明地反对权威，而是悬置了权威，主张通过自由的环境氛围与平等的表达机会来培养儿童的自由人格，提出了自己解决现代教育难题的路径。

## 四、出路：走向学科哲学的学科教学

现代教育至少有三个方面的目的：知识学习、社会化养成和自由精神构建，分别解决知识的代际传递、人的社会化学习以及个体的精神建构问题。破解现代教育难题必须回应知识学习问题。显然，儿童哲学无法替代学科教学在知识学习上的位置。但二者之间存在着融合点，即学科哲学。学科哲学是揭示学校教育中的各门学科的内容、思维方式、学科属性、学科视角等方面所依托的哲学意涵，即以哲学的高度重新审视现有的学科建制、内容基础以及概念符号体系。学科哲学成为儿童哲学与学科教学的交互性的中介存在，但从儿童哲学走向学科哲学并不意味着简单地把儿童哲学加在学科教学中。把儿童哲学作为独立的课程是李普曼基于当时的教育实践的现实做出的选择，而今天的学科育人难题要依赖增加各种独立设置的课程来实现是极其不现实的。因此，教育实践的恰当选择是：不再人为地增加哲学内容，而是在学科知识体系中凝练哲

① Kizel A. Philosophy with Children as an Educational Platform for Self-Determined Learning[J]. Cogent Education，2016，3(1)：1-11.

学内容和视角，或者基于学科内容进行哲学的拓展和提升，进而带领儿童走进思考的世界。

## (一)凝练哲学元素，培养儿童的批判性思维

每一个学科背后都有自己的学科哲学，并不必然需要单独的哲学资源，沿着学科的道路往前走，必然走到哲学的领域。"哲学无处不在，不管是在一个浑浑噩噩努力爱着活着的普通人身上，还是在为达目的不惜迂回钻营的各种科学发明中，不管是在'荒蛮'的文明中，还是在我们生命中不曾被踏足的新鲜领域，都闪耀着与文学、思辨生活或对本质与属性的探讨中同等的哲学之光。"① 在基础教育的各个学科当中都充满哲学的资源。例如，当儿童能够从 3 个苹果、3 颗星星等具象中抽象出来 3 的存在，有了"普遍性"与"一般性"的原初意识，这就已经走进哲学领域了，就如同伯特兰·罗素(Bertrand Russell)曾经说过的："一般性的问题是哲学和科学的开端。"② 在学科知识体系中蕴含着大量哲学元素，这些哲学元素表现为学科哲学。当然学科知识中的哲学资源与要素并不是显而易见的，只有进入学科知识体系中才能慎思体悟知识本身所蕴含的生活意义、思想价值、逻辑方法等。因此，应从学科知识出发，但不能停留在学科知识的层级上，需要深入学科内部追寻学科的哲学元素，带领儿童在学科知识的海洋中体悟哲学思考带来的快乐。哲学是研究普遍性的学问，每一个学科都是通向普遍性的特殊路径，其中的哲学元素就是通向普遍性的桥梁；每一个学科都以个性化的方式帮助年轻一代获得共情，为儿童与世界的相遇提供独特的中介，学科中哲学元素的普遍性也是实现共情的桥梁。

## (二)追寻哲学思维方式，帮助儿童理解复杂世界

每一个学科都提供了各自认识世界的重要而独特的视角，儿童在学习了某门学科后，应当能够进行"学科的思考"，同时实现"在学科中思考"。李普曼认为，语言的学习并不是单纯地听说读写，而是要深入语言背后的思维方式，即

---

① 艾曼努埃尔·埃洛阿. 感性的抵抗：梅洛-庞蒂对透明性的批判[M]. 曲晓蕊，译. 福州：福建教育出版社，2016：31.

② 伯特兰·罗素. 西方的智慧：从社会政治背景对西方哲学所作的历史考察[M]. 温锡增，译. 北京：商务印书馆，1999：14.

语言的学习就是用语言背后的思维方式进行思考，并深入理解语言背后蕴含的文化结构，因此他提出"学习外语的儿童必须被鼓励用那种语言去思考，而不是在他进行自己的思考时从一种语言机械地翻译为另一种语言"①。从儿童哲学的角度看，学科教学是可以上升到学科哲学高度的，所谓语言哲学、历史哲学、科学哲学、道德哲学、社会哲学等都是学科哲学。这些学科哲学从不同的角度贡献了思考世界的思维方式。语言学习并不仅仅是学会符号表征，更是学习背后的思维方式。历史学习不是"聚集信息，而是使用信息构造出一幅人们如何、为什么这样做以及取得成功和走向失败的清晰图景"②。科学与数学的学习不是单纯的测量、操作和实验技巧的训练，更是发展逻辑思维、构建模型思想的学习。因此，每一个学科的教师都需要思考学科知识背后的思维方式，帮助儿童多视角地思考世界的复杂性。

## (三)实现分科知识整合，帮助儿童构建世界观方法论

面对累积的文明发展，人类无法实现直接的整体性学习，从幼儿园中的分领域学习到大学的分专业学习，都是以分类、分化的方式实现的。每一个完整的人在面对这个纷繁复杂的世界时需要的都是整体的、融通的知识，因此，在这个意义上，通过学科知识走向哲学实际上是殊途同归的，是以各自特殊的路径走向共通的世界。各学科教师的教学仅仅关注特定学科知识领域不利于儿童获得整体性知识。李普曼曾经有一个理想，希望通过哲学"把连结各科知识的工作(至少部分的工作)从教师身上转移到儿童身上，把知识的整体认知与分科知识的综合实现在儿童身上。只有哲学才能在最深层次的思维方式与顶级的精华上实现共通，因此哲学作为整合的途径，可以打破各种学习路径的单一性、封闭性，可以促进学科之间的对话。走向学科哲学的学科教学有更强有力的育人能量，能够促使人更好地追寻知识背后的价值传承与文化意义，在殊途同归的多样化路径中，更好地认识这个世界，实现与世界的共处、与人类最普适的情感共鸣。

儿童作为这个世界的后来者，是无法选择自己面对着的知识世界的；作

---

① Lipman M. Thinking in Education[M]. Cambridge：Cambridge University Press，2003：24.

② 约翰·杜威. 杜威全集·中期著作(第 4 卷：1907—1909)[M]. 陈亚军，姬志闯，译. 上海：华东师范大学出版社，2012：153.

为一个个体，他无法直接对这个世界的知识进行删减或者取舍。而长大成人则意味着他具有了自主自律精神，有理性能力，应对这个世界时能够作出理性判断与合理选择。因此学科知识的强制性的终极目标并非要求儿童绝对服从，而是在强制性的路径中生成自由人格；走向学科哲学才能引领、塑造、浸润儿童的自由精神与民主品格。

### 五、实践：走重思维本位、重过程、重学科历史的育人之路

把学科教学上升到学科哲学的高度上，从而借助儿童哲学的精神实现儿童自由人格的培养，赋能学校教育学科育人的功能实现。学科思维与各学科核心素养有着异曲同工之妙。核心素养发端于 1997 年年底经济合作与发展组织、瑞士联邦统计署启动的 DeSeCo 项目（Definition and Selection of Competencies：Theoretical and Conceptual Foundations）。2022 年，我国颁布了最新的义务教育课程方案和课程标准，明确提出核心素养是学生通过课程学习逐步形成的正确价值观、必备品格和关键能力。许多学科的核心素养在一定意义上就是学科思维的体现。

### (一)重视学科思维培养，促进儿童深度思考

学科哲学首先体现在学科思维上。学科思维是学科在其学科使命引导下，以学科知识为基础，以相关的概念、符号和原理为载体，形成的专门用于发现问题、分析问题与解决问题的思维方法。在国家颁布的学科核心素养中，每个学科都可以在各自所凝练的学科核心素养中发现各自的思维方式。例如，物理、化学、生物等都倡导探究思维，语文、英语学科都强调语言使用的逻辑性。儿童哲学希望学科教学能深入学科哲学中，促使核心素养落地，实现儿童批判性思维能力、理智性思考能力的改善。例如，英语学习中事实（fact）与虚构（fiction）区别的学习不仅仅是语言知识的学习，更是语言背后思维方式的学习。思维是内隐的语言，语言是外显的思维，"思维的发展依赖于言语，依赖于思维手段和儿童的社会文化经验"[1]。因而，激发儿童的表达欲望，帮助儿

---

[1] 维果茨基. 维果茨基教育论著选[M]. 余震球，选译. 北京：人民教育出版社，2005：113.

童清晰而有逻辑地表达观点，使用表述准确的语言说明一个事物或现象是必要的，这不仅能发展儿童的语言表达能力，同时也是培养思维方式的重要方法。特别是儿童在学习多种语言时，理解语言背后的思维方式就是在理解语言本身。其实，每一个学科教师都需要思考在自己所教的学科知识体系背后的思维方式，改变就知识而知识、就观点而观点的狭隘立场，在一个个知识团和知识关系的系统中思考知识的价值，找寻知识与儿童相遇的契合点，促使儿童真正走进知识与文化的世界。

## （二）重视学习过程，引导学生体悟价值与意义

学科哲学体现在学习过程中。学科学习并不是结果的学习，首先是过程的学习，直接诉求于结果无异于在大脑中植入芯片，相当于把儿童当成机器。探究共同体中的对话过程、积极参与、深度思考满足了儿童的生活意义追寻与美感体验。儿童通过"已经完成的经验"实现了审美体验，实现了意义获得，[①] 在认知过程中体验冲突、解决问题和困惑、解构与建构意义等都能推动意义感的获得。被灌输的社会意义既不真实也不可靠，通过过程，个体意义的体验才能真正有助于社会意义的生成，儿童才能真正从"知道"走向"悟道"。因此，学科教学不能仅仅重视儿童的学习结果，应通过过程设计建设一条个体经验与学科知识的桥梁。如果只有结果的强制，儿童就会丢掉自觉的努力，虽然他足够专心致志，却没有自觉的意图。有了过程的体验，儿童的自觉努力和自觉意图才能获得统一。学科教学提供的不是思想的结果，是经过一年又一年学习的试验和变化，促使儿童一步一步地走进更加全面和更加准确的各种各样的社会生活原则和知识体系中。重视学习过程意味着学科教学的重心实现从教到学的转变，教师可以通过逆向教学设计、学习任务驱动、展示学生学习过程中的作品等提升学生的学习意义体验，这样，学科教学才能真正实现育人，实现儿童哲学倡导的意义寻求与审美生存的目标。

## （三）吸纳学科历史，塑造儿童的社会责任感

学科哲学体现在学科发展的历史进程中。在每个学科发展的进程中，其解

---

① Oral S B. Can Deweyan Pragmatist Aesthetics Provide a Robust Framework for the Philosophy for Children Programme？[J]. Studies in Philosophy and Education，2013，32（4）：361-377.

决学科问题、凝练学科内涵、建立学科体系的过程都是一部鲜活而意义丰富的学科发展史。学科教学不能停留在教学学科知识的层面，还应该深入学科发展历史，去了解这个学科曾经解决了什么样的社会问题，进而激发儿童知识学习的责任感与使命感，促使儿童把历史的经验与现实结合起来。学科历史的学习能帮助儿童将概念、理论、经验置于学科发展的背景与情境中，有利于儿童理解学科知识，并能以多元的视角看待学科本身的价值和内涵。同时，拓展学科发展历史能激发更高层次、更高阶段学习的发生，能拓展儿童视野、丰富儿童认知，使得学习能从"知其然"走向深度的"知其所以然"，并可能创造出新的知识。例如，在数学教育中通过呈现人类为计算数量而发明符号的历史，可以帮助儿童更好地理解数字；语文教学中的诗歌教学通过历史背景的呈现可以帮助儿童切身体验古人情感，感受古人胸怀，汲取古人智慧。在五育融合的背景下，教师可以把分化的学科历史渗透、浸润到其他的相关学科中，真正把人类知识的历史融入儿童学习和生活的各个环节。在具体的教学中可以通过找寻学科发展的历史主题与脉络开展项目式学习、专题式拓展、主题式探究等活动，确保学科育人目标的落地。

走向学科哲学的学科教学能够促使儿童在接受学科知识规训的强制下，体悟哲学的思考魅力。这个路径意味着儿童通过十几年的正规教育而获得学科所积累的几千年文明成果，帮助作为世界后来者的他们走出生理与心理上的被监护状态，成长为未来世界的中流砥柱，这就是在解决现代教育难题中来自儿童哲学的智慧。

儿童哲学与其他基础教育学科，如语文、数学等学科不同。一个学科教师可以说自己教数学、教语文、教音乐、教道法，那么是否可以说自己是教哲学的呢？在英文世界，Philosophy for Children 转变为 Philosophy with Children，其中一个原因就是为了避免把哲学当成知识教给儿童，哲学不能像学科教学那样教，需要教师和儿童之间的对话。但在教学改革中，也有和儿童哲学一样的理念，反对把知识灌输给儿童，对教师的学科教学知识提出了较高要求，而儿童哲学要求教师具备哲学敏感性、有一定的哲学修养，否则怎么和儿童探讨哲学问题呢？不仅如此，在我国的高中政治学科知识体系中，是包含着马克思主义哲学模块的，这一部分难道不是教学吗？这一部分的哲学教学难道不属于儿童哲学的一部分吗？法国是世界上少有的重视哲学学习的国家之一，他们的中学生需要参加哲学考试，哲学就是他们的科目，他们的哲学是怎样教学的呢？可见，我们不得不思考儿童哲学的实践方式，思考哲学的教学实践。

## 六、保障：儿童哲学教师的 PCK

　　无论是从事独立儿童哲学课程的教师，还是走学科融合道路的教师都应该掌握渊博的哲学知识，拥有逻辑的哲学观念，具备一定的道德水平，并善于发现和挖掘各种哲学资源，具备促使儿童进行哲学思考和分析的能力。但是儿童哲学教师并不是一开始就拥有和具备这些知识和能力的。在探究共同体内，许多儿童哲学教师开启的哲学讨论并不能顺利进行，不仅教师的指导和引导质量不高，儿童也缺少必要的纪律约束。因此，一个新手儿童哲学教师需要一套程序或者模式，儿童的哲学讨论也特别需要教师的引导，随着儿童推理能力的增加和对流程的熟悉，教师可以慢慢置于后台。因此儿童哲学的实践对教师提出了专业性的要求：应该具备关于儿童哲学的学科教学知识（Pedagogical Content Knowledge，PCK）。PCK 是舒尔曼（L. S. Shulman）提出来的有关教学的特有知识体系，它包括三个维度的有机结合：第一，教什么，教学内容的知识（学科知识）；第二，怎么教，教学方法的知识（教法知识）；第三，教谁，教育对象的知识。放在儿童哲学领域中，PCK 为儿童哲学实践的目的性和有效性提供了重要指导框架，这意味着如果教师不懂哲学，缺少基本的哲学素养，将无法应对来自儿童哲学的挑战，无法进行儿童哲学实践。

## (一)舒尔曼的 PCK

　　人们倾向于把教育工作和医疗工作做类比，把教师的工作和医生的工作做类比，舒尔曼提出的 PCK 是从自己的医学教学研究领域中开始的。舒尔曼从医生治病的过程中领悟到，"没有一种医疗方法适用于所有的疾病。一个心血管专家在面对风湿、神经以及骨骼疾病的时候也会变得束手无策"①。这就意味着语文教师在面临数学教学时，会无法应对，因此，对教师来说，充分的学

---

　　① Berry A，Loughran J，van Driel J H. Revisiting the Roots of Pedagogical Content Knowledge[J]. International Journal of Science Education，2008，30(10)：1271-1279.

科知识储备在教学中是十分重要的。詹姆斯·科南特作为美国的一位化学家和教育家也评论过大学里文理学科教授和教育学科教授的争吵，在 1963 年的《美国师范教育》中，他评论自己年轻时，"大多数文理科教员都认为那些专门教别人如何教的先生们是没有存在的理由的。我同意他们的看法，我深信我是一位卓越的教师，我是根据经验发展我的教学技巧的，并没有从教育学教授那里得到好处"①。这意味着一般的教法知识对教师不一定是必需的，反倒是学科知识才更为重要。科南特在对师范教育的讨论中得出一个结论："文理科教授们和教育学科教授们只在一点上完全一致，那就是认为教学实习是重要的，但必须有成效。"②实习是教师的学科知识和教育学知识融合在一起发挥作用的时刻。到了 20 世纪 70—80 年代，美国的师范教育发展出一种看法，人们相信，存在一些教育手段可以应用于一切学科的教学，如用具体的材料、合作学习、分组教学、能力教学等，这样的看法导致学科知识在教学研究中受到忽视。舒尔曼提出的 PCK 恰恰就是从学科的特殊性出发，提出高质量的教学并不取决于教法的运用，教学的有效性取决于学科特殊性与教学目标、基本概念、符号表征、教学手段等方面的有机融合。

舒尔曼强调了学科知识在教学中的重要性，也让我们明确了教师专业性的重要性。我们必须思考，一个数学教师和一个数学专家有何不同，和一个数学学习得好的普通人又有何区别。舒尔曼对学科教学的贡献在于，他在尝试突破普通的、一般意义上的课程与教学的理论，尝试从学科内容的独特性出发，重构可以体现教师专业性的知识。所谓的 PCK 并不是单纯的学科知识、教法知识和教育对象的知识的简单组合，而是像化学反应一样，基于原材料但又产生了不同于原材料的效果。这三个要素之间的关系非常复杂，到底哪一个起到决定性作用并没有达成共识。一些研究提出，具有扎实学科功底的教师才能注意到学生的概念错误，才能有效地指导学生。③ 具有扎实学科知识而教学经验欠缺的新手教师难以选择最佳的教学方法。可见，PCK 的三个要素之间并不是平衡的，也不一定具有连贯性和整体性。但无论如何，良好的组合能够在教学

---

① 科南特. 科南特教育论著选[M]. 陈友松，主译. 北京：人民教育出版社，2017：153.

② 科南特. 科南特教育论著选[M]. 陈友松，主译. 北京：人民教育出版社，2017：350.

③ Smith D C, Neale D C. The Construction of Subject Matter Knowledge in Primary Science Teaching[J]. Teaching and Teacher Education, 1989, 5(1)：1-20.

领域发挥出良好的效益。在教育实践中，由于各学科的领域不同，PCK 也具有差异，因此没有统一的 PCK 操作性定义，在实证研究中的测量方式也不统一，因此对不同的研究结论也难以作出终结性判断。但这些都无法抹杀舒尔曼的贡献，他尝试从学科特点出发重构一般意义上的课程与教学理论，尝试凝练出教师专业知识的特殊属性，对我们思考儿童哲学的教师发展问题具有重要启示。

## (二)儿童哲学教师的 PCK

独立设置的儿童哲学课程需要专门的儿童哲学教师，即使是走学科融合路径的教师，也需要了解儿童哲学是什么，因此在儿童哲学的实践中，对教师的专业性是有要求的。到底具有何种素养的教师能够胜任儿童哲学的直接或者间接的实践呢？哲学作为一门复杂而又深刻的学问，在进入课堂之前要进行恰当转化，这需要进行更多儿童哲学教学试验，根据不同年龄段儿童的特点开发不同程度的哲学教育课程，发展和提升教师的哲学素养和思维能力，才能使哲学智慧真正融入教学之中，推动基础教育的发展。[①]

舒尔曼提出的 PCK 包括三个要素，但他认为最重要的要素是教学内容知识(学科知识)，不同学科的知识体系不同、知识类型不同、知识价值取向不同，这些不同对教师提出了不一样的要求。而儿童哲学的践行则对教师的哲学修养提出了要求。这意味着如果教师不了解哲学的思考特点、哲学思想体系的类型，是难以与儿童展开哲学对话的。现代社会，当我们面对同样年龄阶段的儿童，在班级授课制的框架下，采取大致相当的教学方式时，内容就将起到重要影响。这意味着学科知识对学生产生重要影响，而儿童哲学之所以在全世界范围内产生广泛影响，首先在于内容，即把哲学作为内容引入儿童的学校生活中，或者使其成为学校教育中独立的科目，或者与阅读、科学、艺术等领域融合。可以说，哲学的特殊性带来了儿童哲学的独特性。因此，儿童哲学教师的 PCK 应包含如下内容。

第一，教师需要具有一定的哲学敏感性。实际上，并不是所有的内容都能

---

① 刘学良. 儿童何以做哲学：对儿童哲学教育模式的反思[J]. 教育学报，2023，19(4)：3-15.

显而易见地上升到哲学高度的，也不是儿童的所有问题都具有哲学的意味，只有具备哲学敏感性的教师才能够洞察到内容中的哲学意境、儿童问题的哲学意涵，通过教学的生成性就能达到通往学科哲学的道路，拨开学生眼前知识学习的迷雾，站在更高的层次上思考。学科教学主要是在经验层面思考，儿童的诸多问题也不一定天然具有形而上学的性质，但是具有哲学敏感性的教师能够敏感地抓住儿童的思考瞬间，能迅速地在儿童的思考与哲学问题之间建立连接，进而通过教育智慧引领儿童走进哲学世界。美国儿童哲学教育研究者洛内提出了哲学敏感性的概念，要求儿童哲学的教师能够具备哲学敏感性。哲学敏感性"让我们以不熟悉的方式看见熟悉的东西"，"使人从每天的日常经验中提出复杂问题"。[①] 有了哲学的敏感性，教师就可以从学生们的讨论中敏感地发现值得讨论的哲学问题而非日常生活中的经验问题。

第二，教师需要有减法教育思维。由于儿童来到这个世界上总归要成长为一个成年人，教育的基本任务是做加法，但儿童哲学的实践需要警惕这种加法思维。如果把儿童当作白板，教学也不能急于填充填满白板，教师必须谨慎思考，为儿童发展留白，相信他们天然具有生长的力量；如果把儿童当作会思考的个体，也要晓得，儿童具有原始的开放性，在初始状态下，很多都是被决定的，因此成年人需要等待，不要急匆匆地把儿童赶向成年。从某种意义上来说，比起学生，学校里的教师更应学习儿童哲学，这样才能在真实世界里实现与儿童的有效互动。教师首先要在认识论上摒弃对儿童的偏见，其次要在实践论上摒弃对儿童的不信任，这意味着教师要允许儿童犯错，允许儿童在错误中学习，教师在学科教学中不要总是想着做加法，总是觉得儿童有很多缺点，需要矫正，有很多优良的品质需要施加在他们身上，要学会做减法，学习道家的思想。

第三，教师要对儿童哲学有比较宽域的理解。教师不能就儿童哲学而儿童哲学；如果设置了独立的儿童哲学课程，不能简单地把儿童哲学当作一个科目；融合学科的课程，也不能成为哲学与学科教学的简单相加。对儿童哲学的

---

宽域理解意味着把儿童哲学当作一种方法和价值观念。首先教育活动应秉持尊重儿童的观念，面向全体儿童，通过师生互动促进儿童对生活中许多大问题的思考，帮助儿童反思自己的观点，形成更清晰、更合理的观念。其次意味着儿童哲学的方法并不是独立的、唯一的，而是具有普遍性特点的，每一个人都可以采用儿童哲学的方法。因此，在这个意义上，儿童哲学的方法是深化探究的方法，教育活动中的大量问题探究都可以采取儿童哲学的方法开展，让儿童在安全的氛围中思考，不以固定答案禁锢儿童的思维，让儿童学会从具象与抽象、部分与整体等角度思考问题。在赫尔巴特看来，"凡没有哲学思维的人去从事教育，很容易自以为自己已经做过广泛改革，其实只是对方式、方法稍稍作了些改进而已。在这里，比任何别的方面都更需要用哲学的眼光来检验那些流行的思想，因为在这里，日常的工作和受到形形色色的思想影响的个人经验如此严重地使人的视野变得狭隘"①。从这个角度说，所有的教师都需要哲学思维。

相对于制度化学校教育中的学科知识的学习与教学来说，儿童哲学教育的实践与之不同，其最大的不同在于儿童哲学的实践并不像其他学科那样有非常严格和严肃的课程标准。在很大程度上，儿童哲学教师要关注的是儿童的思考、儿童的体验、儿童的感受、儿童的表达。儿童哲学的实践是自然的，因此焦虑和紧张会阻碍儿童的自然思考和积极思考。从人类进化的角度来说，是高强度的紧张的体力劳动创造了人类的物质文明和精神文明成果吗？实际上，与劳动同样重要的是劳动之后的休闲与闲暇，在休闲与闲暇中，人与人之间的交流促进了理智思考能力和创造能力的发展。在人类教育发展史上，学校本来是休闲与闲暇的地方，儿童在学校的生活恰恰是闲暇的体现，是一种栖居和精神的成长。闲暇才能使人进行真正的思考、理性的追问，感受生活的意义。闲暇不是没事做，不是娱乐，而是进入一种思考的生活中。而现代的制度化学校把休闲、闲暇的含义抽走了，成为培养人的"工厂"，如同流水线一样对儿童进行加工，然后输送到下一个工序中。如此，学校作为儿童精神家园的意义丧失殆尽。

---

① 阿拉斯代尔·麦金太尔. 伦理学简史[M]. 龚群，译. 北京：商务印书馆，2003：198.

## 七、本章小结

本章思考了儿童哲学与现代学校教育之间的关系，从教育学的角度分析了儿童哲学与学科教学的结合之路。现代学校的分科教学带来了学科规训、学业压力、学习焦虑等问题，导致了学科育人困境，体现了康德提出的"如何在强制中培养自由"的难题。进一步的追问是学科教学如何能够实现儿童自由精神和民主品格的养成，此为学科育人的难题。儿童哲学在儿童观、认识论和师生关系等方面主张悬置权威，希望在自由思考的氛围中培养儿童自由人格，进而弥补学科教学的短板，突破学科育人困境。儿童哲学教育与学科教学的融合点即学科哲学。走向学科哲学的学科教学意味着利用学科内容的哲学资源、学科视角的哲学思维方式以及学科之间的整合来实现育人的目标。走向学科哲学的实践路径是在学科教学中走重思维本位、重学习过程、重学科历史的育人之路。这样的实践是需要 PCK 来给予保障的。"哲学家们只是用不同的方式解释世界，问题在于改变世界。"①这是笔者第二次引用马克思的这句话，因为这里提出的主张是真正要变革实践的。

---

① 马克思恩格斯文集：第 1 卷[M]. 中共中央马克思恩格斯列宁斯大林著作编译局，编译. 北京：人民出版社，2009：502.

# 第七章　儿童哲学教育的定位与展望

儿童哲学教育发展到今天，受到许多人的关注，既有赞成者，也有观望者，既有反思者，也有建设者，人们从不同的角度贡献着对儿童哲学的理论智慧与实践智慧。从教育与哲学的关系角度看，哲学与教育具有同宗同源性，尽管儿童哲学教育来源于哲学，一开始大规模的、显著性的发展是由哲学家开启的，但我们同样能感受到，其旺盛生长的领域是教育，是在具体的教育实践中。儿童哲学是哲学，也是教育学、教育哲学，但是从哲学出发审视儿童哲学与从教育学出发审视儿童哲学，其立场存在一定差异。因此，在这个意义上，与其说儿童哲学是哲学的，不如说儿童哲学是教育学的，毕竟在两个领域中，儿童哲学对哲学的推动作用与儿童哲学对教育学的推动作用并不相同，似乎儿童哲学在教育学领域更有作为，能散发出更璀璨的光芒。因此，笔者更愿意从教育学的角度反思儿童哲学，更愿意在教育哲学的视角下思考儿童哲学。

## 一、儿童哲学教育的"哲学性"定位

把儿童哲学当作教育，也需要思考其"哲学性"。儿童哲学教育的哲学性体现在两个层面。一是实践层面的体现，即哲学作为儿童的哲学思考和儿童的哲学资源。二是理念层面的体现，即何种哲学影响儿童哲学。

### (一)哲学作为内容

现代社会，儿童作为社会的成员天生具有探究的欲望，成年人有责任保护、激发儿童的探究欲望，为儿童的探究提供环境与工具，鼓励儿童以探究的方式走进人类的文明世界。然而，儿童探究的内容是什么，就不是一个有共识的问题。从杜威的思想与实践来看，学校的所有科目都可以成为儿童探究的对象，而李普曼为儿童探究提供的是哲学，马修斯更是发现了儿童卓越的哲学思考力量。从哲学探究来看，不可回避的问题就是，儿童哲学的哲学性到底意味着什么，这是儿童哲学面临的实践难题。

#### 1. 儿童哲学教育的目的从来不是哲学

就儿童哲学实践来说，或许哲学从来都不是目的，哲学是其资源，其目的是人的成长，以人的成长为对象的学问是教育学的思考。"李普曼思考儿童哲学教育的出发点是为了教育理念的根本重构，哲学只是达到这一目的的根本方式。"①在这一点上，李普曼有清晰的认识，所以他的教育目标从来也不是培养哲学家。所有的儿童哲学的践行者似乎也从不要求儿童创新哲学，一般的做法或者是通过讨论分析出儿童的哲学思考，或者是以既有哲学思考证明儿童的思考的确是哲学的思考。这就需要判定何种儿童思考属于哲学思考，用这一标准衡量，可以证明某些思考确实是哲学思考，某些思考则不是。这意味着儿童的哲学思考只是为哲学提供了证据，提供了新的支持，并没有创新哲学。或者说，哲学创新是难以界定的。如何判定儿童哲学是创新的呢？实际上无法判定，即使判定为创新，在当下哲学家共同体的时代，也难以实现创新的传播与承认。我们需要注意到两种不同的观点。第一种观点认为，即使进行了 P4C 的学习，儿童也不知道哲学家思考了什么，儿童无法提供哲学家的知识，儿童的哲学思考也不可能是结构化的、系统化的，他们的思考技巧不够娴熟，不足以提出真正的批判性思考。第二种观点主张，儿童哲学教育应该走专业哲学路线，致力于让儿童走进哲学思考的世界而非在经验的世界里徘徊。这样的实践目标有时被窄化为孤立的学术目标，因此遭到一些研究者批判。由此可见，哲学路线是非常艰难的，儿童哲学活动的终极目的不在于哲学。哲学对于儿童来说，也不是终极目的，从康德提出的人是目的出发，哲学只能作为手段，终极目的是儿童的成长以及对人类的反思。如果把目的和手段二元对立起来，儿童作为目的性存在，哲学作为儿童生活中的一个部分，这种状况下，哲学无法成为目的。但是打破这种二元对立，我们又会发现哲学能够激发人的内在生命力和生命意识，对于有了真正自我意识的人来说，哲学也可以是一切。

**2. 作为资源的哲学应是高质量的**

哲学是儿童哲学活动的资源，但并不是一切哲学都可以成为儿童哲学的资源，践行者们对哲学资源的内容和形式也有较高的要求。在大学，哲学教育通过阅读、分析、研究哲学文本来实现，但这一途径不适合儿童。因此，儿童哲学教育的难题在于是否有适合儿童学习的哲学文本和恰当的师资力量，所以李

---

① 罗兴刚，刘鹤丹. 李普曼儿童哲学教育的奠基性反思[J]. 外国教育研究，2012，39(10)：27.

普曼组织编写了系列教材，并进行师资培训，力图克服儿童哲学实践面临的最大难题。当年李普曼招募了许多哲学系毕业的硕士生和博士生，并对他们进行培训，然后把儿童哲学课程推广到许多学校。因此，教师的哲学修养是影响儿童哲学教育质量最重要的因素之一。为挖掘儿童本性中潜在的哲学特质，培养其批判与反思的意识与能力，教师自身必须具备足够深厚的哲学素养，能够敏锐地捕捉到事物本身的哲学内涵，自觉以哲学的态度审视外界环境，这样才可潜移默化地用自我的哲学修养去熏陶和影响学生。有的美国研究者担心，如果在儿童哲学教育中放弃李普曼的系列教材，是否还能保证儿童哲学是哲学教育呢？鉴于此，第二代、第三代儿童哲学践行者非常关注儿童哲学探究的"哲学性"，因为不是所有的探究都是哲学探究。虽然儿童哲学可以被认为是探究方法，作为方法可以应用在许多领域，但如果想凸显其哲学性，仅有方法是不够的。因为方法的意义体现在对问题的解决上，归根到底是对象决定方法，而非方法决定对象。因此强调儿童哲学教育的哲学性并不是错误的，有其独特的价值。其实，哲学性的保持也面临着另外的难题。生活中我们使用的宇宙、光、时间、空间、死亡等概念不仅是哲学概念也是科学概念，这就对教师的引导、引发、帮助的能力提出了更高的要求。

### 3. 儿童的哲学思考需要练习

儿童哲学教育的实践是丰富的，也有一些儿童哲学教育的践行者所走的实践化道路与马修斯非常接近，大都是通过与儿童进行哲学对话的方式与儿童一起做哲学(do philosophy)，让哲学从儿童心中款款而来。从马修斯与幼童的对话来看，儿童地道的哲学思维并不是非常艰难地体现出来的，而是非常自然的。有一些践行者费力地启发儿童的哲学思考，可是一系列对话下来，儿童还是停留在经验世界。因此，有研究者提出："马修斯的著作很容易被误解，以为我们不必做什么就能鼓励、提升、发展儿童在哲学思考方面的自然倾向。"[①]其实，马修斯与李普曼不同，从李普曼的角度出发，要把专业的形而上学、认识论、伦理学、美学等通过儿童能够理解的方式带给儿童，唤醒其在儿童思考

①　Turgeon W. Teachers Bringing Philosophy into the Classroom[M]//Goering S, Suhdak N J, Wartenberg T E. Philosophy in Schools: An Introduction for Philosophers and Teachers. New York: Routledge, 2013: 13.

中从隐性走向显现，就需要对儿童进行哲学的训练。只不过哲学训练的目的并不是"把学生变成哲学家，而是提供给学生有价值的学习经验"①。这里涉及的问题是：哲学思考需要练习吗？在马修斯那里，似乎儿童天生就是哲学家，哲学思考在对话中缓缓流出，然而在李普曼那里有专门的练习。从今天的教育实践来看，大部分践行者走了练习的路线。哲学思考不是天生的，需要后天的练习，练习能够提升哲学思考的能力和水平。练习其实也不仅仅是哲学学习的要求，对绝大多数人来说，所有的学习如果没有相应的练习都可能消退，都会由于不熟练而影响学习的效果。

实际上，思考哲学问题是需要练习的，人类的任何一项活动若想达到一定的水平和高度都是离不开练习的。法国的儿童哲学教育者伊莎贝尔·米隆和奥斯卡·柏尼菲专门写过一本书《111 个儿童哲学思考练习》，他们把儿童的哲学思考分成了三个等级，分别是初阶练习、进阶练习、高阶练习。把哲学学习进行阶梯划分是英国的约翰·怀特所反对的，哲学作为课程如何像数学那样进阶呢？伊莎贝尔·米隆和奥斯卡·柏尼菲回避了哲学作为内容的进阶，他们所说的是思考能力和水平的进阶。在初阶练习里，儿童思考概念之间的区别，如发明与发现、好与坏、相似与区别等，这些适合年龄小一点的儿童，从他们生活中能够体验和发现的现象入手进行思考。在进阶练习里，讨论的话题就抽象了一点，如自私、欺骗、恐惧、暴力、死亡等。在高阶练习里，练习题就更抽象了，如评估证据、可能与不可能、本质与表象、主观与客观、信念与真理、美学判断等，这些就都是地道的哲学概念和话题了。例如，在初阶练习中，为儿童提供了"上学"这一话题，让儿童练习"概念：科目—学习—义务—兴趣—实用—能力"；为教师提供的活动指南是："学生必须去学校学习数学、英语、地理等科目，但我们通常不会去思考为什么要学习这些科目。以下列出了一些在学校开展的科目或活动，请分别找出是哪个应该和不应该在学校开展的理由。学生需要指出每一项活动与个体或集体的关系以及被学校推广的原因。"在实操演练部分，请学生找出三个应该和不应该在学校开展的理由，提供的科目有"数学、写作、阅读、阅文、科学、外语、地理、历史、体育、

① Blalystok L. Philosophy across the Curriculum and the Question of Teacher Capacity; Or, What is Philosophy and Who can Teach it[J]. Journal of Philosophy of Education，2017(4)：832.

讨论、班会……"①由此可见，这些的确是儿童生活中需要反思的问题，通过讨论可以进一步实现意义的澄清，以更好地认识学校生活。

## (二)教育哲学谱系中的儿童哲学教育

儿童哲学教育深受哲学影响，自从李普曼和马修斯把哲学作为内容与儿童进行对话起，就开启了从哲学角度对儿童哲学教育本身的思考。因此，"哲学性"具有双重属性：一是上文说的作为内容的哲学性，二是作为基础与前提的哲学性。在第二个属性上，儿童哲学教育是教育哲学的话题。哪些哲学思想影响了儿童哲学教育的内涵与主张呢？在哲学流派中，儿童哲学教育属于什么派别呢？一般的教育哲学大约可以从三个类型的谱系展开：第一个是科学主义与人文主义，第二个是保守主义和自由主义，第三个是认知主义和行为主义，儿童哲学教育的所有主张都可以在这三个类型的谱系中找到相应的位置。

### 1. 偏重人文的儿童哲学教育

科学主义与人文主义的冲突被认为是 20 世纪人类发展的一条主线，人类面临的所有困境和难题都可以归结到这一冲突上。科学主义与技术直接相连，从源头上讲，科学以范畴、定理、定律反映自然界多种现象的本质及自然界运动规律的知识体系；技术是根据自然科学原理和生产实践经验，为某一实际目的而协同组成的各种工具、设备、技术和工艺体系；本来二者都是为了人类的发展服务的，但是 20 世纪科学技术无限膨胀，人类把科学技术所提供的自然界演化的图景当作终极的实在图景，并且上升到本质的高度，开始对所有一切进行统领、统治与强制，于是，科学便成了科学主义（Scientism），与思想另一头的人文主义产生了对立关系。人文主义强调人的个性解放、自由、平等，肯定人的自由意志与理智能力，对科学主义带来的霸权、统治、强迫、一元进行抵制，肯定人的情感、意志等非理性因素，强调人的完整性与主体性。二者的冲突集中体现在人文主义强调人的意义与价值，而科学主义则直接抛弃了这些，从根本上排斥了人的价值的存在，消解了人的生存意义。从这个背景看，儿童哲学教育强调培养人的理智性思维能力与价值判断能力，强化以

---

① 伊莎贝尔·米隆，奥斯卡·柏尼菲. 111 个儿童哲学思考练习[M]. 杨落娃，译. 桂林：广西师范大学出版社，2020：38.

对话为手段满足儿童的意义寻求需求，是在以理智思考、意义寻求对抗现代学校教育的知识灌输和压迫，偏向于人文主义方向。虽然所有的学科都可以和儿童哲学产生连接，但是人文类的学科似乎更加接近。日常生活中我们经常说"文史哲不分家"，与自然科学、数学的各个分支相比，文学、历史与哲学更加接近，文学和历史里有更多的哲学元素，在基础教育领域中，文学和历史科目更容易抽取出哲学元素。

**2. 偏重自由主义的儿童哲学教育**

教育哲学有保守主义和自由主义的两个思想谱系，保守主义的核心观点建立在人性堕落的基础上，主张理性能力培养和理性知识运用，强调学校教育中的真理传递、教师讲授和必修科目，而自由主义则对人性充满乐观的态度，重视通过经验获得知识以及经验对人的发展的作用，强调学校教育中的身体学习、学生活动和个性化的选修科目。二者冲突的焦点在于，对于如何处理权威与自由的关系，保守主义是在权威的基础上培养自由人格，而自由主义选择相信人成长的自主性，相信可以在自由中培养自由人格，儿童哲学教育则是走了后者的路线。教育到底是保守的、权威的，还是自由的、开放的，这并不是二元对立、非此即彼的问题，而是选择哪个立场进行实践的问题。阿伦特曾提出儿童是需要被领着进入这个世界的，认为教育从根本上是权威的、保守的；而儿童哲学教育则提出，儿童作为这个世界的新来者，为这个世界带来了清新的力量，我们应该静下心来，倾听儿童的声音，思考我们的世界何去何从。这就是立场的不同。儿童的成长是不是自足的？这个问题在儿童哲学内部也有着不同的立场选择。一部分儿童哲学研究者认为，没有成人的教化儿童也是能够成长的，倾向于儿童成长的自足性；另一部分儿童哲学研究者认为，没有成人的引领，儿童无法走出蒙昧的状态，这部分代表人物深受阿伦特思想的影响，认为儿童应该由成人领着走进世界。总体上看，在自由主义和保守主义的思想谱系中，儿童哲学教育偏向于自由主义的主张，那些主张儿童立场、儿童本位，相信儿童力量的观念似乎更有力量。

**3. 偏重改善认知的儿童哲学教育**

知行关系也是教育哲学的一种谱系，一端强化认知，一端强化行为。强化认知是认知主义的主张，代表人物是赫尔巴特；强化行为是行为主义的主张，代表人物是斯金纳。尽管教育实践的理想样态是知行合一，从来都是反对知行分裂的，但是教育实践中，总是要选择一下以"行"为切入点还是以"知"为切入点。当前的基础教育实践中，劳动教育更多的是"行"的路线，通过行为的参与来实现知行合一，综合实践活动也强调以"活动"路线来实现知行合一。而儿童哲学教育走的是认知路线，希望通过认知的改变获得意义，改善行为。儿童哲学教育对儿童认知的关注走的不是具体学科知识学习意义上的认知，而是人生观、世界观、价值观意义上的认知改变，是对生活意义的体认。在这个意义上，儿童哲学教育不是儿童哲学教学，即不是 teach philosophy，而是做哲学，即 do philosophy，在人与人的互动分享、对话沟通、合作协商中不断实现心智的改善与改进。儿童哲学教育的形成所依据的哲学前提许多是认识论，从认识论出发的实践从根本上不利于"知"与"行"走向统一。葛特·比斯塔（Gert Biesta）认为："鉴于在哲学领域内的学校、观点和立场的绝对多样性，与哲学的教育使用有关的一个重要问题是从该领域做出的特定选择。与此相关的一件显著事情是对知识和真理的强烈倾向。"①尽管有许多研究者尝试突破这一认知取向，但目前看还是非常困难的。

## 二、儿童哲学教育的"实践性"定位

李普曼和马修斯这两位奠基性的思想家并非教育学出身，他们是在哲学领域中发现了儿童哲学，并展开深入的研究，开创出一个新的领域。在这之后，除了哲学领域的继续探索，许许多多的儿童哲学研究者和践行者都力图建立儿童哲学与教育学更密切的关系。李普曼是一个哲学家，虽然李普曼对儿童哲学教育的合法性论证肇始于他对当时学校教育的批判，但是他解决问题的路径并不是直接去改造学校教育的模式或者进行学科课程与教学的改革，而是力图通过哲学的方式解决此问题。马修斯虽然没有做儿童哲学的学校推广，但是走进了校园，走进了教育田野。所以儿童哲学在诞生之时，就与教育结下了不解之缘。许多研究者致力于联结儿童哲学与教育学，现在的儿童哲学正在教育学领

---

①　Biesta G. Philosophy，Exposure，and Children：How to Resist the Instrumentalisation of Philosophy in Education[J]. Journal of Philosophy of Education，2011，45(2)：305-319.

域扎根生长。从教育学视角与立场出发，如何看待儿童哲学教育的实践性也是重要的问题。

## (一)学校场景中的儿童哲学教育

许多儿童哲学教育实践都是在学校教育场景下进行的，其目的也是通过哲学思考与探究促进儿童发展。但研究者们选择的学校教育路线是不同的。

### 1. 独立的儿童哲学课程

李普曼在《哲学走进学校》这本著作里，花了大量的工夫去论证基础教育中的科学学习、社会探究、阅读与写作等学科中包含的丰富哲学思维。例如，在科学课程里探究的技巧包含测量、观察、描述、估计、解释、预测等科学思维。虽然李普曼论证了学科中丰富的哲学思考元素，但并没有走一条学科与哲学结合的道路，而是尝试独立设置儿童哲学课程重构教育，在重构教育的问题上，李普曼还有很长的路要走。无论如何，李普曼留下了一条独立设置儿童哲学课程的道路，世界上许多学校的儿童哲学项目也是以这种方式开展的。在这条道路上，有的选择引进国外成熟的儿童哲学课程模式，简单地做本土化处理；有的直接进行儿童哲学校本课程开发，编写儿童哲学校本教材。这种独立的儿童哲学课程对学校的师资力量要求比较高，专门的研究和长期的实践才能总结和凝练出优质的课程模式与资源。独立设置儿童哲学课程是凸显学校办学特色的重要方式。

### 2. 与学科教学融合的儿童哲学

李普曼之后的儿童哲学践行者并没有坚持走专门化的儿童哲学教育项目的道路，但是他们提出了穿越课程的哲学(Philosophy across the curriculum)等概念，在学校教育中把学科教学和哲学融合起来，这恰恰回应了李普曼在1994年的论文《基础教育需要哲学吗?》中提出的学生能不能进行学科的思考等诸多学科教学方面的问题。所以一些学者并没有走独立的P4C道路，他们认为把哲学当成学校教育的独立学科，特别是把哲学讨论集中在一些神秘问题上，是不可能在智力上有更多收获的。[①] 还有的学者并没做李普曼那样的

---

① Devis J. Socrates in Homeroom: A Case Study for Integrating Philosophy across a High School Curriculum[J]. Teaching Philosophy, 2013(3): 217-238.

P4C，而是尝试把 P4C 的经验和技巧融入教学中，支持教师将哲学思想融入他们的课程中。[①] 这些践行者虽然没有沿袭李普曼的道路，但的确基于李普曼的思考而展开了相应的实践。这些走融合路线的可以被称为"儿童哲学＋"，这是当前许多学校选择的做法，或显性或隐性，总可以找到儿童哲学的身影。我国的基础教育改革提出了学科核心素养，我们可以看到，许多学科的核心素养都涉及学科背后的思维方式和哲学，这些都是"儿童哲学＋"可以发挥的空间。

儿童哲学对学校的最大影响在于扩展学校对知识的看法，儿童学习知识，要有自己的体验，要让自己的体验与记录下来的人类知识相互印证、相互碰撞。那些被记录下来的人类的共同知识就相当于人类的脚印，只有儿童与这些脚印直接相互印证与碰撞时，学习才会真正发生，儿童才能真正通过学校教育认识世界、认识自我。如果知识的学习不能和儿童的情感、情绪、欲望、希望联系在一起，儿童的生活就变得死气沉沉。儿童不能被动地记忆一些知识去实现精神的塑造，教育是在与有思想的人打交道，而非与没有生命的物质打交道。我们意识到、感知到，儿童是一个有生命的人，我们应该让所有的知识都生动活泼起来。

## (二)社会与家庭场景中的儿童哲学教育

儿童哲学可以是学校里的科目，也可以实现与其他学科的融合，但这些并不是儿童哲学的边界，可以说，世界有多大，儿童哲学就有多大，空间在哪里，儿童哲学就可以延伸到哪里，时间有多长，儿童哲学就可以到哪里。在社会和家庭生活中，儿童哲学教育也广泛存在、大有作为。

### 1. 家庭场景中的儿童哲学教育

家庭是人生的第一场景，许多儿童哲学一开始是爸爸妈妈践行的，在这个意义上，儿童哲学引起了许多父母的共鸣。一些父母为孩子撰写成长日记，其中就包括了孩子的诸多哲学思考，许多家长也深刻地体会到：当孩子刨根究底地追问时，他(她)真的不仅仅是在思考经验世界的问题；当孩子对这个世界产

---

① Lukey B. A P4C Experiment：The High School Philosopher in Residence[M]//Goering S，Shudak N，Wartenberg T. Philosophy in Schools：An Introduction for Philosophers and Teachers. New York：Routledge，2013：42-45.

生困惑时，他（她）的困惑真的不仅仅是经验的困惑。因此，家庭可以被认为是儿童哲学的第一场景。当前社会，我们的物质生活已经达到了一定的丰裕程度，人的精神生活日益重要，因此家庭生活中，家庭成员之间的对话交流也日益增多，并且要求成年人对儿童的高质量陪伴，这可以被认为是儿童哲学实践的第一土壤。再加上各种儿童读物，儿童对世界的探索不仅仅有直接经验，更有间接经验，这更加激发了儿童的哲学思考。例如，有儿童反思："人和植物相比，哪个更高级呢？""植物比人高级啊，可以释放氧气，供人类呼吸，人类为植物做什么啦？"只要我们足够细心，我们就可以借助儿童的表达反思我们自己和生存的世界。我们成年人的确可以通过记录这些思考，反思我们的生活。

**2. 社会场景中的儿童哲学教育**

每一个来到这个世界的新生者，除了家庭生活、学校生活外，还有重要的社会生活，我们不仅仅是家庭成员、学校里的学生，更是社会成员，因此社会为儿童发展提供了诸多场所和机构，这些为儿童的终身发展提供了物质条件依托。图书馆、文化馆、科学馆、儿童博物馆等社会机构也都有机会践行儿童哲学活动。例如，有的图书馆为儿童提供了许多具有哲学意味的图画书，儿童与这些图书的对话就是与哲学的接触，还有的图书馆每周开展一次儿童哲学活动吸引孩子参加；有的艺术馆每周组织一次面对儿童的艺术作品赏析与创作。社会为儿童的生活打开了多样化的窗，促使儿童能够走出家庭和学校的限制，看到更加丰富多彩的世界。从育人角度讲，学校、家庭、社会正好覆盖了整个成长时空，因此，三方应加强合作，共同为儿童的美好生活努力。这就更加需要儿童哲学的力量汇入其中。

## 三、教育与哲学关系中的儿童哲学教育

教育与哲学自诞生之日就结下了不解之缘，人类有了教育活动，就已经开启了哲学思考。以往人们在思考教育与哲学的关系时使用的概念是人类、人，现在则增加了一个要素，即儿童。儿童在教育与哲学的关系中贡献了什么？儿童哲学在教育与哲学的关系谱系中发挥了什么作用呢？

### (一)儿童哲学教育再一次促使哲学与教育的关系回到生活

哲学在教育活动中,既是一种生活方式,也是一种研究方式。无论是杜威还是李普曼,都强调哲学与教育的关系。杜威认为教育是哲学观点得以检验的实验室,因此只有在教育中才能真正践行哲学。李普曼则把儿童带进哲学探究的生活中和教育中。杜威与李普曼都把哲学与教育紧密地联系了起来,儿童哲学在教育与哲学的关系上起到了重要的理论链接作用,即将哲学与人类原初生活再一次紧密地联系起来。这里使用"再一次",意思是说,本来哲学与人类原初生活是一体的,只是由于知识的分化,哲学作为日常生活的组成部分逐渐被遮蔽、被隐藏,恰恰是儿童哲学者将哲学与人类的原初生活再一次在教育中联系起来。如果我们把李普曼、杜威和柏拉图联系起来,就会发现,哲学与原初生活在教育活动中一直是连续不断的过程。从李普曼和杜威的关系来看,杜威的教育哲学(philosophy of education)转变为李普曼的教化哲学(educational philosophy),哲学成了教育,儿童哲学教育诞生了,这使得教育与哲学的关系更加密切了。儿童哲学让杜威的这一观点更具象化了。杜威也曾经提出过一个回归柏拉图的想法:

> 对于当今的哲学探讨,没有什么比一个"回归柏拉图"的思潮更有益,但我们要回归的柏拉图必须是那个令人印象深刻、永不停止、以协作的态度不断探索的柏拉图,那个写作《对话集》(Dialogues)、不断尝试各种批评方式从而看它们可能得出什么结果的柏拉图,那个总是用对社会问题和实际问题的关注来结束他那最为抽象的空谈的柏拉图,而不是那个缺乏想象力、视柏拉图为最早的大学教授的评论家所建构的人造柏拉图。①

显而易见,儿童哲学实现了在对话的意义上"回归"柏拉图。其实,所谓回归柏拉图就是回归苏格拉底,让那个最朴素的对话回到儿童的日常生活中,让那个富有探究性的对话过程行进在教育的道路上。

---

① 约翰·杜威.杜威全集·晚期著作(第5卷:1929—1930)[M].孙有中,战晓峰,查敏,译.上海:华东师范大学出版社,2015:117.

### (二)儿童哲学教育为哲学与教育殊途同归提供了具体路径

尽管不同的人对哲学有着不同的定义，哲学是什么对哲学家来说也是棘手的问题，但哲学对人来说承担教化功能是被承认的。"培养'某种人'，是通过教育使人掌握某种知识或技能，再去做具体的事情，因此，'教育'在这里主要是一种'中介'或'手段'，而不是'目的'；培养'人'，是使人作为人而成为人，并不只是做好具体的事情，因此，'教育'之于'哲学'，就不是'中介'或'手段'，而是'目的'本身。"①在这个时候，哲学以教育的方式引导人们反思和觉解人生的意义和境界。因此，哲学与教育殊途同归，"如果哲学是智慧——一种对于'更加美好生活'的憧憬——那么，哲学家的实践，从广义上来看，就是受到有意识的引导的教育"②。哲学并不是无法证明的冥思苦想，哲学是充满活力的，要想实现哲学的活力，就要按照哲学本身来生活。儿童哲学促使儿童与成人都去思考，通过对话展开了思考，这就为哲学与教育的殊途同归提供了具体路径。"尽管沉思始终比以往习常的教育更暂时、更宽容、更贫困，但沉思的贫困是对一种富足的允诺，它的宝藏在那些永远无法算清的无用之物的光芒中闪烁。"③"思"给教育带来活力，无"思"的教育死气沉沉。

### 四、儿童哲学教育的未来展望

儿童哲学是谁的？现代社会我们总是要就主语问题做出提问：儿童哲学是儿童的，还是成人的？儿童哲学从不只属于某个人或者某个群体，儿童哲学是所有人的，既是儿童的，也是成人的，儿童哲学是公共的。

### (一)儿童哲学教育发展应采取实践取向

儿童哲学的生命力在于解决儿童生活与教育的困境，无论何种价值取向，

---

① 孙正聿. 哲学观研究[M]. 北京：北京师范大学出版社，2020：420.
② 罗伯特·威斯布鲁克. 杜威与美国民主[M]. 王红欣，译. 北京：北京大学出版社，2010：175.
③ 海德格尔. 海德格尔选集[M]. 孙周兴，选编. 上海：上海三联书店，1996：977.

都属于实践取向。儿童哲学不是形而上学而是实践哲学。[①] 这意味着，无论在形而上学层面上提出什么样的儿童观和教育观，都需要在实际生活中通过与儿童真实的互动方式践行。儿童哲学以未有确切答案的方式促使儿童从不同角度思考世界的丰富性。儿童"有了不同的观点交流，他们不再以自己的'是'去论断他人的'非'，发现人的世界不只有是与非的对立，还有更多未知的惊奇以及多元视野的交融与包含"[②]。通过哲学，帮助儿童发现和体验意义，而非教儿童学习意义。儿童哲学不是科目学习，不是知识学习，而是充满了德育意蕴，让儿童有机会表达自己、活在当下，促使儿童真正体验到智慧。走向实践，意味着要超越儿童与成人的对立，形成儿童与成人之间有差异的平等关系，关注做哲学的审美意蕴与价值理性。走向实践还有一层重要含义，即经验层面的改变。根据古德拉德的课程五层次形态理论，由专家构想出来的课程，是"理想的课程"；由官方认定并确立的课程，是"正式的课程"；被教师理解并熟悉的课程，是"领悟的课程"；由师生以互动的方式实施的课程，是"运作的课程"；真正被学生所接受的课程，则是"获得的课程"。儿童哲学或将作为一种"理想的课程"而长期存在，成为"正式的课程"还有待时日；作为"领悟的课程""运作的课程"的儿童哲学已经且将会继续作为校本课程在我国如火如荼地开展，它不仅是"一门课程"，而且还是"融入其他课程/活动，并与其他课程/活动合为一体"的课程；最后，如何得知这一课程是否让孩子们获得真实的经历或经验，也就是如何成为素养形成意义上的"获得的课程"，还有待相关的教育评价或课程评价的深化来解答。[③]

## (二)应关注儿童哲学教育理论范式带来的观念变革

哲学的原初含义是热爱智慧和追求智慧，因此，越来越多的儿童哲学探究者都在动词意义上使用哲学这一概念。哲学问题答案的不确定性使得学习的过程不是一个向某个确定方向运动的过程，不是一个根据学习产出结果倒推的训

---

① 高伟. 浪漫主义儿童哲学批判：儿童哲学的法权分析[J]. 全球教育展望，2017，46(12)：12-23.

② 王清思. 儿童哲学探究团体中的德育意蕴[J]. 教育发展研究，2018，38(Z2)：74-81.

③ 杨小微，罗丽. 儿童观演进与儿童哲学教育的未来[J]. 华中师范大学学报(人文社会科学版)，2023，62(2)：154-164.

练过程，它充满了探究，这就带来了学习观念的改变。人类的学习能力不仅意味着遇到困难能够学会克服，更是面对未知能够持续探索、拥有无限潜能的状态。从儿童哲学的特点看，探究学习与深度体验并不是朝向固定目标运动的过程，恰恰是在未知领域中可持续的探索过程。对新时代创新人才培养来说，对未知答案的问题进行持续探究比朝向已知答案的运动更有价值。同时我们还需要警惕儿童哲学话语的西方中心主义，应该融通中西古今哲学话语以建构儿童哲学的理论体系，最终实现对儿童哲学可能形态的初步建构，即具体内容面向生活世界、关怀具体存在，进行"非哲学化"转向，采取作为生活方式的儿童哲学实践形式，并挖掘其对哲学与教育的双重价值。[①]

### (三)儿童哲学教育的实践方式应多样化

儿童哲学的实践生命力在于采取多样化的、适合地区环境的恰当方式。每个国家、每个地区都得选择适合本土环境的实践方式与实践资源。当前世界各地的儿童哲学是多样化的，P4C 在夏威夷可以发展成更具文化特色与操作性的p4cHI，在法国与实践哲学相呼应，在丹麦利用丰富的自身童话资源，在我国台湾地区和妈妈故事会结合起来，在英国和澳大利亚等也都呈现出适应当地教育文化特征的P4C。[②] 除了在学校教育中发展外，儿童哲学教育在社会和家庭中也有广阔的发展场景。社区、图书馆、文化馆、家庭亲子阅读等都是儿童哲学教育可以开展的重要场景。同时应警惕片面强调儿童自由的浪漫主义者，须意识到，儿童哲学实践活动有严肃性，热爱智慧与追求智慧的哲学活动并不是娱乐活动。我们提倡的是与儿童的游戏精神相遇，而不是被娱乐所宰制。

### (四)人工智能时代的儿童哲学教育何以可能

人工智能一定会在儿童哲学教育中扮演重要的角色。从目前的发展看，技术能够为儿童哲学实践带来的便利与优势是不可限量的。人工智能算法程序下的技术可以为儿童的思考构建场域，提供素材，甚至激发儿童更多的想象，

---

① 刘培怡，王坤庆. 儿童哲学形态的四重超越及其可能建构[J]. 上海教育科研，2023(11)：8-15.

② 古秀蓉，冷璐. 儿童哲学探究活动的教育评价研究[J]. 上海教育科研，2018(1)：28-32.

在一定程度上可以为儿童"审思"提供指引与导向。我们不能忽视技术变革带来的挑战，更不能忽视技术在儿童教育场域中的渗透与溶解。曾有人尝试将STEM教育与虚拟现实相融合，探究一种新兴的教育元宇宙教学模式，不难想象，教育元宇宙也会为儿童营造出一种沉浸式的全方位体验，这也是技术带给教育的便利。"但元宇宙的到来多少让深陷困顿之中的儿童教育向前跳跃了一大步。它的3D沉浸世界所增加的并非仅仅是空间的深度，而更是精神的深度，因为它创造出了一个前所未有的环境，得以让孩子们在其中真正以'关切自身'的方式来进行开放性的'哲学实验'。"①除了元宇宙，ChatGPT可以为教师的儿童哲学活动设计提供各种支持和帮助，当教师拿到了引导儿童思考的材料的时候，可以先和ChatGPT对话，获得关于材料中的哲学问题，教师可以以较高的效率完成材料的分析。ChatGPT能在一定程度上解决人类的知识获取问题，分担知识记忆存储功能，替代部分脑力劳动，缓解人类社会进入知识爆炸时代以来面临的有限的记忆力与知识指数级增长的矛盾。②未来我们也可以和ChatGPT互动，实现关于哲学的对话。但需要注意的是，在人工智能的帮助下，儿童可能会过度依赖技术来寻求信息和解答，这可能削弱他们与人类互动的机会，这可能对儿童的社交技能和情感发展产生不利影响。技术带给儿童生活各种变革，但在"以人为本"的社会场域中，技术终归是要为人服务、为生活服务的。技术的变革与未来教育的新态势必会影响儿童哲学教育发展的未来走向，但无论怎样变化，以人为本、关注儿童的生活与成长将成为大的发展趋势。

## 五、本章小结

本章从教育学的角度以"儿童哲学"为对象进行了总体性的反思，教育学的角度就是实践的视角。"人的思维是否具有客观的真理性，这不是一个理论的问题，而是一个实践的问题。人应该在实践中证明自己思维的真理性，即自己

---

① 姜宇辉. 元宇宙中的"孤儿们"？电子游戏何以作为次世代儿童哲学的教育平台[J]. 贵州大学学报（社会科学版），2021，39（5）：21-29.

② 王景，李延平. ChatGPT浪潮下拔尖创新人才的培养：价值意蕴、现实隐忧与生态重塑[J]. 中国电化教育，2023（11）：62-71.

思维的现实性和力量。"①儿童哲学教育的生命其实并不在理论上，而在实践上，如果脱离实践，儿童哲学教育也就失去了生命的源泉。如果只是一味地在理论上进行概念的重构，而不是进行扎实的实践，那么儿童哲学教育可能也就走向了终结。实际上，儿童哲学教育的确是为儿童的个性化发展提供了重要的途径和载体，通过哲学对话可以更好地认识自己和世界，但从更广阔的层面说，儿童哲学教育是为了更充分的共识和共同体的形成。人类社会发展到今天，冲突不断，人类命运共同体的建构依然有诸多困境，我们的教育并不是要制造更多的冲突，而是要通过教育为人类带来长远的福祉。本章再一次回应了儿童、哲学、教育这三者之间的话语勾连，并初步展望了儿童哲学教育的未来。其实，展望未来是困难的，一切皆不确定，同时，一切皆有可能。

---

① 马克思恩格斯文集：第 1 卷[M]．中共中央马克思恩格斯列宁斯大林著作编译局，编译．北京：人民出版社，2009：500．

# 结　语 ——————————————————————————

## 一、为什么是"儿童"哲学

儿童哲学为什么被称为"儿童"哲学，不是学生哲学，不是幼儿哲学，不是蒙养哲学，不是小孩哲学。联合国《儿童权利公约》规定，18 周岁以下均为儿童，显然，儿童是年龄范围最广泛的概念。但是，儿童哲学中的儿童并不仅仅是简单的年龄上的判断，而应该有着更深刻的内涵。

第一，儿童是与成人相对应的概念，儿童哲学凸显了儿童的视角，承认儿童与成人的不同，承认了儿童立场、儿童本位的独特价值。学生这个概念，首先是指在学校教育中接受教育的受教育者，因此学生是有走进特定组织机构、受到制度规约的人，他们是不成熟、不完善的人，是有缺陷的人，需要被培养为完美的人。因此，在一定程度上，学生是需要被改造的对象，当我们说起学生的时候，就意味着尽管学生的世界与成人的世界不同，但无论如何学生都要走向成人。学生要学会生存、学会生活，这样的解释也是以学生作为弱势群体为前提的，我们并未要求走上社会的成人学会生存与生活，而是认为走上社会的成人必然能生存和生活。而儿童这个概念的使用则凸显了儿童的独特存在，并不以成人标准为标准，而是承认儿童拥有独特的、有价值的经验世界，这个世界不因为与成人不同而地位低下。因此，在学科分类体系中，有儿童哲学，没有成人哲学。那是因为成人哲学已经分散在学科体系的各个部分，每个部分都是成人视角下思考的结果，人类关于道德、政治、知识的各种思考都是成人的，而站在儿童立场上的思考有着不一样的价值和独特的视角，因此我们需要儿童哲学。

第二，儿童与幼儿、学生等概念相比，具有更弱的教化立场。现代的教育活动已经成为专门机构里的专门活动，成为有组织、有计划、有目的的活动，在人类社会发展的过程中，很早就有了教育机构，把人类的年轻一代置于其中，通过教育让他们成长为合格的社会成员。这种专门的教育活动成为积极的教育活动，成为主动的教育活动，幼儿、学生是养育、教育的对象，幼儿和学生注定成为成人；而儿童不是，儿童可以一辈子是儿童，复归于婴儿、童心未泯这样的说法意味着儿童的永恒性，一个成年人也可以有一颗童心，一个人可以一辈子拥有童心。当我们使用婴幼儿、学生等概念时候，就意味着强的养育与教化立场，意味着把他们当成被改造的对象，我们会有目的、有计划、有组织地设计针对他们的活动，以确保他们成为合格的社会成员。当我们使用儿童这个概念的时候，我们持弱的教化立场。例如，在审美的问题上，儿童和成人有不一样的审美能力，但是不能说成人的审美能力是优于儿童的。在人的成长发展过程中，人的审美能力会退化，审美的敏感性也会弱化，而儿童则一直保持着生命最初的审美敏感性，外在的、强烈的教化立场会对其审美能力产生不良影响。相比其他概念，儿童这个概念更能让我们意识到成人与儿童的不同并不在于他们需要改造，而在于他们提供了与我们不一样的视角，我们与他们在很多方面是平等的，甚至是不如他们的。因此，儿童哲学这一概念的使用具有弱的教化诉求。而这一诉求促使每一个人反思，教育并不是一个具有线性因果关系的简单活动，任何强教化立场的教育活动都要付出代价。

第三，儿童哲学不是蒙养哲学。《易经》的"蒙卦"把儿童与成人区分开来，并与一种特定的社会情境相联系。如果使用蒙养哲学，则意味着儿童处在"蒙"与"养"的阶段和状态，蒙意味着蒙昧，养意味着养育。因此，蒙养意味着是把儿童当作弱小者，需要保护、照顾和教育，需要通过教育活动帮助儿童走出蒙昧状态。当人类的生活充满了禁忌的时候，成年人想当然地要求孩子继承这些禁忌，确保他们成为日常生活中稳定的存在，处在常规状态中。蒙养的儿童观与儿童哲学的儿童观从根本上是背离的。儿童哲学承认儿童的灵性，笔者的双胞胎孩子在 10 岁的时候学习了冰心的《繁星》，语文老师留了一个作业，跟冰心学习写一首短诗。一个孩子写道："鱼儿不能没有水，鸟儿不能没有翅膀，人类不能没有自由。"另一个孩子写道："鱼儿离不开水，鸟儿离不开翅膀，我不能离开妈妈。"这并非直接教化的结果，而是儿童灵性的体现。易中天先生曾经说过他 9 岁女儿写的诗，"明亮的露珠从草叶尖上滑落下来，照旧落入小河。明天人们不会发现什么，只有河中的鹅卵石在无休止地说：'我看见了，我看见了。'但没人知道"[①]。这也是儿童的灵性。儿童的灵性是天赋的，每个人都有，只是它不那么容易被发现、捕捉，而长大了的成人的灵性会消失、减缩。如果一个成人可以写出一首充满灵性的诗，那么他一定拥有一颗童心。

## 二、为什么是"儿童哲学教育"

为什么笔者一定要在"儿童哲学"后面加一个"教育"，特意强调其教育的性质？在具体实践中的确存在一点教育性质上的冲突：哲学家或热爱哲学的教育工作者致力于儿童哲学教育，在学理、逻辑上对于儿童哲学、儿童哲学教育的理解重在智慧的探索、思维品质的培养；而教育实践工作者致力于儿童哲学教育的具体过程，易把"儿童哲学"这个神圣的话语加以凸显，而易忽略"儿童哲学教育"本身是一系列过程，更易把儿童哲学仅仅理解为儿童的世界观。[②]但是，儿童哲学的教育性质是被广泛承认的。笔者在前面一再说儿童哲学是弱教化立场的，甚至在儿童观的基础上对强教化进行了抵抗，除了因为我在身份上认同自己是一个教育学研究者，坚守教育学立场外，还因为真正的教育学是使人成人的学问，是研究学以成人的学问。子曰："三人行，必有我师焉。"[③]学习与教育无处不在，我们不能把教育窄化在那些狭小的空间、特定的机构、专门的组织里。即使是学校这一概念，在古希腊时代也意味着休闲和闲暇，中国古代的学校"庠、序、校"等都与人类日常的生产生活直接相关。只是近400年来，人类把教育专门化、组织化、机构化、制度化，使之变成了一种约束性、规训性的权力机构。而现在，教育实践又成为各个学科的重要领域，各个学科在这个领域中驰骋，带来许多的"真理"，每一个学科都宣称自己找到了教育的秘密，教育被各学科肢解。我们不得不反思：真正的教育在哪里？甚至在一些人的视线中，教学成为一种技术，成为把知识学习目标层层落实的技术，早就忘了赫尔巴特提出的教学具有教育性的主张，把教学活动和教育活动拆开了，认为教学是学校里的知识学习，教育是各种各样的德育活动，这完全是错误使

①　易海贝. 清晨[M]//陈晓冰. 小学生快乐诵读（彩色版）：二年级. 西安：陕西师范大学出版总社，2018：86.

②　汤广全. 儿童哲学教育内涵的辩证[J]. 滁州学院学报，2016，18（4）：101-106.

③　杨伯峻. 论语译注[M]. 北京：中华书局，1982：72.

用了教育学的概念，属于错误的教育观念。笔者希望这些错误能够获得纠正。当前，神经科学关注儿童的大脑，声称遵循脑科学研究成果就能找到教育成功的秘诀，可是神经科学的许多研究者认为，对于研究结论在教育中的应用要慎重。想一想，仪器扫描儿童大脑的结果真的能够作为教育的直接依据吗？如果是，这将是多么武断的判断。自 20 世纪 70 年代开始，心理学开始影响教育思想，并逐渐在教育中占据主导地位，然而，完全从儿童的角度出发也会忽视其他视角的意义与价值，可能会导致思考的缺陷。如果每一个学科都从自己的视角审视教育，那么作为整体性的教育在哪里？笔者不希望儿童哲学成为教育中的一个分支学科，抑或是一个相对独立的领域，而是希望通过儿童哲学坚守儿童的完整性和教育的完整性。

丰子恺曾经写过一篇小散文《给我的孩子们》，他说："我的孩子们！我憧憬于你们的生活，每天不止一次！我想委屈地说出来，使你们自己晓得。可惜到你们懂得我的话的意思的时候，你们将不复是可以使我憧憬的人了。这是何等可悲哀的事啊！"①世界上的人总是长大成人以后就忘了自己的童心，我希望儿童哲学教育使丰子恺不再悲哀，也希望每一个人都能从童心中受益，过上美好的生活。

---

① 丰子恺. 万般滋味，都是生活：丰子恺散文漫画精选集[M]. 武汉：华中科技大学出版社，2018：48.

# 参考文献

中文文献

1. 康德. 康德教育哲学文集：注释版［M］. 李秋零，译注. 北京：中国人民大学出版社，2016.

2. 里夏德·达维德·普雷希特. 哲学家与儿童对话［M］. 王泰智，沈惠珠，译. 北京：生活·读书·新知三联书店，2013.

3. 艾曼努埃尔·埃洛阿. 感性的抵抗：梅洛-庞蒂对透明性的批判［M］. 曲晓蕊，译. 福州：福建教育出版社，2016.

4. 奥斯卡·柏尼菲，费德里克·让贝娜图. 自由，是什么？［M］. 谢逢蓓，译. 南宁：接力出版社，2011.

5. 高宣扬. 福柯的生存美学［M］. 北京：中国人民大学出版社，2015.

6. 马丁·海德格尔. 存在与时间［M］. 陈嘉映，王庆节，合译. 北京：生活·读书·新知三联书店，2014.

7. 吉尔·德勒兹，大卫·拉普雅德. 两种疯狂体制：文本与访谈(1975—1995)［M］. 蓝江，译. 南京：南京大学出版社，2023.

8. 列维-布留尔. 原始思维［M］. 丁由，译. 北京：商务印书馆，1981.

9. 卢梭. 爱弥儿：论教育［M］. 李平沤，译. 北京：商务印书馆，1978.

10. 米歇尔·福柯. 不正常的人［M］. 钱翰，译. 上海：上海人民出版社，2010.

11. 米歇尔·福柯. 规训与惩罚：监狱的诞生［M］. 刘北成，杨远婴，译. 北京：生活·读书·新知三联书店，2003.

12. 伊莎贝尔·米隆，奥斯卡·柏尼菲. 111个儿童哲学思考练习［M］. 杨落娃，译. 桂林：广西师范大学出版社，2020.

13. 柏拉图. 斐多：柏拉图对话录之一［M］. 杨绛，译. 沈阳：辽宁人民出版社，2000.

14. 柏拉图. 泰阿泰德·智术之师［M］. 严群，译. 北京：商务印书馆，1963.

15. 亚里士多德. 尼各马可伦理学［M］. 廖申白，译注. 北京：商务印书馆，2003.

16. 亚里士多德. 形而上学［M］. 吴寿彭，译. 北京：商务印书馆，1959.

17. 瑞内·范德维尔. 利维·维果斯基［M］. 郭冰，译. 哈尔滨：黑龙江教育出版社，2017.

18. 马克斯·范梅南，巴斯·莱维林. 儿童的秘密：秘密、隐私和自我的重新认识［M］. 陈慧黠，曹赛先，译. 北京：教育科学出版社，2014.

19. 莫伊舍·普殊同. 时间、劳动与社会统治：马克思的批判理论再阐释［M］. 康凌，译. 北京：北京大学出版社，2019.

20. 约翰·杜威. 杜威全集·晚期著作(第 5 卷：1929—1930)［M］. 孙有中，战晓峰，查敏，译. 上海：华东师范大学出版社，2015.

21. 约翰·杜威. 确定性的寻求：关于知行关系的研究［M］. 傅统先，译. 上海：上海人民出版社，2004.

22. 杜威. 杜威全集·中期著作(第 14 卷：1922)［M］. 罗跃军，译. 上海：华东师范大学出版社，2012.

23. 杜威. 民主主义与教育［M］. 王承绪，译. 北京：人民教育出版社，1990.

24. 杜威. 我们怎样思维：经验与教育［M］. 姜文闵，译. 北京：人民教育出版社，1991.

25. 杜威. 哲学的改造［M］. 胡适，唐黄擘，译. 合肥：安徽教育出版社，2006.

26. 杜威. 民主·经验·教育［M］. 彭正梅，译. 上海：上海人民出版社，2009.

27. 杜威. 道德教育原理［M］. 王承绪，等，译. 杭州：浙江教育出版社，2003.

28. L. 迪安·韦布. 美国教育史：一场伟大的美国实验［M］. 陈露茜，李朝阳，译. 合肥：安徽教育出版社，2010.

29. 乔姆斯基. 乔姆斯基语言哲学文选［M］. 徐烈炯，尹大贻，程雨民，译. 北京：商务印书馆，1992.

30. 艾米·古特曼. 民主教育［M］. 杨伟清，译. 南京：译林出版社，2010.

31. 大卫·帕金翰. 童年之死：在电子媒体时代成长的儿童[M]. 张建中，译. 北京：华夏出版社，2005.

32. 杜普伊斯，高尔顿. 历史视野中的西方教育哲学[M]. 朱承，彭正梅，译. 北京：北京师范大学出版社，2006.

33. 恩斯特·冯·格拉塞斯费尔德. 激进建构主义[M]. 李其龙，译. 北京：北京师范大学出版社，2017.

34. 加雷斯·B. 马修斯. 童年哲学[M]. 刘晓东，译. 北京：生活·读书·新知三联书店，2015.

35. 卡尔·罗杰斯，杰罗姆·弗赖伯格. 自由学习[M]. 王烨晖，译. 北京：人民邮电出版社，2015.

36. 凯瑟琳·坎普·梅休，等. 杜威学校[M]. 王承绪，等，译. 北京：教育科学出版社，2007.

37. 科南特. 科南特教育论著选[M]. 陈友松，主译. 北京：人民教育出版社，2017.

38. 拉里·希克曼. 阅读杜威：为后现代做的阐释[M]. 徐陶，等，译. 北京：北京大学出版社，2010.

39. 李普曼. 教室里的哲学[M]. 张爱琳，张爱维，编译. 太原：山西教育出版社，1997.

40. 罗伯特·威斯布鲁克. 杜威与美国民主[M]. 王红欣，译. 北京：北京大学出版社，2010.

41. 理查德·罗蒂. 后哲学文化[M]. 黄勇，编译. 上海：上海译文出版社，1992.

42. 加雷斯·B. 马修斯. 与儿童对话[M]. 陈鸿铭，译. 北京：生活·读书·新知三联书店，2015

43. 马修斯. 哲学与幼童[M]. 陈国容，译. 北京：生活·读书·新知三联书店，1989.

44. 玛格丽特·米德. 代沟[M]. 曾胡，译. 北京：光明日报出版社，1988.

45. 玛格丽特·米德. 文化与承诺：一项有关代沟问题的研究[M]. 周晓

虹，周怡，译. 石家庄：河北人民出版社，1987.

46. 尼尔·波兹曼. 童年的消逝[M]. 吴燕莛，译. 北京：中信出版社，2015.

47. 乔治·H. 米德. 心灵、自我与社会[M]. 赵月瑟，译. 上海：上海译文出版社，2018.

48. 列奥·施特劳斯，约瑟夫·克罗波西. 政治哲学史[M]. 李洪润，等，译. 北京：法律出版社，2009.

49. 韦恩·厄本，杰宁斯·瓦格纳. 美国教育：一部历史档案[M]. 周晟，谢爱磊，译. 北京：中国人民大学出版社，2009.

50. 维维安娜·泽利泽. 给无价的孩子定价：变迁中的儿童社会价值（修订版）[M]. 王水雄，等，译. 上海：华东师范大学出版社，2018.

51. 让·皮亚杰. 儿童的心理发展：心理学研究文选[M]. 傅统先，译. 济南：山东教育出版社，1982.

52. 让·皮亚杰. 儿童的语言与思维[M]. 傅统先，译. 北京：文化教育出版社，1980.

53. 维果茨基. 维果茨基教育论著选[M]. 余震球，选译. 北京：人民教育出版社，2005.

54. 艾格勒·贝奇，多米尼克·朱利亚. 西方儿童史：下卷[M]. 卞晓平，申华明，译. 北京：商务印书馆，2016.

55. 皮耶罗·费鲁奇. 儿童是个哲学家[M]. 张晶，译. 上海：上海社会科学院出版社，2016.

56. 吉奥乔·阿甘本. 幼年与历史：经验的毁灭[M]. 尹星，译. 郑州：河南大学出版社，2016.

57. 蒙台梭利. 童年的秘密[M]. 马荣根，译. 北京：人民教育出版社，1990.

58. 维柯. 新科学[M]. 朱光潜，译. 北京：人民文学出版社，1986.

59. 詹姆斯·D. 马歇尔. 米歇尔·福柯：个人自主与教育[M]. 于伟，李姗姗，等，译. 北京：北京师范大学出版社，2008.

60. Robert Fisher. 教儿童学会思考[M]. 冷璐，译. 北京：中国轻工业出版社，2020.

61. 阿拉斯代尔·麦金太尔. 伦理学简史[M]. 龚群，译. 北京：商务印书馆，2003.

62. 伯特兰·罗素. 西方的智慧：从社会政治背景对西方哲学所作的历史考察[M]. 温锡增，译. 北京：商务印书馆，1999.

63. 怀特海. 教育的目的[M]. 庄莲平，王立中，译注. 上海：文汇出版社，2012.

64. 维特根斯坦. 逻辑哲学论[M]. 贺绍甲，译. 北京：商务印书馆，2009.

65. 维特根斯坦. 哲学研究[M]. 楼巍，译. 上海：上海人民出版社，2019.

66. 洛克. 人类理解论[M]. 关文运，译. 北京：商务印书馆，1959.

67. 马特·里德利. 先天后天：基因、经验及什么使我们成为人（原书第4版）[M]. 黄菁菁，译. 北京：机械工业出版社，2015.

68. 陈嘉映. 海德格尔哲学概论[M]. 北京：生活·读书·新知三联书店，1995.

69. 康永久. 教育学原理五讲[M]. 北京：人民教育出版社，2016.

70. 刘晓东. 儿童精神哲学[M]. 南京：南京师范大学出版社，1999.

71. 刘晓东. 儿童教育新论[M]. 南京：江苏教育出版社，2008.

72. 潘小慧. 儿童哲学的理论与实践[M]. 桂林：广西师范大学出版社，2020.

73. 丁东红. 米德文选[M]. 丁东红，霍桂桓，李小科，等，译. 北京：社会科学文献出版社，2009.

74. 孙正聿. 马克思辩证法理论的当代反思[M]. 北京：人民出版社，2002.

75. 孙正聿. 哲学通论[M]. 沈阳：辽宁人民出版社，1998.

76. 海德格尔. 海德格尔选集[M]. 孙周兴，选编. 上海：上海三联书店，1996.

77. 阿诺德·汤因比. 历史研究[M]. 刘北成，郭小凌，译. 上海：上海人民出版社，2000.

78. 熊秉真. 童年忆往：中国孩子的历史[M]. 桂林：广西师范大学出版

社，2008.

79. 詹栋梁. 儿童哲学[M]. 广州：广东教育出版社，2005.

80. 张斌贤，于伟. 新儿童研究：第一辑[C]. 桂林：广西师范大学出版社 2020.

81. 张斌贤，于伟. 新儿童研究：第二辑[M]. 桂林：广西师范大学出版社，2021.

82. 马克思恩格斯文集：第一卷[M]. 中共中央马克思恩格斯列宁斯大林著作编译局，编译. 北京：人民出版社，2009.

83. 朱自强. 中国儿童文学与现代化进程[M]. 杭州：浙江少年儿童出版社，2000.

**学位论文**

王寅丽. 在哲学与政治之间：汉娜·阿伦特政治哲学研究[D]. 上海：复旦大学，2006.

**学术期刊**

1. 方红. 儿童哲学研究的回顾与前瞻[J]. 湖南师范大学教育科学学报，2011，10(1)：102-105.

2. 杜玉生. 作为直言者的苏格拉底：福柯对《申辩篇》的读解与阐发[J]. 外国文学，2018(5)：148-157.

3. 段俊吉. 法国高中哲学教育：文化传统、基本经验及现实启示[J]. 外国教育研究，2021，48(9)：28-42.

4. 华党生，金永生. 儿童哲学的内涵及其哲学预设[J]. 学前教育研究，2014(6)：45-49.

5. 高伟. 浪漫主义儿童哲学批判：儿童哲学的法权分析[J]. 全球教育展望，2017，46(12)：12-23.

6. 古秀蓉，冷璐. 儿童哲学探究活动的教育评价研究[J]. 上海教育科研，2018(1)：28-32.

7. 贺玉高. 《在花园温室里》的现代文化反思[J]. 读书，2018(4)：166-175.

8. 康永久. 作为知识与意向状态的童年[J]. 教育研究，2019，40(5)：18-30.

9. 姜宇辉. 元宇宙中的"孤儿们"？电子游戏何以作为次世代儿童哲学的教育平台[J]. 贵州大学学报(社会科学版)，2021，39(5)：21-29.

10. 刘培怡，王坤庆. 儿童哲学形态的四重超越及其可能建构[J]. 上海教育科研，2023(11)：8-15.

11. 刘晓东. 李贽童心哲学论略[J]. 西北师大学报(社会科学版)，2016，53(4)：80-87.

12. 刘晓东. 童年哲学论纲[J]. 江苏教育，2019(18)：13-22.

13. 刘晓东. 儿童是什么：儿童"所是"之多维描述[J]. 湖南师范大学教育科学学报，2020，19(4)：20-34.

14. 刘晓东. 儿童哲学：外延和内涵[J]. 浙江师范大学学报(社会科学版)，2008，33(3)：48-51.

15. 冷璐. 美国：夏威夷儿童哲学的团体探究式教学[J]. 上海教育，2019(2)：40-43.

16. 冷璐. 夏威夷儿童哲学的实践模式[J]. 陕西学前师范学院学报，2018，34(10)：29-34.

17. 李泽厚，刘再复. 关于教育的两次对话[J]. 东吴学术，2010(3)：17-22.

18. 刘晓东. "幼态持续"及其人文意蕴[J]. 南京师大学报(社会科学版)，2014(6)：77-89.

19. 刘阳军. 迈向"生存美学"：从知识—权力到知识—生活[J]. 重庆与世界(学术版)，2014，31(8)：1-4.

20. 罗兴刚，刘鹤丹. 李普曼儿童哲学教育的奠基性反思[J]. 外国教育研究，2012，39(10)：26-34.

21. 乔寿宁. 美国儿童哲学教育评介[J]. 山西大学学报(哲学社会科学版)，1987(3)：74-76.

22. 邱忠善. 皮尔士的真理观初探[J]. 江汉论坛，2013(9)：96-101.

23. 檀传宝. 当代伦理与教育的"阿伦特困境"及其出路[J]. 江苏高教，2016(4)：6-8.

24. 汤广全. 孔子对话教学与儿童哲学教育会通的辩证：与高振宇先生商榷[J]. 乐山师范学院学报，2022，37(5)：85-90.

25. 汤广全，王珍喜. 儿童哲学教育中国化二十年的探索：特点、贡献及愿景[J]. 石家庄学院学报，2022，24(2)：152-160.

26. 童世骏. 科学与民主的和谐相处何以可能？论杜威和哈贝马斯的科学观和民主观[J]. 华东师范大学学报(哲学社会科学版)，1999，31(4)：35-42.

27. 王海英. 20世纪中国儿童观研究的反思[J]. 华东师范大学学报(教育科学版)，2008，26(2)：16-24.

28. 王清思. 儿童哲学探究团体中的德育意蕴[J]. 教育发展研究，2018，38(Z2)：74-81.

29. 魏宇晨，程亮. 作为方法的儿童哲学：第四届儿童哲学与学校变革论坛综述[J]. 上海教育科研，2022(6)：89-92.

30. 吴冠军. 生命权力的两张面孔：透析阿甘本的生命政治论[J]. 哲学研究，2014(8)：77-85.

31. 吴冠军. 生命政治：在福柯与阿甘本之间[J]. 马克思主义与现实，2015(1)：93-99.

32. 吴其南. "复演说"和成人对儿童的殖民[J]. 阴山学刊，2012，25(2)：50-54.

33. 徐艳东. 失声·失忆·失踪：论阿甘本的"声音伦理"[J]. 北京师范大学学报(社会科学版)，2022(3)：84-92.

34. 姚修杰，徐景一. 物的依赖性与人的独立性：论现代人的存在方式[J]. 武汉科技大学学报(社会科学版)，2012，14(3)：265-270.

35. 王景，李延平. ChatGPT浪潮下拔尖创新人才的培养：价值意蕴、现实隐忧与生态重塑[J]. 中国电化教育，2023(11)：62-71.

36. 杨小微，罗丽. 儿童观演进与儿童哲学教育的未来[J]. 华中师范大学学报(人文社会科学版)，2023，62(2)：154-164.

37. 于伟. "率性教育"：建构与探索[J]. 教育研究，2017，38(5)：23-32.

38. 于伟. 儿童哲学走"第三条道路"的可能与尝试：东北师范大学附小探索的历程与研究[J]. 湖南师范大学教育科学学报，2017，16(1)：27-33.

39. 张诗亚. 李普曼的儿童哲学观概说[J]. 教育评论，1989(5)：65-66.

40. 郑敏希. 儿童哲学的后哲学之思[J]. 上海教育科研，2018(1)：

15-19.

41. 郅庭瑾. 为思维而教[J]. 教育研究，2007，28(10)：44-48.

42. 周靖. 皮尔士论知识的基础及其对当代知识论的启示[J]. 自然辩证法研究，2022，38(1)：10-16.

43. 张荣伟. 美、英、中儿童哲学教育之比较研究：以 P4C 为考察重点[J]. 福建教育学院学报，2019，20(1)：21-28.

**英文文献**

1. Sharp A M，Reed R F，Lipman M. Studies in Philosophy for Children：Harry Stottlemeier's Discovery[M]. Philadelphia：Temple University Press，1992.

2. Kizel A. Philosophy with Children as an Educational Platform for Self-Determined Learning[J]. Cogent Education，2016，3(1)：1-11.

3. Berry A，Loughran J，van Driel J H. Revisiting the Roots of Pedagogical Content Knowledge[J]. International Journal of Science Education，2008，30(10)：1271-1279.

4. Biesta G. Philosophy，Exposure，and Children：How to Resist the Instrumentalisation of Philosophy in Education[J]. Journal of Philosophy of Education，2011，45(2)：305-319.

5. Cassidy C. Philosophy with Children：Learning to Live Well[J]. Childhood & philosophy，2012，8(16)：243-264.

6. Shapiro D A. Plato Was Wrong：Footnotes on Philosophy with Young people[M]. Maryland：the Rowman & Littlefield，2012.

7. Devis J. Socrates in Homeroom：A Case Study for Integrating Philosophy across a High School Curriculum[J]. Teaching Philosophy，2013(3)：217-238.

8. Mead G H. Mind Self and Society[M]. Chicago：University of Chicago Press，1934.

9. Grossman P L. The making of a Teacher：Teacher Knowledge and Teacher Education[M]. New York：Teachers Collge Press，1990.

10. Jasinski I，Lewis T E. Community of Infancy：Suspending the Sover-

eigty of the Teacher's Voice[J]. Journal of Philosophy of Education，2016，50(4)：538-553.

11. Lone J M，Burroughs M D. Philosophy in Education：Questioning and Dialogue in School［M］. Maryland：Rowman and Littlefield Publishing Group，2016.

12. Lone J M，Israeloff R. Philosophy and Education：Introducing Philosophy to Young People. Tyne：Cambridge Scholars Publishing，2012.

13. Jasinski I，Lewis T E. Community of Infancy：Suspending the Sovereigty of the Teacher's Voice[J]. Journal of Philosophy of Education，2016，50(4)：538-553.

14. Bleazby J B. Dewey's Notion of Imagination in Philosophy for Children［J］. Education and Culture，2012，28(2)：95-111.

15. White J. Philosophy in Primary Schools? ［J］. Journal of Philosophy of Education，2012，46(3)：449-460.

16. Murris K. The Epistemic Challenge of Hearing Child's Voice［J］. Studies in Philosophy and Education，2013，32(3)：245-259.

17. Kennedy D. Changing Conceptions of the Child from the Renaissance to Post-modernity：A Philosophy of Childhood［M］. Lewiston：Edwin Mellen Press，2006.

18. Kennedy D. Neoteny，Dialogic Education and an Emergent Psychoculture：Notes on Theory and Practice[J]. Journal of Philosophy of Education，2014，48(1)：100-117.

19. Kennedy D. Philosophy for Children and the Reconstruction of Philosophy[J]. Metaphilosophy，1999，30(4)：338-359.

20. Lipman M. Sharp A，Oscanyon F. Philosophy in the Classroom［M］. Philadelphia：Temple University Press，1980.

21. Daniel M F，Auriac E. Philosophy，Critical Thinking and Philosophy for Children ［J］. Educational Philosophy and Theory，2011，43（5）：415-435.

22. Lipman M. Thinking in Education［M］. Cambridge：Cambridge Uni-

versity Press，2003.

23. Lipman M. Philosophy goes to School[M]. Philadelphia：Temple University Press，1988.

24. Lipman M. Natasha：Vygotski and Dialogues［M］. New York：Teachers College Press，1996.

25. Lipman M. Promoting Better Classroom Thinking［J］. Educational Psychology，1993，13(3/4)：291-304.

26. Gregory M. Philosophy for Children and Its Critics：A Mendham Dialogue[J]. Journal of Philosophy of Education，2011，45(2)：199-219.

27. Kennedy N，Kennedy D. Community of Philosophical Inquiry as a Discursive Structure，and Its Role in School Curriculum Design[J]. Journal of Philosophy of Education，2011，45(2)：265-283.

28. Kennedy N，Kennedy D. Community of Philosophical Inquiry as a Discursive Structure，and Its Role in School Curriculum Design[J]. Journal of Philosophy of Education，2011，45(2)：265-283.

29. Vansieleghem N，Kennedy D. Philosophy for Children in Transition：Problems and Prospects[M]. Malden：Wiley-Blackwell，2012.

30. Vansieleghem N，Kennedy D. What is Philosophy for Children，What is Philosophy with Children-after Matthew Lipman？［J］. Journal of Philosophy of Education，2011，45(2)：171-182.

32. O'Riordan N J. Swimming Against the Tide：Philosophy for Children as Counter-Cultural Practice[J]. Education 3-13，2016，44(6)：648-660.

33. Philosophy Learning and Teaching Organization. The Benefits of Philosophy in Schools［EB/OL］.（2018-03-08）［2024-01-01］. https：//www. plato-philosophy. org/why-plato.

34. Välitalo R，Juuso H，Sutinen A. Philosophy for Children as an Educational Practice［J］. Studies in Philosophy and Education，2016，35（1）：79-92.

35. Reed R F，Johnson T W. Philosophical Documents in Education[M]. New York：Longman Publisher，1996.

36. Naji S, Hashim R. History, Theory and Practice of Philosophy for Children[M]. New York: Routledge, 2017.

37. Goering S, Shudak N J, Wartenberg T E. Philosophy in Schools: An Introduction for Philosophers and Teachers [M]. New York: Routledge, 2013.

38. Oral S B. Can Deweyan Pragmatist Aesthetics Provide a Robust Framework for the Philosophy for Children Programme? [J]. Studies in Philosophy and Education, 2013, 32(4): 361-377.

39. Smith D C, Neale D C. The Construction of Subject Matter Knowledge in Primary Science Teaching[J]. Teaching and Teacher Education, 1989, 5(1): 1-20.

40. Gorard S, Siddiqui N, See B H. Can "Philosophy for Children" Improve Primary School Attainment? [J]. Journal of Philosophy of Education, 2017, 51(1): 5-22.

41. Storme T, Vlieghe J. The Experience of Childhood and the Learning Society: Allowing the Child to be Philosophical and Philosophy to be Childish [J]. Journal of Philosophy of Education, 2011, 45(2): 183-198.

42. Vansieleghem N. Philosophy with Children as an Exercise in Parrhesia: An Account of a Philosophical Experiment with Children in Cambodia[J]. Journal of Philosophy of Education, 2011, 45(2): 321-337.

# 后　记

　　2014年，东北师范大学教育学部教育学原理学科的带头人于伟教授同时担任了东北师范大学附属小学的校长，于老师主要研究教育哲学，我跟他属于同一方向、同一团队。于老师一直思考，教育哲学与小学教育实践之间的关键联系点在哪里，他找到了"儿童"这个概念。于是，我们将2015年教育哲学高峰论坛的主题锁定为"儿童哲学"。当时我们团队还在北京师范大学出版社邀约下出版了一本《教育哲学》的教材，在一开始确定大纲的时候，于老师放弃了从哲学概念出发构建教育哲学教材的体系，而是从教育的实践出发来构建，于是在确定了什么是教育哲学之后，我们就开始了儿童、教育、学习、教学、教师等概念的教育哲学之旅。其中我负责"儿童"这一章，就这样，我走进了儿童哲学的世界。看起来，我从事儿童哲学研究是一件很偶然的事情。2018年，我申请了教育部人文社科规划项目，有幸中标，于是更深入地走进了这个世界，与全国各地的同行展开了深入的交流。写一本关于儿童哲学的著作并不是我的初衷，而是在完成课题之后，发现这个领域还有许多的内容需要深入思考，还有许多的观念需要澄清，于是萌生了在既有成果的基础上写一本著作的想法。本来预计写一本小册子，10万字就行了，然而写着写着就发现10万字无法表达我对这个领域的学习和思考，于是就有了现在这个规模。我在写书的过程中有以下几个感悟。

　　第一，建设中国特色社会主义教育理论体系，需要包容的态度，站在古今中外的历史高度才能更好地进行理论诠释。今天，我们在教育理论建构上强调扎根中国大地，建立中国特色社会主义教育理论体系，倡导教育理论的原创性，但实际上，我们的很多看似原创的话语其实不是原创的，看似体系完整的理论其实不是建立在本土实践基础上的，但这并不是说我们没有扎根中国大地，而是说扎根中国大地不能故步自封，不能妄自尊大，不能回到"天朝上国"的封闭时代，而是需要开放，需要以更广博的胸怀和视野海纳百川。儿童哲学的话语并不是在我国诞生的，之所以能够走到今天的发展样态与我们的包容心态、开放精神分不开，然而我们对儿童哲学这个领域的探索还远远不够，还需要投入更多的力量来思考和践行。

第二，如果非要给儿童哲学一个学科的属性，我坚信，它是教育学的。教育学学者研究儿童哲学是需要实现对这一话语的本体论承诺的。我的研究方向一直都很鲜明，在教育学的学术体系中，主要是教育基本理论和教育哲学研究。从我个人的研究感受上讲，我认为教育基本理论和教育哲学研究在功能定位上存在一点点不同。教育基本理论研究要实现教育学话语的本体论承诺，肩负了教育学理论创新的重任。没有基本理论，何来话语创新？如果我们不能在基本概念、基本话语、基本理论上创新和扎根本土，建设中国特色社会主义教育理论体系将成为空话。教育哲学的基本功能定位则是批判，要指出不足，要发现问题，要不满足于现状，要做教育学话语创新的尖刀。教育学的任何话语创新都离不开哲学批判，教育学的任何理论知识的增长都离不开哲学的分析。因此我在做儿童哲学研究的时候，坚守我的教育学立场，主要有两个方面的体现：一是批判；二是建构，即弄清楚儿童哲学的来龙去脉，建构属于自己的儿童哲学体系。儿童哲学是谁的？如果非要指出是哲学的还是教育学的，我更愿意选择教育学，因为只有属于教育学，儿童、成人、哲学、文学、心理学等才可以被包括进来；如果选择了其他的属性，儿童哲学可能被大大窄化，只有教育学的包容心态才能让这个领域百花齐放。

第三，我一直在反思，以教育学为志业的我到底要干什么，在儿童哲学领域中的探索意味着什么。在攻读教育学博士学位的时候，我的研究方向已经明确为教育哲学了，我的博士生导师是我国著名的教育哲学家陆有铨教授。我的博士论文是运用哲学认识论反思教育基本理论，属于元层次上的研究；博士毕业后与柳海民教授合作开展了博士后研究，思考了政治哲学视角下教育与国家的关系问题。接着，我开启了儿童哲学领域的探究。这之后我似乎找到了我的教育哲学研究理想。我要把哲学的主题与教育建立起更为丰富和立体的联系。在我撰写这部专著的时候，获得了 2022 年度国家社科基金教育学一般项目"教育认识论的话语演进与立场选择研究"（BAA220164），但这并不意味着儿童哲学领域研究的结束，恰恰是对儿童哲学的一些问题的探索促使我进一步研究认识论问题。这部著作是我对儿童哲学领域思考的一个小小总结。

第四，感谢我的学生们，感谢全国教育科学规划领导小组办公室，感谢东北师范大学教育学部的支持。2017 年，我在美国的印第安纳大学布卢明顿分校教育学院做访问学者，东北师范大学教育学部启动了"元晖青年"项目，目的是推动年轻学者深入学术研究，由于我前几年一直思考儿童问题，因此就申报了"哲学视角下儿童观的流变与建构研究"，在这个项目的推动下，2018年申报的"当代中国儿童哲学教育的理论与实践"课题获批，这一切也都督促我在这个领域中持续耕耘。我的研究生跟着我一起做儿童哲学研究，他们的论文也为我的思考提供了诸多的灵感，也为这本著作提供了丰富的资源，感谢你们。

最后，要特别感谢国家级教学名师柳海民老师和教育部"长江学者"特聘教授于伟老师，感谢东北师范大学教育学部的领导和老师的大力支持。2004年，我能师从我国著名的教育哲学家陆有铨教授攻读博士学位，得益于柳海民老师的大力推荐，也得益于当时东北师范大学教育科学学院马云鹏院长对人才培养学缘结构差异化的追求。2007年，我博士毕业回到东北师范大学开始跟着柳海民教授、于伟教授进一步学习、研究。2008年我决定进入东北师范大学教育学博士后流动站，合作导师是柳海民老师，当时确定的研究课题是"教育与国家的关系——西方政治哲学视角的反思"，于伟老师得知后，送给我许多研究政治哲学的书。这期间，我又对杜威和康德着迷，于伟老师又送给我一整套《杜威全集》和许多康德以及研究康德的著作。这以后我的研究方向就越来越聚焦于教育哲学了，关注认识论、政治哲学、儿童哲学、道德哲学。而这本书的形成的最初也是因为于伟老师敏感地抓住了时代性话语——"儿童"。一路上的专业成长都得益于以上诸位老师的支持，更得益于东北师范大学教育学部这个大家庭的支持。

王 澍

2023年12月

于东北师范大学田家炳教育书院